浙师大—金华市校地合作协同创新重大课题"打造中非合作金华样板研究"
（项目编号：ZSJHZD20240401）

浙江省参与"一带一路"建设

发展报告

(2023—2024)

主　编　周　倩　王　珩

副主编　刘鸿武

ZHEJIANG UNIVERSITY PRESS

浙江大学出版社

·杭州·

图书在版编目（CIP）数据

浙江省参与"一带一路"建设发展报告. 2023—2024 / 周倩，王珩主编；刘鸿武副主编. -- 杭州：浙江大学出版社，2025.4. --（"一带一路"智库研究丛书）.
ISBN 978-7-308-25946-0

Ⅰ. F127.55

中国国家版本馆 CIP 数据核字第 2025M5E882 号

浙江省参与"一带一路"建设发展报告（2023—2024）

主　　编　周　倩　王　珩
副 主 编　刘鸿武

策　　划　包灵灵　董　唯
责任编辑　包灵灵
文字编辑　黄　墨
责任校对　张闻嘉
封面设计　周　灵
出版发行　浙江大学出版社
　　　　　（杭州市天目山路 148 号　邮政编码 310007）
　　　　　（网址：http://www.zjupress.com）
排　　版　大千时代（杭州）文化传媒有限公司
印　　刷　浙江新华数码印务有限公司
开　　本　710mm×1000mm　1/16
印　　张　13
字　　数　220 千
版 印 次　2025 年 4 月第 1 版　2025 年 4 月第 1 次印刷
书　　号　ISBN 978-7-308-25946-0
定　　价　68.00 元

目 录

专题领域报告

总报告

浙江省参与共建"一带一路"
的成效与展望

冯建勇　钱骋阳

　　摘要：适逢"一带一路"建设又一个黄金十年的开局之际,浙江省将"一带一路"倡议与促进省域高质量发展"八八战略"布局相结合,作为实现"二〇三五年远景目标"和"两个先行"的重大契机。2023—2024 年,中国(浙江)自由贸易区、"四港"联动、世界电子贸易平台、海外服务站网络、国际合作园区和"民心相通之桥"等重要枢纽建设目标取得新突破,形成一批具有浙江辨识度和中国特色的新成果,呈现出"数字浙江""浙江制造""浙江民企""法治浙江"和"文化高地"等五大亮点。在未来参与共建"一带一路"的新征程中,浙江省应充分辨识国内外新形势、新变化带来的契机与挑战,要以政策规划、创新平台、风险化解、体制机制为新一轮改革重点,为推动"一带一路"高质量发展贡献新的浙江力量。

　　关键词：浙江;"一带一路";参与共建;新发展;重要枢纽

　　作者简介：冯建勇,浙江师范大学丝路文化与国际汉学研究院教授。
钱骋阳,四川大学国际关系学院博士研究生。

　　"一带一路"(英文为 The Belt and Road,缩写为 B&R)是"丝绸之路经济带"和"21 世纪海上丝绸之路"的简称。2013 年 9 月和 10 月,习近平主席在出访中亚和东南亚国家期间,先后提出共建"丝绸之路经济带"和"21 世纪海上丝绸之路"的重大倡议。习近平主席在 2023 年第三届"一带一路"国际合作高峰论坛开幕式主旨演讲中,概括了中国建设"一带一路"十周年的主要成果:"我们致力于构建以经济走廊为引领,以大通道和信息高速公路为骨架,以铁路、公路、机场、港口、管网为依托,涵盖陆、海、天、网的全球互联互通网络,有效促进了各国商品、资金、技术、人员的大流通,推动绵亘千年的古丝绸之路在新时代焕发新活力。"①浙江作为中国革命红船起航地、改革开放先行地和习近平新时代中国特色社会主义思想的重要萌发地,近年来,将打造"一带一路"重要枢纽的发展机遇,与习近平同志在浙工作期间提出的浙江面向未来发展的"八八战略"相结合,依托互联网技术、数字经济等自主创新技术,合理配置国际和国内"两个市场、两种资源",在海内外打造了一批具有"浙江辨识度和中国特色"的建设成果,为实现"中国特色社会主义共同富裕先行和省域现代化先行"和"二○三五年远景目标"提供了有力支撑。

一、浙江省参与共建"一带一路"的背景

当前,和平与发展依然是时代的主流,以经济全球化的总趋势和互联网技术革新为引领,贸易和投资自由化便利化,双边、区域和多边政治、经济合作实现互利共赢,全球信息互联互通,仍是国际社会公认的规则。西方发达国家内部从来不是"铁板一块",美国的"逆全球化"和"单边主义"亦使其深受其害。以欧盟为例,参与美国对俄"制裁"后,欧盟从美国的进口额增长53.5%②,美国重新成为欧盟第一大货物贸易伙伴,但这并没有带来实际利益。特别是对俄"断气"后,随着欧盟从美国进口能源的贸易额不断增加,进口成本暴涨最终向消费者传导,2023年1月欧盟的平均通胀率一度达到8.6%。③ 例如路透社报道称:"欧洲大陆从美国进口LNG的成本平均每月接近40亿美元,给各国政府和公用事业公司带来了越来越大的财政负担。"④在此背景之下,欧洲国家转向谋求对华合作、参与共建"一带一路",成为减少美国"逆全球化"和俄乌冲突影响、摆脱自身危机的"选项"。塞浦路斯欧洲大学前校长科斯塔斯·古里亚莫斯(Kostas Gouliamos)在题为《"一带一路"倡议为中欧携手共创未来搭建高速路》的文章中说:"尽管欧盟国家承受的来自美国的压力越来越大,但仅在2022年7月这一个月内,往来于中欧间运送日用商品的火车班列数就超过了1500······十年来,中欧贸易持续稳定增长,已形成强大的经济共生关系。在当下地缘政治脆弱、差异分歧巨大、不确定性增强的国际环境下,欧方应摆脱美国的掌控,更

---

① 习近平出席第三届"一带一路"国际合作高峰论坛开幕式并发表主旨演讲. 人民日报,2023-10-19(1).

② 邓茜. 欧洲"变穷"背后的美国推手. (2023-07-31)[2024-12-31]. http://www.news.cn/world/2023-07/31/c_1129777785.htm.

③ 数据概览:欧元区1月通胀率为8.6%;2月制造业PMI初值48.5. (2023-02-18)[2024-12-31]. https://www.ndrc.gov.cn/fggz/fgzy/jjsjgl/202302/t20230228_1350122.html.

④ 美国的"天然气政治",欧洲玩不起. (2023-01-18)[2024-12-31]. https://china.chinadaily.com.cn/a/202301/18/WS63c7acf6a3102ada8b22be70.html. LNG即液化天然气(liquified natural gas)。

加独立自主,在'一带一路'倡议、全球发展倡议、全球安全倡议和全球文明倡议等全球性倡议框架下,就气候变化、全球安全等方面同中方开展对话与合作,实现中欧互利共赢。"[1]截至2024年年底,欧盟仍是中国的第二大贸易伙伴;2023年12月1日至2024年11月30日,中国政府对法、德、意、荷、西等欧盟五国公民实行15日免签政策;2024年1月,中欧合作研制的天文卫星"爱因斯坦探针卫星"成功问天等,都为双方彼此增强政治互信、深化经济、社会、教育、科技、人文领域内的全方位交流,进一步扩大开放,拓展双边经济贸易活动市场创造了良好环境。

从国内的情形来看,十年来,共建"一带一路"已经从一项合作倡议精准细化为各项具体的实施方案。《浙江高质量发展建设共同富裕示范区实施方案(2021—2025年)》将参与共建"'一带一路'的重要枢纽"列为"构建新发展格局组合拳""建设共同富裕示范区"的重要组成部分,并将其细分为"提升数字创新、贸易物流、产业合作和人文交流四大枢纽"。[2] 2023年10月18日,习近平主席在第三届"一带一路"国际合作高峰论坛的主旨演讲中阐述了中国支持高质量共建"一带一路"的八项行动:"一、构建'一带一路'立体互联互通网络。二、支持建设开放型世界经济。三、开展务实合作。四、促进绿色发展。五、推动科技创新。六、支持民间交往。七、建设廉洁之路。八、完善'一带一路'国际合作机制。"[3]这些都为国家和地方层面依托优势、明确定位、化解风险、找准重点领域提供了重要遵循。

2023年11月21日,浙江省推进"一带一路"建设大会在金华召开,研究部署浙江省参与共建"一带一路"的"下一个十年"。围绕如何具体全面落实支持高质量共建"一带一路"八项行动,高水平打造"一带一路"重要枢纽和高能级开放强省,共同推动"一带一路"国际合作迈上新台阶,时任省委书记易炼红提出六个方面具体目标。第一,打造国际高水平物流贸易枢纽。持续提升宁波舟山港硬核力量,积极融入国际多式联运大通道格局,携手构建立体互联新网络。第二,升级数字创新枢纽。推动数字贸易创新发展,全面落实自贸试验区提升战略,携手共创开放型经济新体制。第三,高标准打造产业合作枢纽。深化"一

[1] Gouliamos,K. Fortifying relations. (2023-10-18)[2024-12-31]. https://www.chinadaily.com.cn/a/202310/18/WS652f35bba31090682a5e9229.html.

[2] 浙江高质量发展建设共同富裕示范区实施方案(2021—2025年). (2021-07-20)[2024-12-31]. https://www.zjzx.gov.cn/zxyw/content_101527.

[3] 习近平出席第三届"一带一路"国际合作高峰论坛开幕式并发表主旨演讲. 人民日报,2023-10-19(1).

带一路"国际产能合作和第三方市场合作,聚焦重点合作领域实施"小而美"项目,携手拓展产能合作新领域。第四,打造人文交流枢纽。共建科技创新平台,共推产业创新合作,共育高端创新人才,携手深化科技创新新合作;深化国际教育、公共卫生领域合作,携手激发民间交往新活力。第五,大力实施生态文明"一带一路"合作行动,深化绿色基建、绿色能源、绿色交通等合作,携手推动绿色发展新实践。第六,深化风险防控领域多边合作,携手健全风险防控新机制。①

二、参与共建"一带一路"为浙江省带来新机遇

基于国内外环境观察,参与共建"一带一路"成为新时代浙江以"两个先行"打造"重要窗口"的重要契机。"一带一路"是促进浙江高质量打造共同富裕示范区的重要组成部分,不仅有利于依托科技创新打造创新型省份,推动产业结构优化升级,政治上也有利于"反向倒逼"体制机制的改革创新;同时,"一带一路"陆海统筹双薪型发展模式,又可以与重点发展的"海洋经济""外向型经济"和促进区域与农村经济社会协调发展的"山海协作工程"深度融合。最后,共建"一带一路",也是天下浙江人兼具家国情怀,履行责任使命,谱写新时代"浙江精神"的契机。

(一)有利于优化开放型经济新体系,深化体制机制改革创新

大力发展开放型经济体系,合理统筹"两个市场、两种资源",并及时进行体制机制改革,是改革开放以来浙江省异军突起的重要动因。现代开放型经济不仅意味着贸易的自由化,更涵盖了资本、劳务和人员等生产要素的相对自由流动,以此实现资源的最优配置和效率的最大化。这种经济形态既强调与国内市场的深度融合,也注重与国际市场的积极接轨。改革开放之初,许多省市对于私人参与外贸的态度相对保守,只允许民营企业通过挂靠方式参与外贸经营。后来,浙江外贸体制便开始实行"自负盈亏、放开经营、加强管理、联合对外"的外贸体制改革,全面推行外贸承包经营责任制,使大量民营企业和物美价廉的浙江商品走向世界市场。截至 2005 年年底,浙江全省累计有 2.5 万家企业(或个体经营户)获得进出口经营资格,成为全国一般贸易出口大省和外贸顺差最

---

① 翁浩浩,余勤,夏丹. 浙江省推进"一带一路"建设大会召开. (2023-11-22)[2024-12-31]. https://news.cctv.com/2023/11/22/ARTIKxyJBDVyNavDlTB1t3cL231122.shtml.

多的省份。①

相关研究表明,劳动力、土地、能源等成本要素价格的上涨,将会制约对外贸易、投资和劳务输出的增长,进而影响"过渡阶段"的经济增长率,这需要通过相应的体制机制改革加以应对。尤其是在中国加入世贸组织后,新规则给浙江企业带来了贸易壁垒增加、摩擦增多等新挑战。作为一个资源、市场"两头在外",以出口为重要支柱的制造业外贸大省,浙江经济外向度在 21 世纪初就超过了 70%,②这无疑对浙江经济的稳定增长造成了影响。面对这样的形势,以时任省委书记习近平同志为核心的浙江省委、省政府领导班子,把严峻的国际贸易环境当作建立"倒逼机制"的机遇,依托主体、商品、市场、贸易方式"四个多元化"思路,通过深化对外贸易体制改革,加强引导与服务,完善贸易摩擦应对机制,进一步优化了浙江进出口商品结构,提升了浙江商品的出口竞争力。例如,2002 年浙江省设立进出口公平贸易局;2003 年浙江省成为境外投资审批制度改革试点省;2006 年义乌成为全国首批外事审批权试点县级市,先后多次组织浙江出口贸易代表团参加日本、阿联酋、美国和印度等地的国际交易会,鼓励企业抱团参加,努力打造区域品牌,拓展海外分拨等贸易模式。尽管遭遇了上述不利因素和金融危机冲击,浙江省对外贸易仍持续增长,到 2014 年,进出口贸易额达到 3331.5 亿美元。③ 同时,浙江省通过稳妥推进银行、保险、旅游、教育、卫生等领域的对外开放,不断深化外商投资机制改革,简化投资行政审批手续,提高政府办事效率,大大改善了外商投资的"软环境"。2023 年,浙江新设外商投资企业 4451 家,合同外资规模达 383.2 亿美元,实际使用外资 202.3 亿美元,同比增长 4.8%,占全国份额的 12.4%,规模居全国第四。④ 浙江以其迅猛的发展势头和营商环境中的诸多亮点,吸引了众多外媒的广泛关注,《泰晤士报》《金融时报》《每日电讯》和《卫报》对浙江进行了深入而频繁的报道,其中,"富足的"(affluent)、"繁荣的"(prosperous)、"富有的"(rich)、"美丽的"(beautiful)、"有魅力的"(charming)等褒义词频繁出现。⑤

参与共建"一带一路"为建立更加完善的开放型经济体系,打造新时代浙江

① 裴长洪. 中国梦与浙江实践(经济卷). 北京:社会科学文献出版社,2015:170.
② 郭占恒. 浙江加快转变经济发展方式的思路与举措. 中共浙江省委党校学报,2010(3):8.
③ 2014 年浙江省国民经济和社会发展统计公报. (2015-02-27)[2024-02-27]. https://house. hangzhou. com. cn/lsxw/bbyw/content/2015/02/27/content_5663780_2. htm.
④ 浙江省商务厅. 2023 年 1—12 月浙江省外商直接投资简析. (2024-07-19)[2024-12-31]. https:// zcom. zj. gov. cn/art/2024/7/19/art_1403434_58945381. html.
⑤ 焦俊峰. 英国主流媒体新闻报导中的浙江形象. 中国校外教育,2017(11):22.

高质量建设共同富裕示范区提供了外部新机遇。根据未来高质量发展新阶段的新特点,必须进一步完善与之配套的投资、进出口、金融、税收、创业、公共服务、"放管服"、物流管理等领域的体制机制。改革体制机制,完善投资和营商"软环境",反过来又可以作为引进更高质量外资的契机,促进产业结构不断调整、升级与优化,提升科技创新含量不断提升,激发全要素生产力,进而全面实现向"新质生产力"转型。

(二)有利于充分利用山海资源禀赋,统筹城乡区域协调发展

浙江作为"一带一路"的重要海上节点、"长江经济带"的桥头堡,具有利用国内和国际的"两个市场、两种资源",带动省域经济全面发展的先天区位优势。同时,"一带一路"的"陆海双向联动性",又与促进浙江省域协调发展的"山海协作工程""海洋经济"的重点发展领域形成了交集。21 世纪初,浙东北杭嘉湖平原城市群与城市化率偏低的浙西南山地之间的发展差距呈扩大态势,这显然不利于浙江省区域经济的均衡协调发展和全面建设小康社会奋斗目标的实现。同时,浙江省拥有 6715 公里海岸线,海域面积(26 万平方公里)是陆域面积(10.55 万平方公里)的两倍之多,大于 500 平方米的岛屿多达 2878 个,是名副其实的海洋大省。① 参与共建"一带一路",既能深度开发海洋资源,推进海洋强省建设,又是带动浙西南欠发达地区发展尤其是社会主义新农村建设的绝佳机遇。

第一,参与共建"一带一路"有利于推进海洋强省建设。浙江开发海洋经济的历史由来已久,渔业、盐业、运输业等传统海洋经济在中华人民共和国成立前便已形成气候,拥有丰富的"港、渔、景、油、涂、岛"等海洋资源。改革开放以来,浙江省委、省政府开始重新关注海洋资源。1992 年印发的《浙江省海洋开发规划纲要(1993—2010)》标志着浙江省将海洋经济列入发展规划的开端。截至 2002 年,浙江省的海洋经济总产值达 1082.7 亿元,约占全省生产总值的 13.9%,② 当时已经初步形成了以宁波、舟山和"一港三湾"(象山港、三门湾、乐清湾、杭州湾)为核心的海洋产业格局。但是,浙江仍面临着海洋经济区域发展不够平衡、海洋新兴产业规模偏小、海洋创新能力不够等难题。习近平同志在浙江工作期间高度重视海洋经济,他曾经就浙江发展海洋经济对外向型经济的意义发表见解,指出大力发展海洋经济,"有利于我省扩大开放,积极参与长江

---

① 浙江省情. [2024-12-31]. https://tjj.zj.gov.cn/col/col1525490/index.html.
② 裴长洪. 中国梦与浙江实践(经济卷). 北京:社会科学文献出版社,2015:199.

三角洲地区经济合作与发展,大力发展外向型经济,增强国际竞争力"①。"发挥浙江的山海资源优势,大力发展海洋经济,努力使海洋经济成为浙江经济的新增长点"②后来成为"八八战略"的重要组成部分。参与共建"一带一路",正是浙江以海洋经济为突破口,深化对外开放、促进海洋经济结构转型升级的重要机遇。2013年"一带一路"建设开始时,浙江的海洋经济总产值为5508亿元,到2023年已经增长到11260亿元。③ 传统海洋产业生产效率不断提高的同时,产业结构形成了以第三产业为主导的"三、二、一"格局,正在涌现一批科技含量更高、发展潜力巨大的海洋新兴产业。

第二,参与共建"一带一路"是统筹全省区域和城乡发展更加充分均衡的重要契机。大力发展海洋经济与促进浙西南山区的统筹协调发展并不矛盾。"八八战略"指出:"发挥浙江的山海资源优势,大力发展海洋经济,推动欠发达地区跨越式发展,努力使海洋经济和欠发达地区的发展成为浙江经济新的增长点。"④在市场规则下,"山海协作"通过促进双方资源要素整合,不仅为发达地区产业发展拓宽了空间、带来了充足的劳动力资源,还为欠发达地区人民改善生活条件、提高收入水平带来了机遇。⑤ 浙东北沿海城市与浙西南山区农村各自发挥优势,实现"资金—技术—人才""资源—劳动力"多层次的互动与交流,可达到"以山引海,以山促海、陆海联动、陆海统筹"的效果。参与共建"一带一路"增强了"山海联动"效果,为浙西南山区的发展和社会主义新农村事业提供了来自全球的资本、人才和信息资源,补充了更多"新鲜血液"。实施"浙商回归工程"是浙西南山区建设开放型经济的重要组成部分,近年的"世界浙商大会""天下浙商家乡行"成为海外浙商积极参与新农村建设,融入"山海协作工程"的重要桥梁:发挥浙商的全球网络关系,通过设立山海协作专区、山海协作馆,帮助山区剩余劳动力实现"劳务输出",进入"山海产业园","组团出国打工"等,帮助欠发达地区特色产品和劳动力实现了"走出去",促进了农村、山区、海岛等省内

---

① 张捷. 牢记习近平总书记殷殷嘱托 做深做实海洋经济发展大文章. (2023-10-24)[2024-12-31]. http://www.npc.gov.cn/c2/c30834/202310/t20231024_432470.html.

② 裴长洪. 中国梦与浙江实践(经济卷). 北京:社会科学文献出版社,2015:1.

③ 浙江海洋强省建设再上台阶. (2024-02-06)[2024-12-31]. https://zj.singlewindow.cn/detail/article/2024_2/6_13/1718242562390_1.shtml;"八八战略"在浙江的生动实践(5). (2014-12-25)[2024-12-31]. http://www.rmlt.com.cn/2014/1225/365079_5.shtml.

④ 奋力谱写中国式现代化的浙江篇章——写在"八八战略"实施20年之际. (2023-07-10)[2024-12-31]. https://www.gov.cn/yaowen/liebiao/202307/content_6890839.htm.

⑤ 董雪兵,孟顺杰,辛越优. "山海协作"促进共同富裕的实践、创新与价值. 浙江工商大学学报,2022(5):112.

欠发达地区的协调发展和居民收入增长。2023 年,浙江城乡居民收入倍差为
1.86,设区市之间居民人均可支配收入最高与最低的倍差缩小到 1.56,浙江成
为全国城乡和区域发展最均衡的省份。①

(三)有利于打造创新型省份,推动产业结构优化升级

产业结构优化升级,不能只依靠"内力"。改革开放以来到 21 世纪初,浙江
省借助以民营经济为底色的"县域块状经济"实现了经济发展的历史性跨越。
1978 年,浙江省 GDP 总量为 123.72 亿元,1991 年跨上千亿元台阶,2004 年突
破万亿元大关。② 但进入 21 世纪后,面对资源消耗、环境恶化和劳动力成本上
升等挑战,这种在国际产业链中层次较低、经营粗放的区域块状经济产业集群,
出现了"低、小、散"等弊端,③县域、行业块状经济成本低、价格低、效益低的竞争
已经逐渐"内卷化"。为回应"成长中的烦恼",在人均 GDP 抵达 3000 美元的
"关口"破解发展瓶颈,时任浙江省委书记习近平同志提出了"腾笼换鸟"的理
念,他指出:"把'走出去'和'引进来'结合起来,引进优质的外资和内资,促进产
业结构的调整,弥补产业链的短项,对接国际市场,从而培育和引进吃得少、产
蛋多,飞得高的'俊鸟'。"④"八八战略"提出:"进一步发挥浙江的块状特色产业
优势,加快先进制造业基地建设,走新型工业化道路。"⑤参与共建"一带一路",
是浙江各区域产业结构转型升级的重要契机。

第一,共建"一带一路"国家的巨大需求,是块状产业转变生产方式,向科技
化、数字化升级转型的动力。2008 年国际金融危机前后,浙江经济出现了增长
波动大、产品附加值低、市场抗风险能力弱等问题,根本原因还是缺少自主创新
这个核心竞争力。⑥ 但总的来看,金塘螺杆、慈溪家电、绍兴纺织、海宁皮革、温
州鞋业等地方产业,在地理版图上形成了块状明显、色彩斑斓的"经济马赛克",
不仅在全国市场拥有良好的口碑,在国际市场上亦拥有一定的知名度。共建
"一带一路"国家给各"块状单元"带来了大量新订单,各企业亟须转变生产方
式,提高生产效率。浙江作为数字经济强省,近年来其块状经济的转型升级少

① 从"1.86"窥探浙江发展的"高质量". (2024-03-27)[2024-12-31]. https://www.gongshunews.com/
content/2024-03/27/content_9668854. html.
② 转型升级结构优化　高质量发展稳步迈进——新中国成立 75 周年浙江经济结构发展情况. (2024-
09-26)[2024-12-31]. https://tjj. zj. gov. cn/art/2024/9/26/art_1229129214_5378429. html.
③ 裴长洪. 中国梦与浙江实践(经济卷). 北京:社会科学文献出版社,2015:31.
④ 习近平. 之江新语. 杭州:浙江人民出版社,2007:184-185.
⑤ 裴长洪. 中国梦与浙江实践(经济卷). 北京:社会科学文献出版社,2015:1.
⑥ 郭占恒. 浙江加快转变经济发展方式的思路与举措. 中共浙江省委党校学报,2010(3):9.

不了数字化等科技加持。数字化生产线和数字化车间"上新",为产业抢占全球市场增添了充足的底气,完成了从"浙江制造"向"浙江创造"的过渡。以绍兴诸暨大唐街道的"宝歌袜业"2023年的产销数据为例,为适应后疫情时代激增的欧洲客户新订单需求,该公司引进数字化生产车间,年产量从原来的4500万双跃升至6000万双,年底公司出口首破1亿元大关。① "一带一路"市场需求与"数字经济"转型相结合,带动了传统块状产业生产方式的"腾笼换鸟"。

第二,参与共建"一带一路"有利于块状经济向现代产业集群转型升级。浙江省块状经济因过去"轻、小、民、加"的结构性失衡,带来"小、低、散、弱"的发展困境,导致其在2008年国际金融危机中,出现了产业集群数目略有下降的现象。② 参与共建"一带一路"成为加快块状经济向现代产业集群转型升级,解决省域经济结构性、素质性矛盾的出路。2009—2010年,浙江省政府先后出台《关于加快块状经济向现代产业集群转型升级的指导意见》《关于进一步加快块状经济向现代产业集群转型升级示范区建设的若干意见》《浙江省产业聚集区发展总体规划》,建立了第一批省级产业集群示范区和省级产业集聚区,既吸引了大量央企来浙与民企建立合作关系,也吸引了一批500强企业进驻。据浙商研究中心统计,2023年,浙商企业对外实际投资额达172.7亿美元,比上年增长21.1%,在海外新设企业(机构)1400余家,对外投资备案额增加至168.3亿美元。截至2024年11月底,浙江省累计审批核准或备案境外投资企业(机构)1.27万家,对外投资涉及行业主要包括制造业、商务服务和批发零售等,且95%以上的投资主体是民营企业。③

(四)有利于谱写新时代"浙江精神"

"浙江精神"为当今浙江高质量建设共同富裕示范区注入了强大的人文精神底蕴。习近平同志在浙江工作期间指出:"与时俱进是马克思主义的理论品质,也是浙江精神的内在要求。"④其内核被概括为"求真务实、诚信和谐、开放图强"十二字。这里既有被古代浙籍知识分子和商人概括为"义利并举""戒欺"等延传至今的商业文化精神,也有今日海内外浙商群体游走四方、敢于突破"七山

---

① 订单排满上半年! 诸暨这些企业,出口内销狂揽大单.(2024-03-26)[2024-12-31]. https://www.thepaper.cn/newsDetail_forward_26820474.
② 沈璐敏,刘晔,朱希伟.浙江省产业集群的时空演进与经济绩效分析.浙江学刊,2019(2):133.
③ 浙江省内市场经营主体数据.(2024-11-29)[2024-12-31]. https://zjrb.zjol.com.cn/html/2024-11/29/content_3786980.htm.
④ 习近平.与时俱进的浙江精神.浙江日报,2006-02-05(1).

一水二分田"的资源禀赋限制、"跳出浙江发展浙江"的开创精神。2016 年,习近平总书记又对浙江提出了"秉持浙江精神,干在实处、走在前列、勇立潮头①的新要求。参与共建"一带一路",正是浙江牢记总书记重托,以新时代"浙江精神"为引领,高质量打造"重要窗口"的重要机遇。2023 年,李强总理又重谈浙商群体的艰苦创业精神——"走遍千山万水,想尽千方百计,说尽千言万语,吃尽千辛万苦"的"四千"精神。

第一,参与共建"一带一路",使更多浙江企业实现了"走出去",体现了新时代浙江人"敢为天下先,勇立潮头,开拓创新"的拼搏进取精神。改革开放以来,正是依靠深厚的重商传统和强烈的重商意识,浙江克服"资源小省"的不足,营造了大批"两头在外"的专业市场。② 2013 年参与共建"一带一路"以来,浙江在推进"走出去"方面,形成了以民营企业为鲜明特色的浙江样板。2023 年,全省 1306 家境内主体在境外投资设立企业 1493 家,对外投资涉及制造业、科技研发和批发零售业等多个行业。③ 在传统制造业通过并购、绿地投资等方式实现国际化布局的同时,浙江省在数字经济领域也培育了一大批具有国际视野的企业。这些企业从成立之初就采取了国内国际双线并行的发展战略,成为浙江高水平"走出去"战略的新名片。据 2024 年 10 月的不完全统计,有 600 多万浙江人在省外创业,有 150 多万浙江人在世界各地创业,海内外的浙商有 1000 多万人,④他们在浙江省外、海外投资经商,每年创造的财富总量与浙江全年的 GDP 相仿。

第二,参与共建"一带一路",在与省外、海外企业的融合互动过程中提振本土经济,体现了当代浙商坚持"兼济天下""义利并举"的时代责任。提振本土经济的"省外浙商回归工程·参与新农村建设计划",不仅限于浙江省内的"山海协作工程"。这套"政府搭台、市场唱戏、合作共建、合作双赢"的省内模式,也为浙江参与促进西部边疆民族地区融入全国统一大市场,加速社会主义现代化建设积累了宝贵经验。这可被视作一个地域"放大版"、增加了"国家"要素的"山海协作工程"。浙江省委、省政府始终站在全局高度,鼓励海内外浙商积极参与

---

① "始终干在实处、走在前列、勇立潮头"——习近平总书记考察浙江纪实. (2023-09-26)[2024-12-31]. https://www.gov.cn/yaowen/liebiao/202309/content_6906294.htm.

② 汪岩桥,陈海红. 浙江文化和浙江企业家精神. 中共浙江省委党校学报,2008(6):111.

③ 2023 年浙江省国民经济和社会发展统计公报. (2024-03-04)[2024-12-31]. https://tjj.zj.gov.cn/art/2024/3/4/art_1229129205_5271123.html.

④ 深度｜马云、黄峥们的万亿美元浙江商帮,接棒中国首富,百折不挠成为当代最具有辨识度的创业群体. (2024-10-11)[2024-10-18]. https://news.qq.com/rain/a/20241011A02ZKQ00.

西部大开发、对口援疆援藏援川、中部地区崛起、东北老工业基地振兴和四川震区灾后重建等国家重大战略工程。马克思和恩格斯指出："各民族之间的相互关系取决于每一个民族的生产力、分工和内部交往的发展程度。"[①]"浙江经验"坚持"优势互补、互惠互利、长期合作、共同发展"，以"输血与造血结合，帮扶与合作并举"为原则，谱写了一系列促进西部民族地区经济社会发展、跨越时空范围更广、连接不同民族的"山海情故事"，为促进各民族交往交流交融、铸牢中华民族共同体意识做出了重要贡献。

三、浙江省参与共建"一带一路"的主要举措

2023—2024年，浙江省深度参与共建"一带一路"，以统筹开放枢纽、开放通道和开放平台建设，全面构建全域开放新格局为目标，继续围绕"一区、一港、一网、一站、一园、一桥"框架，涌现了一批具有浙江特色的建设举措。

（一）打造自贸试验区

以中国（浙江）自由贸易试验区建设为核心，提高全省对外开放水平。第一，建设中国（浙江）自由贸易试验区方向更加明确。2023年3月发布的《中国（浙江）自由贸易试验区提升行动方案（2023—2027年）》包括了总体要求、主要任务和保障机制三个部分，围绕大宗商品配置能力、数字自贸区、国际贸易优化、国际物流体系、项目投资、先进制造业、制度型开放和数智治理能力提升，提出了未来建设自由贸易区的24个方面53项任务。2024年4月发布的《关于推动浙江自贸试验区制度型开放若干意见》进一步就推动货物贸易创新发展、支持贸易无纸化、加快数字经济和数字贸易领域开放、探索推进跨境数据流动、优化营商环境等五方面提出了30条措施，从而加快推动浙江自贸试验区制度型开放。

第二，宁波"一带一路"建设综合试验区助力打造国内国际双循环枢纽城市。2023年，宁波口岸进出口总额达2.4万亿元，其中出口额为1.74万亿元，进口额为6614.7亿元。民营企业进出口额达1.75万亿元，同比增长0.4%，占比较上年提升3个百分点，至73.1%。以家用电器、通用机械设备、汽车零配件为代表的机电产品的出口额增速由负转正，产品出口额达9055亿元，同比增长

① 中共中央马克思恩格斯列宁斯大林著作编译局. 马克思恩格斯选集（第一卷）. 北京：人民出版社，2012：147.

0.3%,占口岸出口总额的 52.1%,①为国家产业链供应链安全稳定做出积极贡献。

第三,中国—中东欧国家"17+1"经贸合作示范区发展势头强劲。2023 年,宁波与塞尔维亚、罗马尼亚、保加利亚和捷克等中东欧国家在汽车、能源、科技、农业和金融等多个领域进一步深化合作。1—12 月,宁波"中国—中东欧国家经贸合作示范区"与中东欧国家实现进出口贸易额 504.7 亿元,同比增长 12.0%。其中,进口额为 133.8 亿元,出口额为 370.9 亿元,分别同比增长 20.0% 和 9.4%。②

第四,义乌国际贸易综合配套改革试验区市场活力加速释放。2023 年,义乌"全球贸易商"招引行动火热。义乌开展了"万名国际采购商义乌行"活动,市场客流量恢复至新冠疫情前水平。通过拓展跨境电商保税进口(1210)业务,义乌集聚各类进口品牌产品 3.2 万种;开展"万企拓市场"行动,组织 28 个经贸团、1832 家外贸企业、3934 人赴境外参展。全市新增了 3 个省级公共海外仓,跨境电商综试区连续两年被商务部列为全国十大优秀综试区。③

(二)打造现代国际物流体系

深入实施海港、空港、陆港和信息港联通工程,有利于打造"一带一路"区域性国际枢纽,建设辐射全球的现代国际物流体系。2023—2024 年,以宁波舟山港为核心的四港联动体系建设取得了重大进展。

2023 年,宁波舟山港完成货物吞吐量 13.24 亿吨,连续 15 年位列全球第一,完成集装箱吞吐量 3530 万标准箱,稳居全球第三。累计建立海上航线 301 条,辐射全球 200 多个国家(地区)的 600 多个港口。其中,"一带一路"航线达 125 条,较 2013 年增长 71.2%。2024 年 1—6 月的数据显示:宁波舟山港完成货物吞吐量 7.08 亿吨,同比增长 4.2%;完成集装箱吞吐量 1916.5 万标准箱,同比增长 8.4%。④

浙江以杭州萧山国际机场为中心,贯彻落实"民航强省""客货并举"的发展

---

① 2023 年宁波口岸进出口额达 2.4 万亿元.(2024-01-18)[2024-12-31]. http://kab.ningbo.gov.cn/art/2024/1/18/art_1229104354_58895418.html.

② 2023 年宁波中国—中东欧国家经贸合作示范区进出口贸易额破 500 亿元.(2024-01-29)[2024-12-31]. http://kab.ningbo.gov.cn/art/2024/1/29/art_1229104354_58895445.html.

③ 关于义乌市 2023 年国民经济和社会发展计划执行情况及 2024 年国民经济和社会发展计划草案的报告.(2024-03-01)[2024-12-31]. http://szbl.ywcity.cn/content/202403/01/content_433972.html.

④ 孙耀楠,洪宇翔,王嘉彬.宁波舟山港实现"半年红".(2024-07-09)[2024-12-31]. http://zj.people.com.cn/BIG5/n2/2024/0709/c186327-40905811.html.

战略，努力打造联动全省、辐射全国、面向全球的"两枢（纽）两特（色）一专（业）"国际航空货运机场体系。开通运行国内首个"多层结构＋智能化"国际航空货站——杭州萧山机场东区国际货站。新增杭州往返比降、芝加哥、阿姆斯特丹、布达佩斯等4条货运航线，截至2023年年底，国际货运航线共16条，每周航班45班。2023年上半年完成货邮吞吐量42.44万吨，在全国主要机场中位列第五。① 以此为中心，建立了"杭州萧山国际机场德清航站楼"等多个客流、物流集散点，为拓展国际业务市场，赋能浙江自贸试验区扩展区和未来综保区建设，推动临空经济高质量发展提供了保障。

以义甬舟开放大通道为干线，带动省内其他支线陆港发展。乘着"第六港区"建设的东风，2023年，"义乌—宁波舟山港"海铁联运班列保持强劲增长势头，货物集聚效应更加凸显。海铁联运班列累计发运8.59万标箱，同比增长6.7%。2023年上半年，"义新欧"中欧班列（义乌平台）共开行921列，发运7.62万标箱，同比增长14.3%，辐射欧亚大陆50多个国家160多个城市，开行18条线路。2024年1—6月，"义新欧"中欧班列（义乌平台）累计发运约7.87万标箱，同比增长3.22%。海铁联运班列累计发运重箱约4.7万个，同比增长9.5%。卡航集运中心累计发车758车，出口货值4.3亿元，同比增长约7.4%。② 当前，海铁联运"一站两港三线"新型联运组织模式亦在为永康等其他陆港探索，项目落地后，预计日均运送能力提高至200标箱，年均减少碳排放超1.7万吨，每年节省物流成本达2000万元。③ "海陆空、铁邮网、义新欧、义甬舟"多位一体的陆港枢纽体系已初步形成。

"四港联动"的纽带是信息，信息技术应用有利于提升全省"一带一路"物流知识型现代服务业发展。例如，中国联通浙江分公司与浙江省海港投资运营集团有限公司签署"5G＋智慧港口"战略合作协议，双方将共同推动5G技术在宁波舟山港的应用，打造绿色、环保、高效的"5G＋智慧港口"应用试点。随着中欧班列金东平台"智慧联运ICTMP"系统的上线，数据连起来、跑起来、活起来，不仅满足了全社会降低货物流通成本的迫切需求，还极大地提高了陆运和海运的物流效率。

---

① 萧山国际机场东区国际货站正式投运.（2023-08-03）[2024-12-31]. https://zjydyl.zj.gov.cn/art/2023/8/3/art_1229691738_40289.html.

② 中国交协物流枢纽分会. 抢抓机遇勇争先 义乌国际陆港集团实现半年红.（2024-07-19）[2024-12-31]. https://www.163.com/dy/article/J7FUU3RG0519R4OR.html.

③ 永康：打通交通大动脉 建好产业大通道 全力助推国际陆港枢纽建设.（2024-06-11）[2024-12-31]. https://www.yk.gov.cn/art/2024/6/11/art_1229190640_59037908.html.

(三)打造多维世界电子贸易平台

以世界电子贸易平台(Electronic World Trade Platform,eWTP)为中心的互联网贸易服务体系,能够通过技术创新,推动中国和共建"一带一路"国家贸易数字化、便捷化和普惠化,进而带动全球贸易发展,促进全球经济的繁荣和可持续发展。① 近年来,跨境互联网贸易已经成为浙江省经济产业的重要组成部分。2023 年,商务部中国跨境电商城市十强榜中,宁波、杭州、金华分别位列第三、第六和第八。② 这一成果的取得与全省各地深度参与 eWTP 建设密切相关,政企之间合作深化,依托互联网技术,各自打造了一批特色跨境互联网贸易服务系统。

第一,"浙商全球护航"数字服务系统为所在国浙商保驾护航。该系统在杭州试点上线以来,到 2023 年 5 月,"护航政策版块"已归集相关政策 3700 余条,"护航服务版块"入驻服务机构共计 80 家,其中商会 54 家,园区 5 家,第三方服务机构 21 家,"护航预警版块"警示相关资讯 316 条,行业风险信息 75 条,境外风险国别分析覆盖全球 144 个国家。③

第二,跨境支付结算服务系统的成熟。例如,义乌市场拥有了自己的支付平台——Yiwu Pay(义支付)。2023 年 12 月,已累计开通超过 2 万个跨境人民币账户。截至 2024 年 7 月,Yiwu Pay 已与全球 400 多家银行达成合作,业务覆盖 100 多个国家和地区,国际收付主流币种达到 16 种,新增跨境人民币交易额达到了 120 亿元人民币。④

第三,跨境电子物流体系建设取得新成效。义乌小商品城(Chinagoods)数字平台及 Chinagoods 数字云仓采用"国家站+海外仓+展厅"运营模式,通过平台对接市场 7.5 万家实体商铺资源和产业链上游 200 万家中小微企业,并依托国内二级批发市场及各个海外站点,导入更多的贸易资源。目前 Chinagoods 数字平台已经初步建成了数字贸易生态体系,截至 2023 年 6 月,平台注册的采

---

① 建立国际数据中心:义乌市场不断为出海优化供应链服务.(2023-05-12)[2024-12-31]. https://www.yw.gov.cn/art/2023/5/12/art_1229129643_59440332.html.

② 最新! 中国跨境电商 10 强城市出炉.(2024-04-03)[2024-12-31]. https://www.scea.co/trends/show/id/2786.html.

③ 【非公经济】"浙商全球护航"数字服务系统启用仪式在杭州举行.(2023-05-30)[2024-12-31]. https://www.thepaper.cn/newsDetail_forward_23306789.

④ 小商品城:Yiwu Pay 跨境人民币业务半年交易额 120 亿元.(2024-07-12)[2024-12-31]. https://www.guandian.cn/article/20240712/420882.html.

购商超 360.5 万人,在线服务贸易额超 320 亿元,同比增长 110.8%。①

(四)打造海外服务站网络体系

设立"浙商海外驿站"是浙江省运用数字化改革成果,推动政务服务向共建"一带一路"国家跨境延伸的重要举措,标志着"境内外一体化"服务体系建设迈出了关键一步。2023 年,在原有的一批具有班列中转、物流集散、加工制造等功能的"浙商服务站"的基础上,为了深入推进"携手浙商"促进开放提升项目省级试点,服务浙江民营企业高水平"走出去"和高质量"引进来",助力实施"地瓜经济"提能升级"一号开放工程",浙江省工商联和浙商总会共同创新打造了一批"浙商海外驿站",这些驿站成为遍布全球的"温暖港湾"。"浙商海外驿站"的主要作用是为民营企业提供联系联络、信息咨询、项目对接、经贸交流、招才引技等服务,帮助协调解决"走出去"和"引进来"等过程中出现的困难和问题。第一批入围"浙商海外驿站"的企业就达到 58 家,覆盖亚洲、欧洲、美洲、大洋洲、非洲等 5 大洲 37 个国家和地区。② 受此影响,许多市县级工商联也开始授牌布局海外服务站,2024 年仅平湖一县,授牌业务范围内的海外服务站就达 8 家。③

(五)打造国际合作园

在遍布中东欧、中亚、非洲和拉美等地的原有的 18 座浙江省境外经贸合作区基础上,2023—2024 年,印尼华宝工业园和波马拉工业园相继建成或获批,同时柬埔寨浙江国际经济特区的筹建,进一步优化了在东南亚各国的产业布局。截至 2023 年年底,浙江省已在共建"一带一路"国家布局一类园区 6 个,二类园区 11 个,三类园区 2 个,新获批园区 1 个。④ 各大园区通过打造本土化产业链,促进对外投资布局体系的不断丰富完善。这也有力地带动了浙江省对外投资的发展,促进了更多企业"走出去"。2023 年,浙江省对外投资备案额达 168 亿美元,比上年增长 29.1%。其中,经备案(核准)在 RCEP 成员国部署境外企业

① 助推数字经济创新提质"一号发展工程"——"问政面对面"提问、答复摘要.（2023-07-08）[2024-12-31]. http://szb1.ywcity.cn/content/202307/08/content_358266.html.
② 【非公经济】"浙商全球护航"数字服务系统启用仪式在杭州举行.（2023-05-30）[2024-12-31]. https://www.thepaper.cn/newsDetail_forward_23306789.
③ 平湖市总商会首批海外服务驿站正式成立.（2024-04-15）[2024-12-31]. https://www.jiaxing.gov.cn/art/2024/4/15/art_1559023_59638771.html.
④ 关于 2023 年度全省境外经贸合作区评价结果的公示.（2024-04-09）[2024-12-31]. https://zcom.zj.gov.cn/art/2024/4/9/art_1389599_58944455.html.

633家,增长9.1%;备案额达98.6亿美元,增长56.8%。① 省内也以各类开发园为依托,加强资源整合,形成了中法(海盐)国际产业合作园、中国(余姚)—中东欧国际产业合作园等一批科技引领、国际合作的特色园区。

(六)升级民心相通的跨文明联通桥

以扩大人文交流促进"民心相通",筑牢"一带一路"建设的社会根基。习近平总书记指出:"国之交在于民相亲,民相亲在于心相通。"②"民心相通"正是汇聚浙江人民与全国各族人民、世界各国人民力量,高度认同并深度参与"一带一路"建设的重要动力。2023—2024年,浙江省通过"引进来"和"走出去"并举,促进不同文化的交往交流交融,打造升级了具有"浙江元素、中国特色、世界共赏"特点的民心相通联通桥。第一,浙江省举办了第三届中国—中东欧国家博览会、2023中国(浙江)中非经贸论坛暨中非文化合作交流月、2023世界旅游联盟·湘湖对话、第六届中国—阿拉伯国家广播电视合作论坛、首届数贸杯·"一带一路"在华留学生大赛总决赛等"一带一路"主场人文交流活动。第二,浙江省充分发挥海外浙籍华侨、华商优势,举办了永康博士乡贤大会、第五届侨博会,创办了青田侨乡进口商品城、世界温州人文艺家联盟,作为中外经济文化交往交流的多元纽带。第三,带有各自民族特色的影视作品是浙江与世界交流的新窗口。2024年,海宁影视基地、横店影视基地与意大利、英国、韩国、俄罗斯、法国、新西兰、马来西亚、泰国、印度、美国等地公司的制片人、导演达成超30个项目合作意向,两座影城接待了来自日韩、中亚等地的多个剧组。第四,一批带有"浙江味道、中国元素"的文艺作品为世界各国人民喜闻乐见。"中国历代绘画大系"宋画特展在6个国家和地区巡展;"诗画浙江"文旅推广交流活动相继走进葡萄牙里斯本、挪威奥斯陆、韩国首尔、泰国曼谷、印尼雅加达;中国丝绸博物馆承办了"丝路绮粲——中国丝绸艺术展",向全球系统展示中国丝绸艺术的多元发展。这些举措为国家层面深化合作提供了有力支撑,推动更多合作项目落地见效。

四、浙江省参与共建"一带一路"的重要成果

近一年来,浙江省在高质量参与共建"一带一路"的过程中,形成了一批具

---

① 2023年浙江省国民经济和社会发展统计公报公布.(2024-03-04)[2024-12-31]. https://tjj.zj.gov.cn/art/2024/3/4/art_1229129205_5271123.html.

② 习近平.习近平谈治国理政(第二卷).北京:外文出版社,2017:510.

有浙江辨识度和中国特色的新成果,描绘了全域对外开放五个新亮点。

(一)打造"数字浙江"亮点

以数字化转型驱动生产方式、生活方式和治理方式三大方面的变革,揭开浙江"整体智治"这张金名片。在数字经济这个浙江的"一号工程"基础上,又进一步提出了数字经济创新提质的"一号发展工程"新目标。2023 年,浙江省数字经济核心产业增加值达 9867 亿元,比上年增长 10.1%,增速比 GDP 高 4.1 个百分点。[①] 浙江是"最多跑一次"改革的发源地,登录浙里办、浙政钉等应用平台,扫描企业码、安全码等数字二维码,即可完成"掌上办事""掌上办公""掌上治理"。数字化手段是提升便民服务和创业就业服务质量的重要举措。近年来,数字经济在浙江省参与共建"一带一路"过程中,也扮演着重要角色。首先,在数字财政金融领域,中国(浙江)自由贸易试验区数字化赋权改革进一步深入。自贸区联合国家数字服务出口基地、浙江数字文化国际合作区、本外币合一银行结算账户体系试点,推进一批多跨场景应用落地:全球支付平台PingPong 获得英国电子货币机构牌照,可在当地从事跨境支付、电子货币发行、全球汇款、外汇兑换等服务;"连连支付"(LianLian Pay)持有泰国、新加坡、印尼三国支付牌照,是东南亚地区持牌最多的跨境支付企业之一,以便利化服务助力企业拓展东南亚新兴市场。其次,在数字物流领域,义乌上线义新欧数字化服务在线系统,推出国际集装箱"一件事",升级打造江海联运数据中心,有效缓解国际航运领域"一箱难求"问题。杭州与比利时列日机场共同打造货通欧洲的 eHuB 枢纽,联合比利时海关、财政部门分别推出"一单双报、便捷清关"和欧盟全球增值税一站式解决方案,萧山国际机场在全国率先实现了基于国际航空运输协会 ONE Record 标准的进出港全流程货物状态全球数字轨迹共享,杭州—列日航班上可进行货物运输全程可视化跟踪。其次,在能源资源领域,打造保税油加注数字化调度平台 2.0 版,加快研发建设保税商品登记系统,打通在油气仓储、交易等各环节的堵点痛点,发力打造"油气自贸区"。最后,在数字贸易和文化产业领域,二者的融合创新发展为浙江数字文化贸易奠定了坚实基础。中国义乌文化和旅游产品交易博览会、中国国际动漫节、中国(浙江)影视产业国际合作实验区等的品牌度和外向度不断提升。2023 年世界互联网大会"互联网之光"博览会在浙江乌镇开幕,来自 48 个国家和地区的超过 580 家

---

① 尚天宇. 2023 年浙江经济"成绩单"出炉.(2024-01-24)[2024-12-31]. https://zj.cnr.cn/gstjzj/20240124/t20240124_526569071.shtml.

中外企业线下线上联动参展。①

(二)擦亮"浙江制造"亮点

制造业是国家工业结构体系完整性的重要体现,高端制造业融入国际市场既彰显了一个国家的科技水平,也为提升其在国际产业链中的地位提供了战略机遇。高端装备制造业是现代产业体系的"脊梁"。2023年,浙江省装备制造业实现增加值10347亿元,比上年增长9.4%,首次迈上万亿元新台阶。其中,规模以上高端装备制造业实现总产值32102亿元,比上年增长7.5%,增加值6942亿元,比上年增长7.9%。高端装备制造业占规上工业比重达31.0%,拉动规上工业增加值增长2.4个百分点。② 目前,浙江省以"一带一路"倡议为统领,采取了一系列措施,鼓励具有竞争力的装备企业和产品"走出去",支持企业国际化经营,推动上市公司开展以高端技术、人才和品牌为重点的跨国并购,主动嵌入全球产业链、价值链、创新链,提高国际化水平。第一,秉持开放创新理念,进一步放宽外商投资准入,加强产业投向引导,持续加强国际交流合作,重点围绕农机装备、高端医疗装备、新一代信息技术装备等领域,打造一批高层次国际产业合作园。第二,支持装备制造跨国公司在浙设立区域总部、研发中心、采购中心和财务中心,鼓励外资参与集群企业的优化重组,提升集群创新发展能力。第三,创新外资利用方式,大力发展外资创业投资基金和产业投资基金,鼓励外资参与浙江省企业兼并重组,支持民营企业与海外跨国公司开展合资合作。2023年,中国制造业500强企业榜单中,浙江省有76家制造业企业上榜;中国制造业民企500强名单中,浙江省的入选企业也首次达到100家,均位居榜首。③

(三)彰显"浙江民企"亮点

深入实施营商环境优化提升"一号改革工程",鼓励民营经济做大做强,是浙江经济发展的宝贵财富,也是浙江对外经济交流合作的重要组成部分。"6789"这组数字序列代表了民营经济在浙江的地位:民企贡献了浙江60%以上

① "互联网之光"博览会开幕 超580家中外企业线下线上联动参展. (2023-11-07)[2024-12-31]. https://news.cctv.com/2023/11/07/ARTIVTPDP2LpqtOCDQt91Pdx231107.shtml.

② 浙江装备制造业增加值首破万亿元 占规上工业增加值比重再创新高. (2024-02-04)[2024-12-31]. https://www.zj.gov.cn/art/2024/2/4/art_1554467_60198275.html.

③ 2023中国制造业企业500强. [2024-04-01]. https://finance.sina.com.cn/zt_d/subject-16951768 25/.

的地区生产总值、70%以上的税收、80%以上的出口和就业以及90%以上的企业数量。截至2023年年底,在册经营主体数量达1034万户,比上年增长9.6%,在册民营企业332.5万户,比上年增长7.8%,其中新设民营企业50.7万户,增长10.9%;规模以上工业民营企业增加值增长7.8%,对规模以上工业增加值的贡献率为91.4%。① 与此同时,民营企业亦是浙江参与"一带一路"、积极开拓海外市场、"跳出浙江发展浙江"的一张"金名片",对进出口的支撑作用凸显。2023年,有进出口实绩的民营企业的数量首次突破10万家,合计进出口3.93万亿元,增长7.1%,占全省进出口比重首次超过八成,拉动全省进出口增长5.6个百分点。②

(四)夯实"法治浙江"亮点

浙江是"枫桥经验"的发源地,这一创新社会治理模式为促进社会安定和谐提供了重要范例。2023年,浙江人民群众安全感满意度达到99.28%,这是老百姓对连续19年平安浙江创建的赞许。完善基层治理,从"小治安"到"大平安",浙江走出了一条具有自身特色的平安建设路子。良好的法治环境同样也是营商的重要保障,平安浙江、法治浙江建设是支撑浙江民营经济蓬勃发展的重要基石。近年来,浙江出台了诸多政策条例,为参与共建"一带一路",进一步扩大对外开放与合作提供了制度性支持。2022年年底以来,浙江省政府和各地市相继出台了诸如《关于支持稳外贸稳外资十条措施》《浙江省鼓励和引导发展总部经济的若干意见(修订版)》《浙江省对外贸易主体培育行动计划(2022—2025)》《湖州市助企走出去拓市场抢订单新十条措施意见》《商务出入境便利化七条措施意见》《温州市跨境电商高质量发展三年行动计划(2022—2024年)》等相关意见,强力推进创新深化改革攻坚开放提升,以构建现代化产业体系为重点,以集聚、培育和引进总部为抓手,坚持内生外引并重,按照"留住一批、培育一批、引进一批"的要求,努力打造全国总部经济发展高地。

(五)构筑"文化高地"亮点

共同富裕示范区建设不仅表现于物质领域,精神富裕亦是重要一环。五种

① 秦红,程沛.浙江:机关单位等如拒付迟付市场主体款项,公务消费将被限制.(2024-01-26)[2024-12-31]. https://export.shobserver.com/baijiahao/html/709872.html.
② 尚天宇.2023年浙江经济"成绩单"出炉.(2024-01-24)[2024-12-31]. https://zj.cnr.cn/gstjzj/20240124/t20240124_526569071.shtml.

优秀文化支撑起浙江"文化高地"这张金名片:以党的创新理论为引领的先进文化、以"红船精神"为代表的红色文化、以浙江历史为依托的传统文化、以浙江精神为底色的创新文化、以数字经济为支撑的数字文化。五种优秀文化为浙江发展释放最深沉、最持久的力量。习近平总书记指出:"历史上,陆上丝绸之路和海上丝绸之路就是我国同中亚、东南亚、南亚、西亚、东非、欧洲经贸和文化交流的大通道,'一带一路'倡议是对古丝绸之路的传承和提升,获得了广泛认同。"[①]《马可·波罗游记》记载,作为丝绸的发祥地,杭州是"最美丽华贵之天城",宁波和温州自古都是海上丝绸之路的重要港口。丝路文化正是这样一种融汇东西、互学互鉴、横贯古今的开放包容的文化,这种多元文化形态亦融入了当今浙江打造"文化高地"金名片的事业中。第一,围绕"一带一路",按国际标准创办高校。2023年9月,位于义乌的浙江大学"一带一路"国际医学院开学,录取了来自泰国、加拿大、巴西、哈萨克斯坦、意大利、埃及等25个国家的94名学生;[②]第二,参与人类文明的共同事业,促进"民心相通"。截至2023年年底,浙江省派遣的援外医疗队累计诊治患者150余万人次。[③]菲律宾台风应急医疗救援、非洲抗击埃博拉病毒、意大利抗击新冠疫情等场合,都有浙江医护人员的身影。第三,建设一流国际媒体,传播浙江海外形象。2023年,在4个海外社交媒体平台(Facebook、X、Instagram和YouTube)的中国城市传播力指数排行中,杭州位列综合指数前十,在前三个平台位居第八、第五、第六;宁波在Facebook的排行中高居第二;台州在YouTube的排行中名列第九。

五、浙江省参与共建"一带一路"的展望

"建设更高水平开放型经济新体制",是党的二十大和《中华人民共和国国民经济和社会发展第十四个五年规划和2035年远景目标纲要》中明确阐述的未来我国经济社会发展的重要目标。其中,推动共建"一带一路"高质量发展是"推进高水平对外开放"的重要组成部分。对于浙江省而言,加快建设"一带一路"重要枢纽,是进一步促进开放型经济结构和民营块状产业转型升级,实现"腾笼换鸟",优化共同富裕示范区产业经济结构的必由之路,也是不断做大"蛋

① 习近平:加快推进丝绸之路经济带和21世纪海上丝绸之路建设. (2014-11-06)[2024-12-31]. http://politics.people.com.cn/n/2014/1106/c1024-25988630.html.

② 浙江日报:浙大"一带一路"国际医学院首招本科生. (2023-09-14)[2024-12-31]. https://jyt.zj. gov.cn/art/2023/9/14/art_1532836_58940850.html.

③ 我在"一带一路"当医生:10年惠及150余万人次,爱和责任的远征还在继续. (2023-11-07)[2024-12-31]. https://zjydyl.zj.gov.cn/art/2023/11/7/art_1229691761_41372.html.

糕"的物质基础来源,进而保证"分好蛋糕",促进城乡居民收入增长与经济增长之间更加协调,为高质量发展"高品质生活先行区"筑牢共富基石。

在新时代,浙江省高质量参与共建"一带一路"既面临机遇,也有一定的风险和挑战。就省内情况看,与21世纪初相较,浙江省正面临更高质量发展的"成长的烦恼":金融、房地产等行业的发展前景遇冷,中小微企业生产经营困难,新冠疫情过后民间投资活力不强、外贸订单缩水,关键战略性新兴产业和高新技术产业占比不够高等,①都对稳定外贸外资基本盘、推动产业链优化升级、保障供应链安全带来了重大考验。就国际和国内两个市场大局看,随着中国"人口红利"和劳动力成本优势的整体消失,东南亚、印度和墨西哥等国家和地区共同承接了中国低端产业链,降低了中国商品在国际市场上的竞争力,②以至于从浙江外迁到中西部省区投资创业的浙商企业商品开始失去在国际市场上的"比较优势",亟待开拓"走出去"的新途径。2023年,我国实际使用外商直接投资额为11339亿元,同比下降8.0%,出口额为237726亿元,仅增长0.6%。③而新冠疫情也进一步推动美日韩等发达国家回归实体经济,实施"再工业化"战略,将在华产业链——尤其是高端制造业产业链回流,这对我国产业链体系造成严重破坏。以日本为例,2020年就有87家制造业企业从中国迁出,30家迁往东南亚,57家迁回本土。这亦给处于推进新型工业化阶段,力图培育先进制造业集群,吸引高质量外资的浙江带来了不确定性。④

下一个十年,浙江应科学研判后疫情时代的机遇与挑战,全省各地应围绕《浙江省国民经济和社会发展第十四个五年规划和二〇三五远景目标纲要》《浙江省国土空间规划(2021—2035年)》《浙江省数字经济发展"十四五"规划》《浙江省国际投资"十四五"规划》《浙江省义甬舟开放大通道建设"十四五"规划》,高标准打造"一带一路"重要枢纽,将"四个枢纽"建设与"一湾引领、四极辐射、山海互济、全域美丽"的国土空间布局深度相融合,突出环杭州湾经济区的核心地位,全方位融入长三角一体化,集中布局高能级平台,将高端产业、引领项目、未来园区集中安排于环杭州湾地区,赋予新增长极以新动能。四大都市区分别承载着不同的定位和任务:杭州都市区要建设国际一流的创新型都市区,与数

① 2024年浙江省政府工作报告(全文). (2024-01-29)[2024-12-31]. https://tyj.zj.gov.cn/art/2024/1/29/art_1229781559_59122716.html.
② 刘莹,彭思仪. 中国产业链转移现状、问题与对策建议. 学习与探索,2023(12):122.
③ 2023年国民经济和社会发展统计公报. (2024-02-29)[2024-12-31]. https://www.gov.cn/lianbo/bumen/202402/content_6934935.htm.
④ 刘莹,彭思仪. 中国产业链转移现状、问题与对策建议. 学习与探索,2023(12):125.

字贸易示范区建设相结合,努力形成面向世界、引领未来、辐射"一带一路"的数字贸易中心、数字创新高地和数字金融枢纽,成为 21 世纪的"数字丝绸之路"重要门户;宁波都市区要建设以全球门户城市为导向的现代化滨海都市区,立足宁波舟山港这一区位的资源和优势,塑造国际化城市特色功能融入并服务国内国际双循环新发展格局,打造成为国内国际双循环枢纽城市;金义都市区建设要深度对接义乌国贸改革试点,加快"义新欧"班列、义甬舟大通道及网上丝路三大通道建设,形成以金义主轴为主体的"一带一路"枢纽型都市区;温州都市区要建设为长三角南部门户型都市区,发挥好连接长三角和粤港澳重要区域的物流枢纽城市功能,结合国家华商华侨综合发展先行区、中欧班列"温州号"等开放平台,充分利用"世界温州人大会"联接中外的桥梁作用,打造连接海陆两条丝绸之路的重要节点。具体而言,浙江未来应做好如下重点工作。

(一)对接合作需求,政策创新助力

打造"重要枢纽"绝非一家之力可以实现,需要依据省内与省外、国内与国外的实际需求,找准"合作之道"。第一,既要进一步加强与党和国家层面各职能部门的对接沟通,明确未来浙江省的发展定位,也要在陆海两个维度上与其他参与"一带一路"省份的发展战略规划和实际需求相结合,深度融合国家和各地方部署,形成纵向、横向的共识,为进一步打造"一带一路"重要枢纽提供更多的政策支持。第二,关注当前共建"一带一路"国家发展中面临的问题与需求,强化双方各级政府、智库、投资企业、当地社会的合作研究与定期沟通交流机制,共同寻找既能满足所在国家发展需要,又可惠及地方社会各方利益需求的"多赢"项目特点,并基于此出台具体政策予以支持布局。第三,面对国际形势与国际市场的不确定性带来的风险,浙江省要着眼金融、税收、人才、技术、投资等方面的优惠政策,既要通过出口退税、借贷支持和专利成果奖励等举措,鼓励省内企业大胆创新和"走出去",也要利用好 RCEP 清单、零关税和人才引进奖励等特殊优惠,继续做好人才和外资的"引进来"工作。在"中国(浙江)自由贸易试验区+全省开放大平台"建设实践中,形成更富活力、创新力、竞争力的高质量发展模式,努力成为经济高质量发展的省域范例。

(二)聚焦四大枢纽建设,升级重大平台

结合数字创新、贸易物流、产业合作和人文交流四大枢纽功能,进一步升级数字贸易区、枢纽自贸区和人文交流高地等创新平台。加快建设宁波舟山港世界一流强港,打造亿人次级国际化空港门户,纵深推进义甬舟开放大通道建设,提升"义新欧"中欧班列市场竞争力;深化中国—中东欧国家经贸合作示范区建设,提升中国—中东欧国家博览会能级,实施"丝路领航"三年行动计划,完善境外经贸合作区、系列站和国际产业合作园联动发展网络,打造高质量外资集聚地和高层次对外投资策源地,推进合格境外有限合伙人(Qualified Foreign Limited Partnership,QFLP)试点;实现联动创新区全覆盖,推进自贸试验区与联动创新区协同发展,加强与长三角区域自贸试验区协同联动。培育外贸竞争新优势,全省域推行市场采购、跨境电商、外贸综合服务平台等外贸新业态,高效推动eWTP升级,推动服务贸易创新,进一步提高进口贸易促进创新示范区和重点进口平台的竞争力;实施重大科研平台设施建设千亿工程,集中力量推动杭州城西科创大走廊建设创新策源地,加快推进甬江、环大罗山、浙中、G60等科创走廊建设,支持之江实验室成为国家实验室体系核心支撑,加快良渚、西湖、湖畔、甬江、瓯江等省实验室建设,支持浙江大学、西湖大学等高校打造国家战略科技力量,引进培育一批高水平新型研发机构,争取更多重大科技基础设施项目纳入国家规划布局。

(三)瞄准国际大势,化解安全风险

建立健全"一带一路"的海外安全保障体系不仅关涉境外公民的人身财产安全,也关涉企业化解在海外面临的投资、产销以及知识产权等无形风险能力的提高。第一,不断通过宣传、培训、检测等手段提高境外公民安全意识和自我保护能力,同时健全和完善与国家驻外机构、合作国家安全部门、国际组织、华侨团体商会及当地社会力量代表的协调联动,形成保障合作国家企业和公民的人身财产安全的联合机制。第二,完善信息资源共享机制,及时提供准确的产业风险信息。通过升级"人工智能+大数据"系统,为外贸企业或在外投资企业及时提供精确到各合作伙伴国家的、涉及各国人口、宗教、法律法规、对外关系、时局形势等的关键信息,确保企业在外投资、生产、销售、税收、应对争端等每一环节都能获取最新的第一手资料,作为帮助研判市场前景方向与可能遇到风险之依据,防止盲目投资、生产或给企业造成安全与风险隐患,找准重点领域及时"对症下药"。

(四)围绕重点任务,改革体制机制

高质量参与共建"一带一路",需要形成职能清晰、体系完善的统一领导与协调部署机制。第一,明确以省委、省政府为核心的"一带一路"建设工作领导小组负责统一领导,以及省"一带一路"办负责统筹协调的职能分工体系,以此完善浙江省参与共建"一带一路"的重要政策、焦点问题、项目布局的顶层决策机制和资源统筹协调配置系统。第二,完善与重要区县、高校智库、重点企业、金融机构、海内外浙商团体代表的定期会商和信息通报等机制,进一步增强领导与决策的民主性、科学性,协助顶层设计环节发挥好审议决定浙江省"一带一路"建设重大事项的关键职能。第三,建立纵向、横向立体联动的沟通协调机制,形成两个方向的合力。既要加强与国家发展改革委推进"一带一路"建设工作领导小组、商务部、亚投行、国家开发银行的对接,也要增强与外省特别是"一带一路"核心省区责任机构的交流合作。此外,须全面贯彻"最多跑一次"改革理念,深化"三服务",抓好"一带一路"建设的营商基层"软环境",以实际行动和成效当好"排头兵"。

六、结 语

检视历年浙江省政府工作报告可以发现,浙江省委、省政府对"一带一路"建设在浙江经济社会发展全局中地位的认识经历了一个不断深化、逐渐提升的发展过程。2015年浙江省政府工作报告就已涉及"一带一路"建设议题。该报告提出,要"积极参与丝绸之路经济带和21世纪海上丝绸之路,加强与共建'一带一路'国家的交流合作"①。据此可知,这一时期浙江省"一带一路"建设的关键词是"积极参与"。2018年浙江省政府工作报告进一步提出,坚持以"一带一路"为统领,加快形成全面开放新格局,突出开放强省工作导向,坚持"走出去"与"引进来"相结合,全面实施打造"一带一路"重要枢纽行动计划。② 从"桥头堡"到"枢纽"的战略定位转换,意味着浙江省委、省政府进一步提升了"一带一路"建设在浙江开放强省工作格局中的地位。自此以后,历年省政府工作报告基本延续了这一定位。

十年来,浙江参与共建"一带一路"取得了颇为瞩目的成绩。在此基础上,中央对新时代浙江参与共建"一带一路"提出了新的要求和定位。2023年9月,习近平总书记在浙江考察时,特别赋予浙江"中国式现代化的先行者"的新定位

---

① 抢抓"一带一路"谋发展 浙江蓄力欲再现丝路辉煌. (2015-03-09)[2024-12-31]. https://hynews.zjol.com.cn/hynews/system/2015/03/09/019108160.shtml.

② 2018年政府工作报告. (2018-02-07)[2024-12-31]. https://www.zj.gov.cn/art/2018/2/7/art_1229019379_1251.html.

和"奋力谱写中国式现代化浙江新篇章"的新使命,要求浙江"在深化改革、扩大开放上续写新篇"①。作为因应,2023年11月21日在浙江省推进"一带一路"建设大会上,时任省委书记易炼红指出:"浙江深入贯彻落实习近平总书记重要讲话精神,建平台优机制、政策沟通之桥越来越畅,跨群山通江海、设施联通之网越来越密,引进来走出去、产业互通之路越来越宽,买全球卖全球、贸易畅通之道越来越广,扬优势闯新路、资金融通之效越来越高,强交流促合作、民心相通之情越来越深,参与共建'一带一路'硕果累累。浙江的实践充分证明,共建'一带一路'倡议源于中国,但机会和成果属于世界,是我们共同的繁荣之路。"②现任浙江省委书记、时任浙江省省长王浩回顾和展望浙江省参与共建"一带一路"时亦谈道,浙江是"改革开放先行地,自古就有向海图强、开放包容的传统。这些年来,浙江深入贯彻习近平总书记重要指示精神,以政策沟通、设施联通、贸易畅通、资金融通、民心相通为主线,全方位参与共建'一带一路',对外经贸不断迈上新台阶,双向投资不断焕发新活力,开放交流不断拓展新空间,营商环境不断取得新突破……我们将携手'一带一路'各方,共同致力于深化经贸交流、推动互联互通、开展务实合作、增进民生福祉,共享'一带一路'发展红利,共同推动构建人类命运共同体,更好造福各国人民"③。毫无疑问,在当下中央政府将浙江定位为"中国式现代化的先行者"之际,总结浙江"一带一路"建设的地方经验,形成能在国家层面可推广、可复制的"中国之治"创新发展理论,具有非常重要的现实指导意义。浙江"一带一路"建设的典范意义体现在以下两个方面。

第一,浙江借打造"一带一路"建设枢纽地位,坚定不移深化改革、扩大开放,努力使其成为展现中国对外开放成就的重要窗口。近年来,经济全球化遭遇倒流逆风,越是这样我们越是要高举构建人类命运共同体旗帜,坚定不移维护和引领经济全球化。在全球化的至暗时刻,居于中国改革开放前沿的浙江充分领会中央政府战略意图,面向世界,对标国际一流标准,致力于将浙江省打造为"联通国际市场和国内市场的重要桥梁"。

第二,浙江"一带一路"建设取得重大成就的关键在于因地制宜,发挥自身比较优势,围绕重点领域和重点区域实现突破。浙江"一带一路"建设在最初阶

---

① 习近平:始终干在实处走在前列勇立潮头 奋力谱写中国式现代化浙江新篇章. (2023-09-26) [2024-12-31]. http://www.gszg.gov.cn/2023/09/26/c_1129886201.htm.

② 翁浩浩,余勤,夏丹. 以高质量共建"一带一路"为引领全力打造高能级开放强省. 浙江日报,2023-11-22(1).

③ 翁浩浩,余勤,夏丹. 以高质量共建"一带一路"为引领全力打造高能级开放强省. 浙江日报,2023-11-22(1).

段仅限于呼应沿海省份定位、积极参与建设 21 世纪海上丝绸之路。但在实践过程当中,浙江充分发掘自身潜能,利用无可比拟的地缘(宁波舟山港、义乌陆港)、人缘(遍布世界的浙商)、技术(数字经济与电商平台)等多重优势,多层次、多形式、全方位地融入"一带一路"建设,致力于打造"一带一路"建设重要枢纽地位。这就给全国其他省份提出了一个问题:如何发挥自身的独特比较优势,以更加积极主动的姿态推进本地区"一带一路"建设。就此而言,浙江"一带一路"建设的实践过程对于相关省份具有普遍启发意义。

总之,浙江"一带一路"建设立足浙江、放眼世界,把落实"一带一路"建设重要枢纽地位放在国家区域发展总体战略全局中予以统筹,取得了重大成就。这一极具浙江辨识度的决策和实践深刻改变了浙江社会经济发展面貌,亦必成为展示中国特色社会主义制度优越性的标志性成果。

(审校:王　珩)

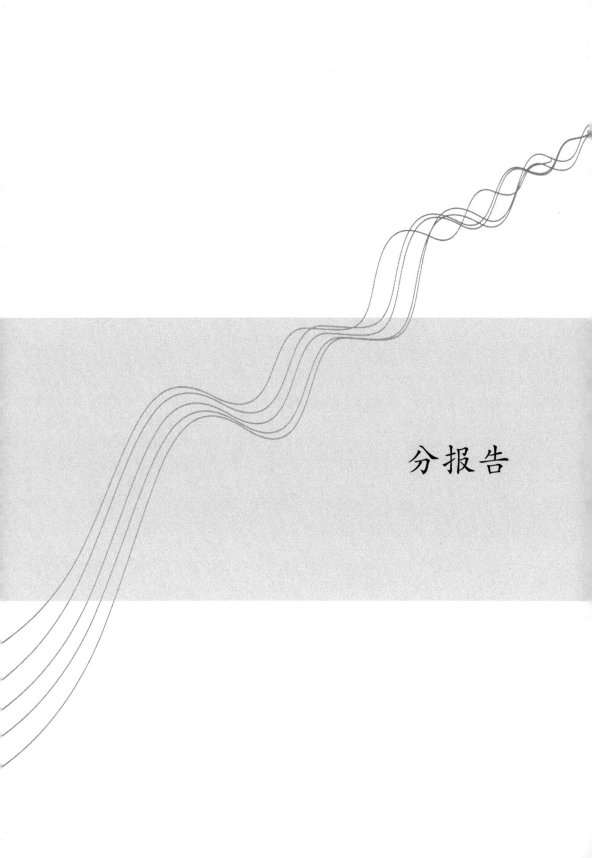

分报告

浙江省贸易物流枢纽建设发展报告

陈越柳　　郭传熙

摘要：2023—2024 年，浙江紧紧围绕"一带一路"物流枢纽和现代物流体系建设全面发力、稳中求进，积极打造"一带一路"大通道和货运节点取得了显著成绩，物流通道不断扩容，国家级物流枢纽整体提能升级，国际快递和海外仓高速发展，航空物流和冷链物流等领域持续发力补齐短板。近年来，随着国际市场不断恢复、共建"一带一路"进入高质量发展阶段、新质生产力赋能各行各业，浙江贸易物流枢纽建设迎来新机遇，助力浙江成为"一带一路"重要战略支点。

关键词：浙江省；物流枢纽；"一带一路"

作者简介：陈越柳，浙江师范大学非洲研究院助理研究员。
郭传熙，浙江师范大学非洲研究院非洲学硕士研究生。

作为实体经济的"筋络"，物流是连接生产和销售、内贸和外贸的关键环节，对于提高经济运行效率起着至关重要的作用。在 2024 年国务院政府工作报告中，"物流"成为一个高频词。报告明确要求"实施降低物流成本行动"，"加快国际物流体系建设"，加强农村"冷链物流、寄递配送设施建设"。[①] 浙江位居"一带一路"海陆要塞，是国内国际双循环与全球物流链的重要节点，近年来在贸易物流枢纽建设和现代物流强省建设方面已取得优异成绩。2023—2024 年，浙江紧紧围绕"一带一路"物流枢纽和现代物流体系建设全面发力，在深化物流服务改革、降低社会物流成本、构建国际物流体系方面持续深耕，通过一系列政策措施、重大工程与国际合作项目，有效推进了贸易物流枢纽的建设和发展。

---

① 政府工作报告——2024 年 3 月 5 日在第十四届全国人民代表大会第二次会议上．（2024-03-12）[2024-05-12]．https://www.gov.cn/gongbao/2024/issue_11246/202403/content_6941846.html.

一、浙江省贸易物流枢纽建设的发展现状与重要成果

作为长三角地区商贸集散地、中国对外经济内引外联重要门户,浙江省物流业辐射世界 200 多个国家和地区,现代物流体系足具规模和综合实力,日益成为"一带一路"重要物流枢纽。2023 年以来,共建"一带一路"进入高质量发展新阶段,浙江主动承担在"一带一路"立体互联互通网络建设中的主体力量,以服务全国、放眼全球的视野,持续深耕贸易物流枢纽建设,积极打造"一带一路"货运节点,加快推进物流枢纽和大通道提能升级。

(一)物流通道不断扩容,全省运力大幅提升

浙江区位优势明显,沿海港口集群,河网分布密集,公路、铁路通达,完善的交通基础设施和雄厚的物流产业基础有效保障了物流畅通,但依旧存在物流堵点与运力不足的情况。近年来,为加快经济复苏和产业升级,全省致力于拓展物流通道、提升全线运力以缓解运输压力。

铁路方面,2023 年 12 月 31 日,甬金铁路正式通车,实现了宁波与义乌两个新丝绸之路起点、两大国际物流枢纽的联通,贯通了浙东沿海与中西部内陆腹地,极大程度地扩大了浙江的物流服务和经济辐射范围,对于货物出海的降本增效作用显著,预计运输成本将下降 40% 左右。① "义新欧"中欧班列在 2023 年也实现了多项创新与突破,包括启用"智慧联运 ICTMP"系统,启用中欧班列德国集散中心,顺利完成首单陆路启运港退税业务等。② 2023 年,杭州海关累计监管"义新欧"中欧班列进出口货运量达 120.49 万吨,同比增长 8.7%。③ 2023 年 12 月 26 日,从浙江金华始发的首趟"浙新吉"公铁联运援疆专列抵达新疆阿克苏站,实现了浙江援疆专列双向对开,拓宽了"东产西进"的流通渠道,同时作为境外贸易的南疆通道,为中欧班列做了有益补充。

公路方面,全省一大批高速公路、国省干道扩改修项目陆续启动、竣工、通车。杭甬高速、甬金高速的改建与扩建项目正在奋力推进,将大幅缓解公路运输压力;义甬舟开放大通道持续提能升级,嘉兴"快干交通"落实扩展内畅外联

---

① 甬金铁路正式通车. (2024-01-01)[2024-06-11]. http://www.zj. xinhuanet. com/20240101/4e59e8d8b8ec4b43826b57f2c478e338/c. html.

② 中欧班列今年开行达万列,释放外贸积极信号. (2023-07-30)[2024-06-11]. https://www.gov.cn/yaowen/liebiao/202307/content_6895555. htm.

③ 2023 年"义新欧"中欧班列进出口货运量较上年增长 8.7%. (2024-01-22)[2024-06-12]. http://gdfs. customs. gov. cn/hangzhou_customs/575606/575607/5644719/index. html.

大通道,义龙庆高速公路丽水段项目于 2024 年 2 月正式开工,浙江迎来全面大通道时代;县乡公路修建也成果显著,截至 2023 年年底,浙江全省农村公路里程达 10.2 万公里,预计到 2025 年基本实现浙江农村快递物流"县到村一日达"。①

水运方面,作为全国内河"两横一纵"之"一纵"的京杭大运河延伸段,杭甬运河也是长三角高等级航道网的重要组成部分,2023 年杭甬运河表现出强劲的通航和货运能力,全线船闸过闸船数累计达到 13.7 万艘,过闸货运量达到 4236.4 万吨。② 2023 年 7 月,京杭运河杭州段二通道开通,千吨级船舶可满载直达杭州进入钱塘江,浙北、浙东及浙中西部的航道完全贯通,成为高等级内河水运网,为杭甬运河内河集装箱运输发展注入全新动能。③

海运方面,2023—2024 年,浙江省新开辟多条新航线:2024 年 1 月 4 日,宁波舟山港南美西航线开通运营;2024 年 3 月 28 日,台州大麦屿港至泰国航线正式运营;2024 年 5 月 17 日,宁波舟山港至阿联酋航线正式运营;2024 年 5 月 28 日,宁波舟山港至墨西哥航线正式开通运营。截至 2023 年年底,宁波舟山港的集装箱航线总数稳定在 300 条以上,其中"一带一路"航线达到 130 条,覆盖 200 多个国家和地区的 600 多个港口。④ 此外,浙江省还计划推动宁波舟山港航线数超 300 条,其中国际航线数为 252 条,并推进温州加快建设浙南近洋航运中心,新引进港航(海事)服务企业 100 家以上。⑤

2023—2024 年,浙江物流通道进一步实现了大扩容,有效推进了陆运、水运、海运运力的提升,海铁联运、江海联运和海河联运等浙江运输独特的多式联运体系也获得了高效发展。2023 年 1 月 10 日,浙江省人民政府与中国国家铁路集团有限公司以云签约方式签署战略合作框架协议,共建海铁联运高质量发展示范区,推动宁波舟山港加快打造成为世界一流强港。2023 年 4 月,"江海直达 68"亿吨散货船从宁波舟山港驶向武汉汉南,之后该船将以每月一班的航次

---

① 浙江"四好农村路"建设情况新闻发布会. (2024-03-08)[2024-06-11]. https://www.zj.gov.cn/art/2024/3/8/art_1229630150_7005.html.
② 首次船闸大修竣工,杭甬运河全线复航:浙东黄金水道有了新的小目标. (2024-04-02)[2024-06-11]. https://zjnews.zjol.com.cn/zjnews/202404/t20240402_26751112.shtml.
③ 京杭大运河杭州段二通道通航. (2023-07-20)[2024-06-11]. http://tb.hangzhou.gov.cn/art/2023/7/20/art_1510407_58927878.html.
④ "浙江海港"和宁波舟山港 2023 年成绩单相继出炉. (2024-01-15)[2024-06-10]. http://kab.ningbo.gov.cn/art/2024/1/15/art_1229104354_58895403.html.
⑤ 浙江计划推动宁波舟山港航线数超 300 条. (2024-01-29)[2024-12-31]. http://tradeinservices.mofcom.gov.cn/article/news/gnxw/202401/160757.html.

前往长江中游地区,标志着舟山正式开通准班轮运输航线。与传统运输模式相比,准班轮化运输将港、航、物等运输环节进行有效衔接,通过"相对固定船期、固定货种、定向发运"的运行模式,与港口协商一定的时间窗口,及时给予优先靠泊,实现从"即期船"向"准班轮"过渡。① 2023 年 8 月 30 日,在嘉兴平湖乍浦码头内河二期港池,嘉兴港正式开通至桐乡宇石、安徽芜湖的两条 64 标箱海河联运集装箱航线,这是省内首次开通 64 标箱海河联运集装箱航线,标志着 64 标箱集装箱船舶在浙北及长三角区域实现了海河联运。②

(二)物流枢纽提能升级,国家示范园区与枢纽持续增加

2023 年 7 月 21 日,国家发展改革委、自然资源部联合发布第四批示范物流园区名单,湖州长兴综合物流园区、杭州深国际华东智慧物流城成功入选,至此浙江共创建国家示范物流园区 10 个、省级示范物流园区 20 个(含国家级),数量位居全国各省市第一。2023 年 7 月 28 日,国家发展改革委公众号发布 2023 年国家物流枢纽建设名单,杭州空港型国家物流枢纽成功入选,至此浙江共有宁波、舟山、温州、金华、义乌、嘉兴等 6 个城市入选国家物流枢纽建设名单,数量位居全国各省市第三。2023—2024 年,浙江省内重要物流枢纽也实现了整体提能升级,有效推进了浙江省"一带一路"物流重要节点建设。③

新增的杭州空港型国家物流枢纽是浙江省首个空港型物流枢纽,位于杭州临空经济示范区内,规划面积为 2.5 平方公里,以服务周边千亿级产业集群为重点,兼顾为长三角城市群提供物流供应链服务。截至 2024 年年底,杭州空港综合保税区正在积极创建,国家物流枢纽经济区也在加快争创中。此外,杭州萧山国际机场引入了自动货物搬运、仓储以及区块链等设备,包括 AGV、CCD、轨道分拣智能化设备,同时引入大数据分析、排编调度算法,通过数字化和智能化手段提升物流效率。④ 2023 年 7 月,杭州机场启用东区国际货站,其年货邮保障能力远期达 60 万吨。这大大补齐了杭州萧山国际机场国际货运量"天花板"难突破的短板。2023 年,杭州萧山国际机场国际货运量达到 16.95 万吨,同

① 浙江省物流行业 2023 年度"十件大事"揭晓. (2024-01-09)[2024-06-10]. https://mp. weixin. qq. com/s/cvT4vVN0LQ96-STtfc36qQ.

② 嘉兴港开通两条 64 标箱海河联运集装箱航线. (2023-09-04)[2024-06-10]. https://www. mot. gov. cn/jiaotongyaowen/202309/t20230904_3908252. html.

③ 浙江省物流行业 2023 年度"十件大事"揭晓. (2024-01-09)[2024-06-10]. https://mp. weixin. qq. com/s/cvT4vVN0LQ96-STtfc36qQ.

④ 2023 年国家物流枢纽建设名单发布:杭州空港型国家物流枢纽上榜　全省唯一. (2023-11-21)[2024-06-11]. http://www. xiaoshan. gov. cn/art/2023/11/21/art_130290 3_59094478. html.

比增长 22%,增速居全国十大机场之首。①

宁波—舟山港口型国家物流枢纽近两年实现了扩容与开放,世界一流强港建设驶入快车道。2023 年 2 月,浙江省政府正式发布《浙江省世界一流强港建设工程(2023—2027 年)实施方案》作为浙江今后几年经济工作的牵引性、战略性抓手。2023 年 11 月,国务院批复同意宁波港口岸扩大开放,新增穿山、象山港和石浦三个港区扩大开放,将新增开放面积 58.13 平方千米,其中象山港港区和石浦港区是首次获批对外开放,这标志着宁波港口岸八大港区全部实现口岸开放。此次扩大开放共涉及穿山港区集装箱码头 1 号泊位、象山港港区新乐船厂和大中庄码头、石浦港区新港码头和中国供销集团万吨级码头等 5 个重点项目,将新增对外开放岸线 1894 米、对外开放泊位 9 个,新增集装箱吞吐能力 62 万标箱/年、货物吞吐能力 300 万吨/年。② 2023 年 12 月 13 日,宁波舟山港梅山港区 6 号至 10 号集装箱码头工程(简称“梅山二期项目”)三阶段工程顺利通过浙江省交通运输厅组织的竣工验收,至此梅山二期项目全部在建工程均已完成竣工验收,宁波舟山港第二个“千万箱级”集装箱泊位群建成,目前宁波港域共有生产泊位 335 个,其中 10 万吨级以上 36 个。梅山二期项目的全面建成,意味着梅山港区年集装箱吞吐能力超过 1000 万标准箱,宁波舟山港“一流设施”实现再升级。③

金华(义乌)商贸服务型国家物流枢纽的贸易物流片区与铁路口岸国际物流片区都双双实现了新的发展。义乌市政府将现代物流业作为基础性、战略性产业进行培育,积极探索物流领域数字化改革,义乌全市现有货运物流企业 1599 家,其中五大物流园内 911 家、园区外 688 家。④ 义乌保税物流中心 2023 年实现全年进出口总额 111.31 亿元,同比增长 9.5%,在全国 84 家保税物流中心中排名第四,较上年上升一位,其中进口总额 107.11 亿元,同比增长 10.1%,

① 前四月杭州空港货运量创历史新高——国际航空货运升温背后的变与不变. (2024-05-21)[2024-12-31]. http://gongbei. customs. gov. cn/hangzhou_customs/575609/1708095/1038561/5920664/index. html.
② 国务院批复同意! 宁波港口岸扩大开放,涉及这三地. (2023-11-09)[2024-12-31]. http://kab. ningbo. gov. cn/art/2023/11/9/art_1229104354_58895231. html.
③ 宁波舟山港第二个“千万箱级”集装箱泊位群建成. (2023-12-14)[2024-06-11]. https://zjydyl. zj. gov. cn/art/2023/12/14/art_1229691751_41785. html.
④ (物流天下)义乌交通物流攀登新高峰. (2023-10-30)[2024-06-01]. http://www. yw. gov. cn/art/2023/10/30/art_1229425018_59462054. html.

排名全国第三。^① 义乌公路港作为全国单体面积最大的物流枢纽项目,2023年总货运吞吐量达到了832.7万吨,日均车流量为2.8万车次。^② 金华市政协提出加快建设宁波舟山港金义"第六港区",打造浙中西地区货物集聚区,义乌(苏溪)国际枢纽港项目等配套项目正处在建设阶段。

金华生产服务型国家物流枢纽选址位于华东国际联运港,临近生产制造业聚集区,多式联运条件较好,物流业务运作模式较为成熟。2023年,金华市交通运输局制定了《2023年国际陆港交通枢纽建设攻坚行动方案》《金华市加快建设高水平交通强市实施方案》,金义中央大道、金义东市域轨道交通、金甬铁路、兰江、衢江航道工程等交通强省重大项目完成竣工。宁波舟山港金义"第六港区"建设取得实效,挂牌设立集装箱箱管中心,启运港退税政策加速集成,创新海关监管模式,金华成为全国唯一兼具陆、海出口的启运港城市。强海铁联运班列完成集装箱运输量32.1万标箱,同比增长5.2%。^③ 金华市出台实施《加快金华市现代物流业高质量发展十条措施》,培育壮大物流市场主体。此外,金华正在推进华东国际联运港二期、金义国际机场等重大工程项目的建设,以进一步巩固国际陆港交通枢纽的地位。

温州商贸服务型国家物流枢纽自2023年以来加强了物流园区和基础设施的建设。2023年,温州海港新增集装箱近洋航线4条,集装箱吞吐量完成130万标箱,同比增长10.5%。新增国际客货运航线7条,机场旅客吞吐量1168万人次,货邮吞吐量首破10万大关,达10.6万吨,迈进全国三十强,同比分别增长108.4%、71.3%。^④ 温州商贸服务型国家物流枢纽加快推进了乐清湾物流园港区码头生产设施的有序开建,并持续深化温州机场航空物流园与顺丰速运的合作,积极引进顺丰空侧分拨业务,全力推进顺丰浙南航空枢纽项目建设。

嘉兴生产服务型国家物流枢纽近两年发展迅速,位于枢纽东片区的嘉兴现代物流园入选首批国家级示范物流园区,与此同时该物流枢纽也推进了一系列重大修建项目。2023年,嘉兴加快了"公铁水空"联运枢纽的建设,推动当地成为货流、物流、人流、信息流的交流中心;嘉兴全球航空物流枢纽项目自2023年

① 义乌保税物流中心2023年实现进出口总额111.31亿元.(2024-01-31)[2024-06-11].https://zjydyl.zj.gov.cn/art/2024/1/31/art_1229691721_42286.html.
② 义乌公路港获评中国物流学会产学研基地.(2024-05-27)[2024-06-11].http://www.yw.gov.cn/art/2024/5/27/art_1229129417_59481003.html.
③ 金东义乌永康三线齐发:我市年海铁联运量稳居全省首位.(2024-05-06)[2024-06-11].https://www.jinhua.gov.cn/art/2024/5/6/art_1229159979_60259633.html.
④ 温州市交通运输局2023年工作总结和2024年工作思路.(2024-02-07)[2024-06-11].https://www.wenzhou.gov.cn/art/2024/2/7/art_1229180682_4221154.html.

年初全面开工,主要工程如跑道、停机坪、航站楼等均迎来新节点。① 2023 年,嘉兴抢抓世界一流强港和交通强省建设的重大战略机遇,嘉兴港全年完成货物吞吐量 1.39 亿吨,同比增长 5.44%,总量和增速均居全省第二;其中完成外贸货物吞吐量 1632.61 万吨,同比增长 16.74%,增速位居全省第一;完成集装箱吞吐量达 340.44 万标箱,创历史新高,同比增长 19.29%,总量和增速均居全省第二;其中完成外贸集装箱吞吐量 54.74 万标箱,同比增长 14.16%。此外,嘉兴海河联运优势持续发挥,完成海河联运吞吐量 3485.59 万吨、集装箱吞吐量 97.62 万标箱,同比增长 5.25%、25.80%。②

(三)快递业海外仓高速发展,国际寄递物流大通道进一步打通

据综合评价体系监测,2023 年,浙江快递业务量比上年增长 14.9%,而快递业务规模指数同比提高 18.2%,提高幅度比 2022 年(−1.4%)高 19.6 个百分点;快递业务规模指数对全省快递物流活跃度指数提高贡献率为 48.7%,高于 2019 年的 34.0%、2020 年的 32.2% 和 2021 年的 37.3%,这表明快递业务规模是引领全省快递物流活跃度指数提高的主要动力之一。③ 2023 年,浙江快递业深入推进农村快递业、海外快递业智能化、绿色化发展。农村快递业务量增长 20.2%,增速比全省快递业务量高 5.3 个百分点;业务收入增长 29.3%,增速比全省快递业务收入高 20.9 个百分点。④ 此外,浙江省成功引入了全球知名的物流公司马士基(Maersk),这不仅为浙江省带来了先进的物流技术和管理经验,还进一步提升了其国际物流服务的水平。为加快国际快递流通效率,温州机场启用跨境电商"9610"查验场地,国际货物出港查验时间最多可节约一天,大大地提升了出口货物的时效。此外,萧山国际机场海关依托新货站数字化、自动化、智能化的各项设施设备,将监管流程嵌入物流企业作业流程,完成"顺

① 秀洲区加快推进嘉兴全球航空物流枢纽建设,打造"一带一路"重要货运节点. (2024-03-04)[2024-06-01]. https://zjydyl.zj.gov.cn/art/2024/3/4/art_1229691721_42507.html.
② 2023 年嘉兴港多项指标居全省前列. (2024-01-16)[2024-06-11]. https://jtysj.jiaxing.gov.cn/art/2024/1/16/art_1506832_58949169.html.
③ 浙江快递稳步向好赋能经济稳进立——2023 年浙江快递物流活跃指数运行分析. (2024-01-16)[2024-06-11]. http://zj.spb.gov.cn/zjsyzglj/c100062/c100149/202401/7fe243a51f48438a88cf992144316a5a.shtml.
④ 浙江快递稳步向好赋能经济稳进立——2023 年浙江快递物流活跃指数运行分析. (2024-01-16)[2024-06-11]. http://zj.spb.gov.cn/zjsyzglj/c100062/c100149/202401/7fe243a51f48438a88cf992144316a5a.shtml.

势监管"的同时,通关速度提升近 20%,成为名副其实的"智慧海关"。①

与此同时,浙江积极鼓励企业建立海外仓,通过评选升级海外仓的方式,海外仓的数量和质量都得到了稳步的提高。截至 2023 年年底,杭州跨境电商综试区企业在境外自建、合作、租赁的海外仓共有 362 个,总面积 785.75 万平方米,覆盖 41 个国家和地区,②并联动菜鸟、堡森三通、佳成国际等海外仓重点企业,持续完善海外仓境外布局。截至 2023 年 11 月,义乌已在全球 50 个国家、超 100 个城市设立 210 个海外仓,实现全球重要贸易节点城市全覆盖。③ 截至 2023 年 3 月 31 日,在国际物流领域,菜鸟日均跨境包裹量已超 500 万件,现已在全球设立 6 个核心物流枢纽,外仓业务覆盖亚洲、欧洲、美洲 30 多个国家和地区,在欧洲设有 14 个官方海外仓,部分城市实现当日达或次日达,法国海外仓首单只需 2 小时 17 分即可送达消费者,实现本地仓发小时级收货。④ 2024 年 6 月 24 日,菜鸟宣布将在全国设立 7 个跨境电商中心,以此辐射全国 20 个产业带,更好地服务国内跨境电商。⑤

(四)航空物流、冷链物流等领域持续发力、补齐短板

相较于海运、水运、陆运的显著优势,浙江在航空物流领域的国际竞争力有待提升,国际货运航线需要进一步开拓,航空物流基础设施仍需扩建提级。2023 年 4 月 4 日,杭州—芝加哥货运定期航线开通;4 月 6 日,杭州飞往丹麦的首条全货机航线正式开通;5 月 9 日,"宁波—列日—雷克雅未克"货运航线正式开通,意味着欧洲"第五航权"全货机航线开通;10 月 29 日,浙江省首条墨西哥全货机航线顺利开通;12 月 18 日,由中国外运承运的杭州首条通往中东的定班国际货运航线成功开航;截至 2023 年年底,已新开国际货运航线 11 条,全省稳

① "智慧海关"助推跨境电商出海跑出"加速度". (2023-11-07)[2024-06-11]. https://zjydyl. zj. gov. cn/art/2023/11/7/art_1229691746_41367. html.
② 2023 年杭州海外仓建设 取得新突破. (2024-02-01)[2024-06-11]. https://hznews. hangzhou. com. cn/chengshi/content/2024/02/01/content_8683405. htm.
③ 单未下货先行 家门口选商品 义乌海外仓覆盖全球重要贸易节点城市 目前已在 50 个国家、超100 个城市设立 210 个. (2023-12-04)[2024-06-01]. http://swb. jinhua. gov. cn/art/2023/12/4/art_1229168149_58856570. html.
④ 加速布局海外仓 提升外贸竞争力. (2023-05-12)[2024-11-08]. http://www. yuhang. gov. cn/art/2023/5/12/art_1532128_59043838. html.
⑤ 菜鸟将在全国开设七大跨境商家中心. (2024-06-24)[2024-11-08]. https://www. bbtnews. com. cn/2024/0624/519435. shtml.

定运营国际(含地区)定期货运航线 35 条。① 国内航运方面,2023 年 8 月 29 日,义乌一鄂州全货机航线实现首航,这也是义乌机场开通的首条国内全货机航线,该航线的开通加强了义乌服务内贸外联的物流能力。② 航空物流基础设施建设方面,2023 年同样成果显著,尤其是嘉兴机场的建设。2023 年 3 月,浙江省发展改革委批复嘉兴机场货运工程可研报告,标志着嘉兴航空货运枢纽工程全面启动,机场货运工程按照满足 2030 年货邮吞吐量 90 万吨设计,新增机位 28 个。该项目是嘉兴打造国际航空货运枢纽的必要配套设施,对于完善嘉兴机场航空货运枢纽功能,有效提升航空货运的服务水平,加快当地现代物流业和服务业发展,优化长三角地区航空运输市场的综合服务功能至关重要。

2024 年 6 月 27 日,浙江省高水平建设民航强省、打造低空经济发展高地动员部署会在杭州市召开,会议强调要大力推动高水平建设民航强省、加快打造低空经济发展高地取得实质性突破,重点抓好杭州机场四期、义乌机场改扩建、嘉兴机场等项目建设,进一步织密航线网络,提升通达程度,为民航强国建设大局作出浙江贡献。③

冷链物流是浙江现代物流体系建设中不可忽视的一环,是近年来浙江物流业补链强链的关键领域。截至 2023 年 8 月,浙江省商务厅已带动社会投资 400 多亿元,支持 300 多家农产品流通企业建设冷链基础设施,新增冷库 460 万立方米以上,新增各类冷藏车近千辆。此外,政府还鼓励省级冷链物流骨干基地和冷链物流园区的建设,并给予专项资金支持。④ 2023 年 6 月 12 日,国家发展改革委公众号发布 2023 年国家骨干冷链物流基地建设名单,台州成功入选。至此,浙江共有舟山、宁波、嘉兴、台州等 4 个城市入选国家骨干冷链物流基地建设名单,数量位居全国各省市第二,浙江"骨干基地—物流园区—分拨中心—配送网点"四级冷链物流网络节点体系逐步完善。

2023 年 6 月 12 日,浙江省现代服务业发展工作领导小组印发了《浙江省冷链物流高质量发展三年行动计划(2023—2025 年)》,明确提出要围绕冷链物流重要区域、关键环节、重点品类,加快实施冷链物流高质量发展五大计划,到

① 浙江省首条墨西哥全货机航线顺利开通. (2023-10-30)[2024-06-11]. http://gzw.zj.gov.cn/art/ 2023/10/30/art_1229463459_28592.html.

② 浙江省物流行业 2023 年度"十件大事"揭晓. (2024-01-09)[2024-06-10]. https://mp.weixin.qq. com/s/cvT4vVN0LQ96-STtfc36qQ.

③ 浙江高水平建设民航强省打造低空经济发展高地 锚定"五个能极强"扬优势补短板. (2024-07-03) [2024-07-07]. https://www.mot.gov.cn/jiaotongyaowen/202407/t20240703_4143620.html.

④ 浙江省商务厅持续拓宽农产品上行渠道. (2023-08-23)[2024-06-11]. http://zj.xinhuanet.com/ 20230823/6dac74d123b448aea36529e16a0231b3/c.html.

2025 年,建成集约高效、绿色安全、智慧畅通、保障有力的现代冷链物流体系。浙江省农业农村厅印发的《浙江省农产品产地仓储保鲜冷链物流建设规划(2023—2027 年)》明确提出,浙江将通过五年努力,全面推进农产品产地仓储保鲜冷链物流建设,计划到 2027 年,在全省形成产地冷藏保鲜设施、产地冷链集配中心、产地冷链物流基地相互有效衔接,整体构建功能衔接、上下贯通、集约高效的产地冷链物流服务体系。①

二、浙江省贸易物流枢纽建设的发展机遇和挑战

近年来,随着国际市场不断恢复、共建"一带一路"进入高质量发展阶段、新质生产力赋能各行各业,浙江贸易物流枢纽建设迎来新机遇。作为全国改革开放先行地和物流强省,浙江应与国家战略同频共振,与共建国家与地区和衷共济,主动肩负新时期新形势的时代使命,将顶层设计与实践探索紧密结合,全力推进浙江成为"一带一路"重要战略支点。

(一)浙江省贸易物流枢纽建设的机遇

1.国际市场逐渐恢复,促进物流需求增长

尽管 2023 年全球贸易萎缩了 1.2%,但根据联合国贸发会议预测,全球贸易量有望在 2024 年达到创纪录的 33 万亿美元,比 2023 年增加 1 万亿美元,达到 3.3% 的年增长率。② 2024 年,中国货物贸易进出口总值达到 43.85 万亿元,同比增长 5%,实现了总量、增量、质量"三量"齐升。③ 在物流行业方面,技术和创新正在推动行业的发展。例如,跨境电商物流行业在 2023 年度的营收总和约为 130.67 亿元,同比增速为 19.96%,其中欧美市场营收占比达到 98.27%。④ 全球贸易量与中国货物贸易进出口总值的增长表明,中国在全球贸易中占据着举足轻重的地位,并且其对全球经济的影响力在不断增强,尽管全球贸易面临诸多挑战,如地缘冲突、贸易保护主义等,但中国具备应对全球贸易

① 浙江省物流行业 2023 年度"十件大事"揭晓.(2024-01-09)[2024-06-10]. https://mp.weixin.qq.com/s/cvT4vVN0LQ96-STtfc36qQ.
② Global trade update (December 2024).(2024-12-04)[2024-12-31]. https://unctad.org/publication/global-trade-update-december-2024.
③ 二〇二四年货物贸易进出口总量、增量、质量均有提高——中国外贸实现"三量"齐升(锐财经).(2025-01-14)[2025-02-14]. http://paper.people.com.cn/rmrbhwb/pc/content/202501/14/content_30051648.html.
④ 2024 中国跨境电商物流行业格局分析和趋势解读.(2024-01-20)[2024-06-11]. https://www.amz123.com/t/SU6Ye22Q.

环境变化的能力和灵活性。因此,国际供应链对中国物流的需求将继续保持高水平,中国的制造业、市场体量以及通联的物流网络促进了全球产业链和供应链各要素的有效合理运行。此外,中国对供应链基础设施和数字经济的投资提升了全球供应链的运行效率。

浙江省在中国外贸领域占据着重要的地位。2023 年,浙江外贸顶住外需低迷、价格下跌等多重压力,进出口、出口、进口均实现正增长,外贸对全国增长贡献居首位。2023 年,浙江进出口总额达 4.90 万亿元,较上年增长 4.6%;其中,出口 3.57 万亿元,较上年增长 3.9%;进口 1.33 万亿元,较上年增长 6.7%。进出口、出口、进口对全国增长贡献均居首位,进出口总额居全国第三,出口占全国份额升至全国第二,进口首次跻身全国前五。2023 年,浙江市场采购出口4707.3 亿元,较上年增长 11.6%,通过海关跨境电商平台出口 1798.3 亿元,较上年增长 47.8%,合计占全省出口总额的 18.2%。[①] 义乌市作为世界小商品之都,其小商品市场也在 2023 年继续保持强劲的增长势头,2023 年义乌进出口总额已突破 5600 亿元,增速超过 15%,其中跨境电商出口增速明显。国际市场的逐渐复苏与其对中国造、浙江造、义乌造商品的强烈需求是浙江省贸易物流发展的重要机遇。外贸领域的强劲表现也推进了物流业的发展和国际物流枢纽的建设,为浙江加快推进"一带一路"物流枢纽建设提供了重要市场机遇。

2."一带一路"高质量发展推动物流对外合作

"一带一路"倡议为浙江省贸易物流枢纽的发展提供了丰富的机遇,从国际物流大通道建设、数字化转型、绿色发展、多式联运枢纽港建设、国家物流枢纽建设、国际合作与投资以及政策支持与规划落实等多个方面,都为浙江省的物流业带来了新的发展机遇。2023 年 10 月 18 日,第三届"一带一路"国际合作高峰论坛开幕式在北京举行,习近平主席发表题为《建设开放包容、互联互通、共同发展的世界》的主旨演讲,中方宣布将加快推进中欧班列高质量发展,积极推进"丝路海运"港航贸一体化发展,创建"丝路电商"合作先行区、举办"良渚论坛"等,这一系列政策为"一带一路"贸易合作奠定了坚实基础。[②] 2023 年,浙江对共建"一带一路"国家进出口 2.55 万亿元,较上年增长 8.2%,占全省进出口

---

① 去年浙江外贸对全国增长贡献居首. (2024-01-20)［2024-06-11］. https://www.zj.gov.cn/art/2024/1/20/art_1554467_60194330.html.

② 习近平. 建设开放包容、互联互通、共同发展的世界——在第三届"一带一路"国际合作高峰论坛开幕式上的主旨演讲. (2023-10-18)［2023-10-20］. https://www.gov.cn/gongbao/2023/issue_10786/202310/content_6912661.html.

总额的 52.1%,对全省进出口增长贡献率达 89.5%。^① 作为中国外贸强省,浙江省在《"十四五"现代物流发展规划》与《浙江省现代物流业发展"十四五"规划》的指导下紧紧围绕"一带一路"物流枢纽和现代物流体系建设,在构建"一带一路"立体互联互通网络上走在全国前列。"一带一路"倡议下贸易量迅速增长成为浙江省贸易物流枢纽建设的强劲动力。

3. 新质生产力赋能贸易物流枢纽建设高质量发展

2023 年 9 月,习近平总书记首次提及新质生产力,新质生产力是指在技术革命性突破、生产要素创新性配置和产业深度转型升级的背景下,应运而生的当代先进生产力。当前,我国的物流成本居高不下,2023 年社会物流总费用达18.2 万亿元,同比增长 2.3%,社会物流成本占 GDP 比重的 14.4%,是欧美发达国家的两倍左右,^②因此物流领域成为新质生产力的重要发展方向,降低物流成本、优化物流行业发展成为促进生产端的新质生产力培育的重要抓手。物流信息技术、低空物流新业态、智慧物流、新能源货运等方向也成为现代物流的发展方向。《"十四五"现代物流发展规划》指出,加快物流枢纽资源整合建设,构建国际国内物流大通道、完善现代物流服务体系、延伸物流服务价值链条等要求,旨在促进全链条、结构性降成本,推进物流数字化、智慧化、网络化,实现物流领域的降本增效与新质生产力的培育。《浙江省现代物流业发展"十四五"规划》指出,浙江省将利用其地理优势,加强与国内外市场的连接,构建"双循环"战略枢纽,通过统筹全省物流枢纽布局、完善重大物流通道设施网络、提升多式联运设施衔接水平、做强制造业供应链物流体系、创新发展物流新业态等措施实现降本增效,这也为浙江省贸易物流枢纽的发展指明了道路。

4.顶层设计引领贸易物流枢纽建设

2023 年 9 月,习近平总书记在浙江考察时指出,浙江要在深化改革、扩大开放上续写新篇。要以重点领域改革为牵引,全面推进各领域体制机制创新。以服务全国、放眼全球的视野来谋划改革,稳步扩大规则、规制、管理、标准等制度型开放。发挥各种开放平台的功能作用,创新利用外资、做大外贸的方法和渠道。主动适应国际经贸规则重构走向,在服务业开放、数字化发展、环境保护等方面先行先试。贸易物流枢纽是助推经济发展和产业升级的必要基础,也是扩

① 去年浙江外贸对全国增长贡献居首.(2024-01-20)[2024-06-11]. https://www.zj.gov.cn/art/2024/1/20/art_1554467_60194330.html.
② 降低全社会物流成本!中央为何要再部署?.(2024-02-28)[2024-06-11]. https://www.chinanews.com/cj/2024/02-28/10171566.shtml.

大外贸市场、优化外贸发展环境的重要着力点。

2023年12月29日,浙江省交通强省建设领导小组办公室印发《浙江省现代化交通物流体系建设实施方案(2023—2027年)》,提出了全面构建"一核三枢五廊多节点"交通物流基础设施的总体格局。方案要求做强宁波舟山港核心牵引,加快建成穿山、北仑、金塘—大榭、梅山等4个千万级集装箱泊位群,提升油气、煤炭、矿石等三大亿吨级大宗散货泊位群的能力,提升杭州、温州、金华(义乌)三大交通物流枢纽能级,构筑五大交通物流骨干廊道,积极培育区域交通物流节点;通过创新多式联运服务模式、推动设施装备低碳化转型、加强新技术新模式赋能应用促进现代物流产业的发展。① 在方案中,贸易物流枢纽成为浙江省物流建设的核心。

(二)浙江省贸易物流枢纽建设发展的挑战

"一带一路"倡议提出以来已过11年,当前在逆全球化、单边主义、保护主义等挑战下,共建"一带一路"进入了新阶段,这意味着"一带一路"走向高质量发展的同时也面临种种困难。如今百年未有之大变局已经出现,浙江在建设"一带一路"贸易物流枢纽时既需要把握新形势、抓住新机遇,同时也需要理性分析种种挑战,奋力前行。

1.社会物流成本较高,物流服务体系仍须深化改革

2021年,浙江省的物流成本占GDP的比重为14.3%,略低于全国平均值14.7%,这表明浙江省的物流成本占GDP的比重虽较低,但相比发达国家(约10%)仍有较大差距。当时,浙江省提出,到2025年,浙江省要成为物流成本最低、效率最高的省份之一,物流综合实力位居全国前列。② 然而近年来浙江省的社会物流成本依然很高,继《2024年国务院政府工作报告》明确要求"实施降低物流成本行动"之后,浙江省政府办公厅于2024年5月印发《推动浙江服务业高质量发展三十条措施》,要求到2027年全省社会物流总费用与GDP比率降至13%左右,争创国家物流枢纽经济区,打造全国物流成本最低、效率最高、服

① 浙江省交通强省建设领导小组办公室关于印发《浙江省现代化交通物流体系建设实施方案(2023—2027年)》的通知.(2024-01-03)[2024-06-11]. https://www.zj.gov.cn/art/2024/1/3/art_1229692845_2511001.html.

② 浙江省现代物流业发展"十四五"规划.(2021-06-24)[2024-06-11]. https://www.zj.gov.cn/art/2021/6/24/art_1229540815_4671278.html.

务最优省之一。① 目前,浙江省建设贸易物流枢纽存在多式联运发展迅速但仍不充分、物流标准化程度不高、物流与相关产业融合发展不高、物流应急体系尚不健全、物流行业治理体系仍不完善等问题,这一系列问题导致了物流成本难以下降,阻碍了物流枢纽功能升级与服务完善。

2. 集货仓和海外仓仍然短缺,国际仓储物流缺乏统筹管理

集货仓和海外仓在贸易物流中扮演着至关重要的角色,海外仓主要通过减少物流时间、降低运输成本和提升物流效率来提高贸易物流的竞争力;而集货仓则通过集中管理、提高客户体验和灵活性高来优化物流流程。近年来跨境电商的迅猛发展促使对海外仓的需求激增,浙江也加快了海外仓的建设步伐,虽然成效显著,但目前浙江的海外仓无论在数量、规模还是分布范围上,依旧不能满足跨境电商的发展需求。与此同时,义乌、宁波作为重要的国内货运中转站,快递组合寄递、集装箱拼箱等业务也不断增加,服务着内陆地区的跨境电商发展。然而支撑快递中转、组合、拼箱的集货仓十分短缺,例如发往非洲的快递需要在广东、湖南的集货仓等待拼箱出海。此外,浙江省现有海外仓大多由中小企业独立经营,未能实现规模化,也缺乏统筹布局,这使得海外仓在全球重要物流节点缺乏大型中转枢纽仓,未能与国际海运、中欧班列、航空货运航线协同布局,缺乏规模化的操作也导致集货仓与海外仓的资源之间难以打通,国际物流综合竞争力不足。此外,全球布局不合理、建设与运营成本高昂、运营效率低等问题也阻碍了集货仓与海外仓的进一步发展。

3. 国际贸易仍存诸多不确定性,国际风险应对机制有待完善

2023 年世界经济复苏势头不稳、外需趋弱等因素都对浙江省外贸发展和国际物流枢纽建设构成挑战,贸易物流枢纽的发展面临多种国际风险,包括市场竞争加剧、技术贸易壁垒、自然灾害及社会安全事件等。随着浙江省贸易物流的深入发展与我国对外开放的扩大,浙江省的制造业与物流业将面临更加开放的制度环境和更加激烈的市场竞争。与此同时,国际贸易中常见的技术性贸易壁垒可能会对浙江省的企业构成威胁,这些壁垒涉及环保、安全标准等方面,企业需要不断适应和应对这些变化。此外,国际局势纷纭变化,自然灾害与社会安全事件等问题对浙江省应急物流提出严格考验。面对这一系列国际风险,浙江省各政府组织、行业协会、智库与各企业需要同舟共济,提出对应的应对机制,逢山开路,遇水架桥,为浙江省贸易物流枢纽的发展确保稳定的外部环境。

---

① 浙江距离打造服务业六大高地. (2024-06-05)[2024-06-11]. https://www.gov.cn/lianbo/difang/202406/content_6955548.htm.

4. 高层次物流人才短缺,国际物流发展韧性有待加强

从浙江省物流人才供给情况来看,整体物流从业人员素质有待提升,高校培养的物流人才跟不上企业需求,培训机构对物流人才的培训效果不佳,此外,由于缺乏完善的培养体系,物流从业人员流失问题严重。高校与社会需求方面也存在脱节,尽管有些高校已经开始加强高质量物流人才培养,但仍须迎合科技革新、社会需求和国际贸易发展趋势推进高校专业改革与人才培养,以更好地满足市场需求。浙江省贸易物流枢纽的发展在人才方面面临着专业人才缺口大、从业人员流失严重、基层管理人员缺乏、培训意识差、顶尖人才缺乏以及高校与社会需求脱节等多方面问题。

三、浙江省贸易物流枢纽建设发展的政策建议

共建"一带一路"已进入高质量发展阶段,作为"一带一路"重要货运节点,浙江省正是"一带一路"立体互联互通网络的关键枢纽,其贸易物流枢纽的提能升级将有效推进长三角地区甚至更大范围内的物流通道畅通与物流降本增效。结合浙江省物流产业优势与国家物流枢纽组网工程,在进一步理解浙江省物流业近年来的发展机遇与挑战的基础上,针对何以推进浙江省贸易物流枢纽建设发展,本文提出以下几点建议。

(一)发挥通道优势,构建以浙江为核心的"一带一路"物流网络

在充分发挥区位与传统优势的同时,浙江要持续畅通与扩容既有物流通道与运输航线,充分盘活国内国际物流循环圈、多式联运与"四港"联动,进一步辐射内地、深入乡村、拓展海外,提升物流畅通性、开放度、辐射面与承载力;推进交通物流基础设施对外援建,扩大国际物流网络;打通物流市场与全球物流链堵点难点;继续推进全球海外仓和国际快递服务中心的布局与建设,打造"一带一路"物流通道网络中的仓储节点;加快冷链物流发展,打通跨国跨区域冷链物流大通道,提升冷链物流寄递服务水平;加大国际航空物流枢纽建设力度,积极拓展共建"一带一路"国家货运航线,加快"一带一路"物流网络立体化建设。

(二)深化物流业改革,打造具有浙江特色的"一带一路"物流服务体系

为加快物流降本增效,浙江要不断推进体制机制改革,积极打造具有便利、快捷、优惠、安全、稳定等优势的"一带一路"物流服务体系。首先,浙江要持续推进全物流链的数字化改革,加强国际物流信息平台建设。其次,要加快推进

"快递出海"和海外仓建设工程,统筹发展国内快递集装箱组合出海新业务,合理布局海外仓和海外快递网。再次,要加强便利化改革缩短物流流程,优化物流路线,缩减物流环节,建设运输、清关、仓储、分拣、组合、转运、配送等一站式物流服务中心。最后,推动数字人民币解决物流行业支付痛点。通过一系列的优化管理政策与物流业改革举措,在推进浙江贸易物流枢纽建设和对外物流合作的同时,打造具有浙江特色的物流服务体系,推动浙江物流与浙江服务协同发展,全面提升浙江物流的国际竞争力。

(三)培育物流行业新质生产力,创建高质量的浙江物流全产业链

大力发展新质生产力,尤其是在制造业领域的新质生产力培育,能有效推动浙江物流行业实现降本提质增效。首先,发展新质生产力是通过科技创新重点发展战略性新兴产业,而高新技术产品经济价值高,其本身的物流成本低,对降低单位GDP物流规模和成本效果显著。其次,物流要素的生产制造亦属于战略性新兴产业,是新质生产力发展的重要方向,物流基础设施与设备领域的科技创新,将带来物流领域的重要变革,大幅降低物流成本,提升物流服务质量与效率。再次,通过优化制造业产业集群,合理配置生产要素,降低原材料、半成品以及成品的物理空间周转流动,从而降低制造业的物流成本。最后,培育物流行业新质生产力,大力建设智慧物流,推动物流链优化升级,择优设计生产端、物流端与市场端的空间布局,亦能提升物流服务水平和国际物流竞争力。通过新技术、新通道、新动能、新空间、新创意等维度积极培育物流行业新质生产力,将推动浙江物流全产业链、全要素、全路径的优化革新,不仅能提升物流承载力、覆盖率与辐射面,亦能降低物流成本、提高物流效率、优化物流服务,与此同时不断孵化物流新业态,开拓物流新市场,为推动高质量发展提供重要支撑。

(四)加强物流人才培养,建立健全国际风险应对机制

高质量共建"一带一路"新时代,物流业进入飞速发展与转型升级阶段,目前物流人才远不能满足市场需求,人才结构上也存在诸多不合理,高级管理者和技术人员严重不足,尤其是国际化人才与海外物流工作者。培育壮大国际物流人才队伍,是提高物流行业发展韧性和加强国际抗风险能力的关键环节。在物流人才培养上,一要加强高校高质量物流人才和区域国别人才的培养,二要加强政府、智库与企业之间的统筹协作,三要鼓励人才"走出去",四要健全海外

人力资源本地化机制。针对国际风险管控,浙江省应致力于构建完善的国际风险应对机制,推出外贸企业扶持政策,增强对外贸企业的金融支持;同时应制定针对性的外贸业务培训计划,协助外贸企业员工快速掌握必要的外贸技能和知识,增强企业在国际贸易摩擦中的应对策略,建立国际经济交流与合作的桥梁,支持企业参与国际技术标准制定和国内技术标准海外推广,获得相关的安全、环保等方面的认证;加强国际贸易合规及风险管理专题培训,开办公益法律服务活动,帮助企业及早应对国际供应链新规挑战,提升化解供应链合规风险能力。

（审校：周　倩、王　珩）

浙江省产业合作枢纽建设发展报告

贺轶洲

摘要： 产业合作枢纽建设是浙江省推动区域经济高质量发展的重要抓手，是未来城市群发展的重要方向。随着长三角一体化进程不断加快，区域内城市间产业合作需求不断增长，产业合作枢纽的地位和作用日益凸显。2023—2024年，浙江省始终积极参与"一带一路"建设，不断加强与共建"一带一路"国家的产业合作，推动区域经济的一体化发展。浙江省致力于提升政策引导，扩大投资消费，建设现代化产业体系，促进产业集群发展，推动产业转型升级，发展生产性服务业，促进区域协同与产业链协同创新，打造区域产业合作新样板，促进产业合作枢纽可持续发展，推进产业合作枢纽建设标准化，优化区域产业合作新生态，进一步提升了产业合作枢纽的竞争力和影响力。未来，浙江省应继续加强政策支持与引导，加大基础设施建设投入，强化科技创新与人才引进，深化区域合作与国际交流，使浙江省参与"一带一路"建设实现更高水平、更高质量的可持续发展。

关键词： 产业合作；枢纽建设；浙江省；"一带一路"，区域经济

作者简介： 贺轶洲，国际开发合作博士，浙江师范大学非洲研究院助理研究员。

产业合作枢纽建设旨在打破地理空间限制，促进城市间的要素自由流动，推动城市之间产业协同发展，是一种新型区域经济组织形式，在我国城市群经济发展中发挥着重要作用。产业合作枢纽的发展对于促进区域经济一体化、实现区域协调发展具有重要意义。浙江省地处中国东南沿海，是中国经济最发达的省份之一，拥有得天独厚的地理优势和雄厚的经济基础。在新一轮科技革命和产业变革的背景下，浙江省提出了建设产业合作枢纽的战略目标，通过打造高水平的产业平台和创新载体，提升区域竞争力和可持续发展能力。当前，浙

江省坚定不移地深入推进"八八战略",通过实施一系列重要举措推动全省经济的发展。浙江省聚焦三个"一号工程",即数字经济创新提质"一号发展工程"、营商环境优化提升"一号改革工程"和"地瓜经济"提能升级"一号开放工程"。①以三个"一号工程"作为全省经济发展的总牵引,通过启动和实施扩大有效投资"千项万亿"工程、"415X"先进制造业集群培育工程、"315"科技创新体系建设工程、服务业高质量发展"百千万"工程等项目②,为浙江省现代化产业体系的构建提供了具体的工作抓手和切入点,旨在加快形成具有浙江特色的现代化产业体系,发展新质生产力,实现创新、改革、开放的全面突破,积极推动浙江省经济的提质增效。2023年是"一带一路"倡议提出十周年。2023年11月,浙江省推进"一带一路"建设大会在金华举行,大会发布了《浙江省参与共建"一带一路"十周年发展报告》和浙江省推进"一带一路"建设的成果。十年来,浙江省发动200万全球浙商,推动与共建国家开展国际产能合作和第三方市场合作,实现了对共建国家投资近600亿美元,打造了16家省级以上境外经贸合作区,建设了一批涉及农业、减贫、卫生、健康等多领域"小而美"项目,率先推动光伏、水电、风电、地热、垃圾发电等多门类清洁能源走向"一带一路",以绿色发展推动形成了互利共赢的丰硕成果。③

一、浙江省产业合作枢纽建设进展

2023年,浙江省经济运行持续回升向好。根据浙江省统计局,浙江省2023年GDP增长达到6%,第一、二、三产业增加值分别增长4.2%、5.0%和6.7%,人均GDP为125043元,增长5.3%。外贸总额在2023年达到4.9万亿元人民币,同比增长4.6%。特别是与共建"一带一路"国家的贸易额增长了8.2%,达到2.55万亿元人民币,占全省外贸总额的52.1%。④2023年,浙江省规模以上工业增加值为2.2388万亿元,同比增长6.0%,增速分别比一季度、上半年、前三季度提高3.0、1.3、0.5个百分点。另外,浙江省新兴产业投资增长较快,规模以上工业中,装备制造业、高新技术产业、战略性新兴产业增加值分别增长

① 落实三个"一号工程",浙江省建设厅出台实施方案.(2023-04-27)[2024-05-19]. https://jst.zj.gov.cn/art/2023/4/27/art_1569971_58932509.html.
② 拼经济!浙江出台8方面55项一揽子政策.(2023-02-07)[2024-05-19]. https://www.zjsjw.gov.cn/toutiao/202302/t20230207_8423506.shtml.
③ 浙江省推进"一带一路"建设大会举行十年成果发布.(2023-11-22)[2024-06-10]. https://www.gqb.gov.cn/news/2023/1122/58149.shtml.
④ 2023年浙江省国民经济和社会发展统计公报.(2024-03-04)[2024-05-19]. http://tjj.zj.gov.cn/art/2024/3/4/art_1229129205_5271123.html.

9.4％、7.0％和 6.3％,占规模以上工业增加值的比重分别为 46.2％、67.1％和 33.3％。[①]

(一)提升政策引导,扩大投资消费

浙江省政府致力于通过迭代升级"8＋4"经济政策体系,安排省级财政资金 1023.6 亿元,支持经济高质量发展。通过优化"8 个政策包＋4 张要素保障清单",为企业减负超过 2500 亿元。浙江省政府积极响应国家政策,如地方政府专项债券等,以支持重大项目建设。浙江省坚持市场化专业运作方式,发挥"4＋1"专项基金的杠杆作用,计划年度投资 200 亿元,以撬动 1000 亿元社会资本,扩大省科创母基金规模,支持战略性新兴产业领域。同时,浙江省深入实施扩大有效投资"千项万亿"工程,优化投资结构、提高投资效益,挖掘消费潜力,促进消费提质扩容、平稳增长,围绕科技创新、先进制造业、重大基础设施等重点领域,安排重大项目 1000 个以上,完成年度投资 1 万亿元以上。[②] 与此同时,浙江省积极参与"一带一路"建设,实施自贸试验区提升行动,进一步优化对外贸易和投资环境,吸引更多国际投资者参与"一带一路"建设。[③]

(二)建设现代化产业体系,促进产业集群发展

2023 年,浙江省发展和改革委员会公布省重点建设和预安排项目计划,涵盖了科技创新、先进制造业、重大基础设施等领域。[④] 浙江省在产业发展方面有着明确的规划,旨在通过优化升级产业结构,加强产业链的基础再造和提升,以及推动数字安防、集成电路、网络通信等标志性产业链的发展,不断提升现代产业体系的整体竞争力。

浙江省大力实施"415X"先进制造业集群培育工程和服务业高质量发展"百千万"工程[⑤],扎实推进新型工业化,加快打造数字经济高质量发展强省、现代服

---

① 2023 年浙江省国民经济和社会发展统计公报. (2024-03-04)[2024-05-25]. http://tjj. zj. gov. cn/art/2024/3/4/art_1229129205_5271123. html.

② 浙江省人民政府关于下达 2024 年浙江省国民经济和社会发展计划的通知. (2024-02-18)[2024-05-19]. https://www. zj. gov. cn/art/2024/2/18/art_1229019364_2512983. html.

③ 2024 年浙江省政府工作报告(全文). (2024-01-29)[2024-05-29]. https://zrzyt. zj. gov. cn/art/2024/1/29/art_1289955_59025949. html.

④ 省发展改革委公布 2023 年省重点建设和预安排项目计划. (2023-05-15)[2024-05-22]. https://fzggw. zj. gov. cn/art/2023/5/15/art_1229629046_5111782. html.

⑤ 《浙江省人民政府印发进一步推动经济高质量发展若干政策的通知》政策解读. (2024-02-02)[2024-05-24]. https://www. zj. gov. cn/art/2024/2/2/art_1229019366_2512101. html.

务业强省,建设全球先进制造业基地。2023年集群规上企业营业收入达8.64万亿元,其中4个集群营业收入超万亿元。① 为促进制造业集群发展,浙江省优化全省产业布局,加强省级特色产业集群"核心区＋协同区"建设,着力打造"万亩千亿"新产业平台和专业化特色小镇。浙江省大力发展新质生产力,"一链一策"推动新兴产业提质扩量,前瞻布局一批未来产业,支持杭州市、宁波市建设未来产业先导区,战略性新兴产业增加值增长10%以上。②

同时,浙江省充分利用其在海运、港口、物流等方面的优势,推动与共建"一带一路"国家的经贸合作。宁波舟山港作为全球货物吞吐量最大的港口之一,成为"一带一路"海上合作的重要节点。通过加强港口基础设施建设和提升港口服务能力,浙江省积极融入全球供应链网络,促进国际物流枢纽的建设,增强与共建"一带一路"国家的贸易往来。

(三)推动产业转型升级,发展生产性服务业

浙江省致力于全面优化升级产业结构,打造全球先进制造业基地,并加快培育未来网络、元宇宙、空天信息等未来产业。通过深入实施制造业"腾笼换鸟、凤凰涅槃"攻坚行动,浙江省旨在支持传统产业应用先进适用技术,推动产业转型升级。浙江省实施了5000个以上的重点技改项目,成功推动了装备制造、纺织服装、五金制品等优势产业向中高端迈进。③ 通过这些技改项目,企业不仅在生产效率上有了显著提升,还在产品质量和技术含量方面实现了重大突破,在国内外市场上具备了更强的竞争力。

同时,浙江省还大力支持丝绸、茶叶、黄酒、青瓷、木雕、中药材等历史经典产业。通过引入现代科技和创新理念,这些产业不仅保留了其独特的文化底蕴和历史价值,还在新的时代背景下获得了新的发展动能。例如,丝绸产业通过与现代时尚产业的结合,形成了新的市场需求和消费热点;茶叶产业通过深加工和品牌化建设,提高了产品附加值和市场认可度;黄酒、青瓷等产业则通过文化创意产业的融入,实现了跨界发展和多元化经营。

在推动产业转型升级的同时,浙江省致力于推动生产性服务业向专业化和

---

① 浙江新增1个万亿级产业集群. (2024-04-15)[2024-05-26]. https://www.zjsjw.gov.cn/toutiao/202404/t20240415_22025618.shtml.

② 浙江省人民政府关于下达2024年浙江省国民经济和社会发展计划的通知. (2024-02-18)[2024-05-19]. https://www.zj.gov.cn/art/2024/2/18/art_1229019364_2512983.html.

③ 2024年浙江省政府工作报告(全文). (2024-01-29)[2024-05-29]. https://zrzyt.zj.gov.cn/art/2024/1/29/art_1289955_59025949.html.

价值链高端延伸。发展服务型制造业,促进先进制造业与现代服务业深度融合,是提升浙江省整体经济竞争力的重要战略。浙江省加快工业互联网、大数据、云计算等技术的推广应用,提升服务业的智能化、数据化水平,推动形成以信息流带动技术流、资金流、人才流的创新发展模式。

(四)促进区域协同与产业链协同创新

在区域协同方面,浙江省充分发挥在长三角区域的核心地位,积极推进与江苏、上海、安徽等省市的联动合作,形成了跨省市的产业合作网络。通过建立区域协调发展机制,浙江省推动了区域间的资源共享和产业对接,提升了整个区域的竞争力。2024年3月27日、29日,上海市和江苏、浙江两省人大常委会分别表决通过了《促进长三角生态绿色一体化发展示范区高质量发展条例》,该条例将于2024年5月1日起施行,有望形成良好的区域产业联动发展局面。①

在产业链协同创新方面,浙江省深入实施"浙江制造"品牌培育工程,旨在通过提高产品质量和国际知名度,推动本地企业在"一带一路"市场上的竞争力。同时,浙江省加快开展"浙江精品"培育,重点推动高附加值产品进入"一带一路"市场,持续推进"同线同标同质百县千品万亿"行动等系列举措,发展新质生产力,加快建设质量强省并提升国际竞争力。②

二、浙江省产业合作枢纽建设关键举措

浙江省发展以产业合作枢纽建设为契机,一方面,积极探索省际产业合作新模式,构建区域间优势互补、良性互动的产业协作机制,并促进了与共建"一带一路"国家的资源共享与共赢发展;另一方面,积极谋划跨省区域产业合作项目,搭建跨省产业合作平台,创新跨省区域产业合作机制,推动了全省域产业深度融合、协同发展。浙江省通过强化省内外区域协同、加强政府间协调、推动企业间合作、促进产学研协同创新和加强国际合作,显著提升了区域产业的整体竞争力和国际化水平,为全省经济的高质量发展提供了有力支撑。

(一)打造区域产业合作新样板

通过整合资源,浙江省政府制定了详细的发展规划,旨在打造具有国际竞

---

① 深化高质量发展,沪苏浙协同发布长三角一体化示范区条例. (2024-03-29)[2024-06-02]. https://www.thepaper.cn/newsDetail_forward_26862114.

② 浙江部署推进质量强链工作. (2024-06-20)[2024-06-21]. https://zj.chinadaily.com.cn/a/202406/20/WS667408b8a3107cd55d267d17.html.

争力的产业合作枢纽。围绕推进区域产业合作、构建跨区域产业合作体系,浙江省以产业合作枢纽为载体,加强顶层设计和统筹谋划,持续优化功能定位,加快推进各类合作平台建设,不断强化各类合作平台的辐射带动作用。推动政府间在规划引导、要素保障、项目落地等方面形成合力,带动城市间在交通、信息、市场等方面的互联互通。

浙江省政府大力推动区域产业合作的顶层设计,在区域产业升级方面采取了积极措施。同时,浙江省注重资源的统筹配置,充分发挥了各地市的比较优势,形成了错位发展、优势互补的区域产业合作格局。在这一过程中,浙江省通过建立跨区域产业合作联盟,促进了与共建"一带一路"国家在产业链、供应链、创新链上的深度融合。此外,浙江省围绕产业链完善资金链和人才链,以确保各个环节的资金和人才能够高效对接创新链和产业链。浙江省在 2023 年成功为市场主体减负超过 3000 亿元,并且在人才培养和引进方面也做出了重大努力,推动了区域经济的可持续发展。浙江省积极推动产学研合作,加强与高等院校、科研机构的协同创新,以及校政企三方的深度合作,为地方产业发展提供了强有力的人才支撑,提升了区域产业合作的科技含量和核心竞争力,为产业合作枢纽的发展注入了强劲动力。

(二)促进产业合作枢纽可持续发展

浙江省积极促进产业合作枢纽的可持续发展。浙江省尤为注重优化营商环境,提升服务效能,因此吸引了大量优质企业和项目落户。通过简化行政审批流程、提供税收优惠和融资支持,省政府为企业创造了更加便利的经营环境。这些举措不仅吸引了大量高质量项目落地,也提高了区域经济的活力和竞争力。在税收优惠方面,浙江省对高新技术企业和创新型中小企业提供了多种税收减免政策,降低了企业的税负,增强了企业的盈利能力和竞争力。在融资支持方面,浙江省通过设立各类产业基金和科技创新基金,为企业提供了充足的融资渠道。政府还鼓励金融机构加大对中小企业的信贷支持,解决企业融资难题,促进企业快速发展。

(三)推进产业合作枢纽建设标准化

强化规划和标准化建设是浙江省产业合作枢纽高质量发展的重要保障。浙江省通过制定详细的建设标准,推动标准化体系建设,开展标准化培训和宣传,应用新技术,对接国际标准,确保了产业合作枢纽建设的规范化、标准化和国际化,为全省经济的高质量发展提供了有力支撑,并提升了地方标准在全国和国际市场中的竞争力。浙江省通过与共建"一带一路"国家的合作,成功实现了与多项国际标准的对接。例如,在温州市政府和印尼海洋与投资统筹部的牵头推动下,中印尼(温州)产业合作园采用了国际先进的管理标准和生产流程。该园区吸引了大量浙江企业入驻,促进了本地经济的发展和标准化管理模式的推广。① 义乌市在跨境电商产业合作方面也取得了显著进展。通过引入国际先进标准,义乌市成功提高了跨境电商的服务质量和效率,进一步推动了产业的国际化发展。这些措施包括引入先进的物流管理系统和标准化的服务流程,以确保跨境电商在全球市场中的竞争力。义乌市不仅优化了本地企业的运营效率,还提升了整体服务质量,吸引了更多国际客户和合作伙伴。这种国际化标准的引入使得义乌市在全球跨境电商领域中的地位得到了显著提升。

(四)优化区域产业合作新生态

浙江省产业合作枢纽建设注重优化区域产业合作新生态。通过实现从基础研究到技术攻关再到成果产业化的转化接力机制,浙江省大幅提升了整体经济的竞争力,重点领域包括先进制造业、数字经济和绿色能源。在先进制造业方面,浙江省加大了对智能制造和高端装备制造的支持力度,推动传统制造业向高技术含量和高附加值方向转型。2023年,浙江省安排了611个投资10亿元以上的制造业重大项目,总投资达1750亿元,这些项目的实施推动了制造业投资增长12%,高新技术产业投资增长15%以上。② 在数字经济领域方面,浙江省积极推进数字化转型,鼓励企业运用大数据、云计算和人工智能等先进技术提升生产效率。全省的数字经济规模显著扩大,成为推动经济增长的重要引擎。2023年,全省新增智能工厂和数字化车间150家,规模以上工业中数字经济核心产业的制造业增长了8.4%。③ 在绿色能源领域方面,浙江省注重绿色发展理念,大力发展清洁能源,推动光伏、风能和生物质能等可再生能源项目的建设,通过推广绿色技术和环保标准,与共建"一带一路"国家在新能源和环保技术领域展开合作,共同推动绿色产业的发展。2023年,浙江省新增了多个绿

---

① 共建"一带一路"中印尼(温州)产业合作园加速起航. (2023-04-07)[2024-06-10]. https://finance. 66wz.com/system/2023/04/07/105559695.shtml.

② 严碧华. 浙江:持续加码数字经济. (2023-02-15)[2024-06-13]. https://www.sohu.com/a/ 641052525_120302.

③ 浙江:2023年将新增超150家智能工厂. (2023-04-11)[2024-06-13]. http://www.cbminfo.com/ BMI/zx/_465637/7221408/index.html.

色能源项目,省政府出台了一系列政策,鼓励企业投资绿色能源项目,以降低碳排放,推动绿色低碳发展。全年污水处理率达到 97.9%,生活垃圾无害化处理率和用水普及率均达到了 100%,体现了生态文明建设的成效。①

三、浙江省产业合作枢纽建设未来发展建议

在全球经济一体化和区域竞争日益加剧的背景下,产业合作枢纽的建设不仅能够提升区域内产业链的整合与优化,还能促进资源的高效配置,推动技术创新与应用,为区域经济注入新的活力。为了使浙江省更好地参与"一带一路"建设,未来应继续加强与共建国家和地区的合作,积极引进外资和先进技术,推动贸易和投资自由化便利化。同时,浙江省应充分发挥自身优势,建设现代化产业体系,提高对外开放水平,增强在国际市场的竞争力,促进区域经济高质量发展。

(一)加强政策支持与引导,优化营商环境

新形势下,浙江省政府致力于通过加强政策支持和优化营商环境来促进产业合作枢纽的建设。未来,政府还需要采取一系列切实可行的措施。第一,为激励企业积极参与"一带一路"倡议,政府应提供财政补贴和税收优惠。激励措施将降低企业的运营成本,增强企业在国际市场上的竞争能力。同时,设立专项基金来支持具有战略意义的重点项目,这将有助于推动产业结构的优化和升级,促进经济的高质量发展。第二,简化行政审批流程和提升服务效率是优化营商环境的重要方面。通过建立"一站式"服务平台,企业将能够更高效地获取所需的各种许可和支持,从而在一个便捷、高效的经营环境中茁壮成长。以企业为中心的服务模式将极大提升浙江省的商业吸引力,吸引更多的国内外投资者。第三,为了进一步提升营商环境,浙江省政府还应继续推广数字化应用和服务,利用先进的信息技术来提高行政效率和透明度。例如,通过在线平台和移动应用程序简化企业注册、税务申报和许可证更新等流程,为企业提供更加便捷的服务体验。

(二)加大基础设施建设投入,提升互联互通水平

基础设施是产业合作枢纽建设的基石。对于浙江省而言,强化交通、物流、

① 2023 年浙江省国民经济和社会发展统计公报.(2024-03-04)[2024-05-25]. http://tjj.zj.gov.cn/art/2024/3/4/art_1229129205_5271123.html.

信息等基础设施的建设和改造至关重要。这不仅能够提升区域间的互联互通水平,还能促进经济的进一步发展。第一,浙江省应加快重大交通设施的建设与改造工作,包括港口、机场、高速铁路等关键设施的升级,目的是打造国际一流的物流枢纽。通过扩大交通网络的覆盖面和提高通达性,可以有效增强不同区域之间的经济联系,同时提升物流效率。第二,发展智慧物流和信息化基础设施也是提升竞争力的关键。推进物流信息平台的建设,实现物流信息的实时共享和监控,将直接提高物流服务的效率和质量。利用物联网、大数据等现代技术发展智慧物流,不仅可以优化物流运作流程,还能显著降低物流成本。第三,加强区域内基础设施的协同发展也非常重要。通过统筹规划,可以推动区域内各类基础设施的协调发展,从而提升资源配置的整体效率。此外,加强与周边省市的合作,共建共享基础设施,将进一步提升整个区域的竞争力,使浙江省不仅能够提升自身的基础设施水平,更能在区域乃至国际层面展现其强大的竞争力和影响力。

(三)强化科技创新与人才引进,推动高质量发展

为了推动高质量发展,浙江省必须将科技创新和人才引进作为产业合作枢纽建设的核心动力。第一,政府应加大对科技研发的财政投入,设立专项科技创新基金。基金将用于支持企业和科研机构开展前沿技术研究和应用创新,特别是在人工智能、生物科技、新能源等领域。同时,通过产学研合作模式,加强高校、科研机构与企业之间的合作,创建联合研究项目,促进科研成果的快速转化和应用,从而提升整个区域的技术创新能力和竞争力。第二,建设一批国家级和省级的创新平台和孵化器。这不仅可以为科技创新提供物理空间,还可以提供必要的资源和服务,如资金支持、政策咨询、市场推广等。此举将有助于浙江省创新型小微企业的成长和发展,同时也能够鼓励大型企业建立自己的研发中心和实验室,以提升自主创新能力。第三,吸引国际高端人才和专业技术人才来浙江工作。引进人才不仅可以给浙江省带来先进的技术和管理经验,也将促进浙江省的文化多样性和创新思维的交流。同时,为了培养更多的本地人才,浙江省应完善人才培养机制,与国内外知名高校和研究机构建立合作关系,开设联合教育项目和交流项目,培养更多高素质的创新人才和管理人才。

(四)深化区域合作与国际交流,提升合作水平

浙江省在增强与共建"一带一路"国家的合作关系方面,拥有巨大的发展潜

力和战略机遇。第一,推进长三角一体化合作是提升区域合作水平的关键。作为区域协调发展战略的一部分,长三角一体化为浙江省提供了高水平对外开放的重要契机。浙江省应加强与长三角区域内各城市的交流合作,共同规划产业合作枢纽的建设,促进区域内的产业协同、资本流动、平台共享和技术互动,以推动经济一体化和区域协调发展。第二,不断拓展国际合作渠道。举办国际论坛、展会等大型活动,可以为浙江省搭建国际交流的平台,促进经贸往来和文化交流。同时,积极参与国际标准的制定和推广,将有助于提升浙江省在国际舞台上的话语权和影响力,进一步增强在全球产业合作中的竞争力。第三,构建多层次合作机制也是提升合作水平的重要途径。政府间、企业间以及民间的多层次合作机制能够促进不同层面的交流与合作。通过签订合作协议、成立联合工作组等方式,可以确保合作项目的顺利推进和实际落地,从而深化合作关系。第四,推动绿色发展和可持续发展对于提升浙江省产业合作的质量至关重要。浙江省应积极推广绿色技术和绿色产业的发展,探索低碳、环保的产业合作模式。通过加强环境保护和资源节约,不仅可以提升产业的可持续发展能力,也将为全球经济的可持续发展作出积极贡献。

四、结　语

产业合作枢纽作为推进区域间产业合作的重要载体,其建设发展状况将直接影响到浙江省的经济增长、产业结构优化以及区域竞争力提升。特别是在当前全球经济环境下,浙江省通过建设高效的产业合作枢纽,加强与其他地区的产业链整合与资源共享,实现了更高效的生产和更强的市场适应能力。浙江省通过实施一系列重点项目和区域合作策略,推动了产业结构的优化升级,促进了区域经济的均衡发展。这不仅有助于吸引更多的投资和人才,还能推动本地企业的创新和技术进步,最终带动全省经济的高质量发展。一方面,产业合作枢纽的建设有助于促进区域内外的产业链协同发展。通过打通上下游产业链,浙江省可以更好地利用本地及周边地区的资源和市场,提升区域整体的产业竞争力。与此同时,产业合作枢纽还可以为本地企业提供更多的合作机会,促进技术交流和创新,从而提升企业的技术水平和市场竞争力。另一方面,产业合作枢纽的建设还能够优化区域内的资源配置。通过集聚高端产业和优质资源,浙江省可以实现产业结构优化升级,推动传统产业的转型升级和新兴产业的发展壮大。此外,产业合作枢纽还提升了浙江省区域内的基础设施建设水平,改善了营商环境,吸引了更多的外来投资和人才,为区域经济的可持续发展注入了新的动力。

新形势下,浙江省产业合作枢纽将在进一步发挥承接区域内产业转移的集聚效应、强化城市间产业协作等方面发挥重要作用。长三角一体化作为国家战略,是浙江乃至全国区域经济高质量发展的重要机遇,也是浙江省推进高水平全面对外开放的重要契机。浙江省将进一步加强与长三角区域内各城市的交流合作,统筹谋划产业合作枢纽建设,加强与长三角区域各城市的产业合作、资本合作、平台合作、技术合作等,不断提升区域产业协作水平,优化区域内资源配置效率,推动全省域全方位的高质量发展。通过不断优化营商环境和吸引国际资本与技术,浙江省不仅提升了自身的国际竞争力,也为共建"一带一路"国家的发展注入了新的动力。展望未来,浙江省将继续发挥自身优势,深化与共建"一带一路"国家的合作,推动跨国产业链的协同创新和技术交流,探索更广泛的合作领域,推动产业合作枢纽建设迈向新高度。

(审校:周　倩、王　珩)

浙江省人文交流枢纽建设发展报告

王宇栋

摘要：人文交流是增进国家间相互理解和信任的重要纽带，是推动人类文明进步和世界和平发展的重要动力。浙江省依托自身优势，打造多元化的人文交流品牌，在医疗、教育、文化、旅游、智库、影视等方面与共建"一带一路"国家形成技术合作、平台合作、人脉合作以及项目合作，促进了彼此间人脉资源的流通、文明对话的加强以及经济合作的高质量发展。未来，浙江省应继续深化与共建"一带一路"国家的相互理解和信任，积极助力共建国家优化基础设施建设，并有效识别与规避潜在的发展风险，以推动更加稳健与可持续的合作进程。

关键词："一带一路"；浙江省；人文交流枢纽；文明互鉴

作者简介：王宇栋，艺术学博士，浙江师范大学非洲研究院助理研究员。

2023 年是"一带一路"倡议提出十周年。过去十年，浙江省充分发挥其位于东部沿海地区的开放先导作用，不仅在经济发展上取得了显著成就，还在国际交流与合作方面迈出了坚实的步伐。浙江成功承办了 2016 年 G20 杭州峰会、世界互联网大会乌镇峰会、杭州第 19 届亚运会等一系列重大外交活动和国际赛事，这些活动的举办不仅提升了浙江的国际知名度，也促进了浙江与世界各地的深入交流与合作。同时，浙江还致力于打造一系列具有国际影响力的品牌活动，如"丝绸之路周"、"和合文化全球论坛"、良渚论坛等，这些活动为浙江与世界各国的文化交流与互鉴提供了重要平台。尤为值得一提的是，浙江积极推动宋韵文化、良渚文化等具有浓郁地方特色的浙江文化走向共建"一带一路"国家，通过文化交流与互鉴，进一步增强了浙江与相关国家的文化认同和民心相通。可以说，浙江在全方位参与共建"一带一路"的过程中，通过开放交流不断拓展发展的新空间，不仅为自身的发展注入了新的活力，也为推动构建人类命运共同体贡献了浙江的智慧和力量。[①]

2023年,浙江省在对外开放与合作的道路上继往开来,持续深化与共建"一带一路"国家在医疗、教育、科技、人才、文化、旅游、影视和智库等领域的交流与合作。通过举办一系列丰富多彩的活动和项目,浙江省与共建"一带一路"国家的人文交流日益频繁,形成了多元互动、百花齐放的人文交流格局,增进了不同地区、国家民众间的相互理解、相互尊重以及共同发展,为构建人类命运共同体贡献了浙江的智慧和力量。

一、浙江省人文交流枢纽建设的成效

浙江省依托其丰富的历史底蕴与独特的资源禀赋,打造出多元化的人文交流品牌矩阵,深度契合并积极参与"一带一路"倡议,在医疗援助、教育合作、文化交流、旅游互访及智库影视合作等多元领域,与共建"一带一路"国家构筑起技术互鉴、平台共融、人脉相通、项目并进的立体合作网络。这极大地拓宽了浙江省对外开放的广度与深度,有效促进了区域经济的均衡发展与协同增长,显著提升了浙江省在国际舞台上的知名度与影响力,为构建人类命运共同体贡献了浙江智慧与力量。

(一)医疗合作:走心、走实、走深

十年来,浙江省深度参与国际公共卫生合作,通过"光明行"、对口医院合作、中医药"走出去"等品牌项目,累计派出援外医疗队员261人次,服务当地民众150余万人次,建立4家中医药海外中心。[②] 2023—2024年,浙江省持续深化与共建"一带一路"国家的医疗合作,这不仅显著提升了浙江的国际声誉与形象,还成功实现了医疗技术的跨国界共享与创新,有力促进了区域经济的国际化进程与协同发展。

1. 执行对外志愿医疗救援任务,体现大国责任担当

2023年2月6日,土耳其一天内发生两次7.8级地震,造成较大的人员伤亡与财产损失。中国首支社会救援力量公羊救援队立即启动国际救援响应预案,经向上级有关部门和土耳其驻上海总领事馆报备同意,于2月7日一早由浙江杭州启程奔赴土耳其,次日到达地震受灾点进行救援,加快土耳其灾后生

---

① 圈点. 共建"一带一路"十周年. 浙江经济,2023(12):5.
② 浙江省推进"一带一路"建设大会举行十年成果发布.(2023-11-21)[2023-11-26]. http://www.nhc.gov.cn/gjhzs/lsxwbd/202311/15942a2662614638aba6b54dcd5572b5.shtml.

活生产秩序的恢复,进一步提升了浙江以及中国的国际形象。[①]

2. 积极开展中外医疗技术合作,实现前沿技术共享与创新

2023年4月18日,来自全球的顶尖科学家、医学专家、行业领袖参与了由瓯江实验室、温州医科大学附属眼视光医院主办,中国眼谷—温州眼视光国际创新中心、温医大生物医学大数据研究所和浙江省生物信息学会暨大数据与转化生物信息学专委会协办,温州谱希医学检验实验室有限公司承办的第十八届国际基因组大会(ICG-18)多组学与眼健康论坛。各领域专家就多组学技术和计算方法前沿及其在眼健康领域的研究和应用进行了分享,并展开了热烈讨论。此次活动是基于多领域、跨学科人才的实践,进一步拓宽了医疗创新的边界与视野。[②]

3. 因地制宜抓住医疗合作新机会,推动地区发展国际化

2023年9月12日,位于浙江省义乌市的浙江大学"一带一路"国际医学院正式投用。[③] 从国家战略的视角出发,国际医学院的设立不仅是积极响应国家"一带一路"倡议的关键步伐,更是深化高等教育强国建设、积极融入并推动构建人类卫生健康共同体的重大战略部署。这一举措旨在培养具备国际视野的医学精英,他们将作为使者,将中国先进的全生命周期健康理念及相关文化精髓传播至世界各地,同时为共建国家的医疗卫生事业发展注入强劲动力,促进全球健康福祉的共同提升。从地方发展的视角出发,浙江大学"一带一路"国际医学院的正式启用,为义乌这座充满活力的开放型城市赋予了新的时代内涵,极大地丰富了其作为国际交流窗口的城市标签,加速了义乌与世界各地的互联互通,开启了国际合作与发展的新篇章。

(二)教育科技人才合作:建平台、创环境、开格局

"一带一路"倡议实施以来,浙江省教育科技人才对外开放空间得到有效拓展。十年来,浙江累计在26个共建"一带一路"国家设立35家丝路学院和3所鲁班工坊;积极与共建国家的高校和科研机构合作,推动光伏、水电、风电、地热、垃圾发电等多门类清洁能源走向"一带一路",以绿色发展推动形成了互利

---

① 启程奔赴土耳其!首支中国社会救援力量浙江出发,蓝天救援队正在协调包机.(2023-02-07)[2024-12-31]. https://zjydyl.zj.gov.cn/art/2023/2/7/art_1229691761_38672.html.

② 第十八届国际基因组大会(ICG-18)温州会场—多组学与眼健康论坛,圆满落幕.(2023-04-18)[2024-12-31]. https://zjydyl.zj.gov.cn/art/2023/4/18/art_1229691761_39430.html.

③ 双江湖的"前世今生"|浙江大学"一带一路"国际医学院:校地合作谱新篇.(2023-09-12)[2024-12-31]. https://www.thepaper.cn/newsDetail_forward_24657463.

共赢的丰硕成果。① 2023—2024 年,浙江省继续维护好海外"朋友圈"、建设职业教育平台、搭好科技创新平台、优化人才发展环境,全方位提升对外教育科技与人才合作水平。

1. 共建鲁班工坊,推动职业教育平台国际化

鲁班工坊旨在传承工匠精神,助力"一带一路"建设,成为技术合作与人文交流的桥梁。2023 年 8 月 10 日,浙江水利水电学院见证了中吉双方签署"鲁班工坊"合作备忘录,四方(中国教育国际交流协会、吉尔吉斯斯坦国立技术大学、浙江水利水电学院、浙江交通职业技术学院)携手打造该工坊,聚焦高质量、可持续建设,深化国际产教融合,提升双方教育国际化水平。② 合作开展水利水电、电气、新能源、道路桥梁、铁道工程、机械、测绘、建筑等专业领域的学历和非学历人才培养,组织师生交流互访、科学研究合作、信息交流共享等活动,推动浙江省高校深化"互学互鉴、共建共享"发展理念,发挥辐射引领作用,助力吉尔吉斯斯坦经济社会发展、青年技术技能提升,为中吉双边关系发展注入新动能、新活力。

2. 构建科技共同体,推动创新发展

在首届"一带一路"科技交流大会上,我国提出了《国际科技合作倡议》,倡导开放、公平、公正、非歧视的国际科技合作,坚持"科学无国界、惠及全人类",致力于构建全球科技共同体。此倡议推动了浙江省与共建"一带一路"国家在技术合作上的显著进展。③ 2023 年 6 月,巴基斯坦"遥感与地理信息暑期学校"活动在伊斯兰堡成功举办,标志着中巴在遥感与地理信息领域首次开展大规模培训合作。同年 12 月,先进涂层技术联合实验室在中国温岭成立,旨在集聚多国科研力量,促进涂层技术领域的国际交流与合作,拓展应用领域和市场需求,提升创新能力和核心竞争力。④

3. 提升服务能力建设,优化外来人才发展环境

集聚海内外人才是推动高质量发展的关键。为优化外来人才环境,2023 年 3 月 1 日起,义乌市积极提升行政服务能力,简化外国人才工作许可程序,缩短

---

① 浙江省推进"一带一路"建设大会举行十年成果发布. (2023-11-21)[2024-12-31]. http://www.nhc.gov.cn/gjhzs/lsxwbd/202311/15942a2662614638aba6b54dcd5572b5.shtml.
② 共创"一带一路"上的"技术驿站" 四方在吉筹建"鲁班工坊". (2023-08-13)[2024-12-31]. https://zjydyl.zj.gov.cn/art/2023/8/13/art_1229691760_40530.html.
③ 国际科技合作倡议. (2023-11-07)[2024-12-31]. https://www.most.gov.cn/kjbgz/202311/t20231107_188728.html.
④ 这个国际化联合实验室为何落户温岭. (2023-12-06)[2024-12-31]. https://zjydyl.zj.gov.cn/art/2023/12/6/art_1229691760_41674.html.

办理时限；^①为释放海外人才创新活力，2023 年 3 月 12 日，温州启动"海外科技工作者之家"，旨在搭建交流互动平台，促进海内外科技工作者投身创新创业，进一步加强与海外科技工作者的联系，吸引更多海外人才服务浙江省"两个先行"建设。^②

（三）文化交流：走出去、创品牌、促经济

过去十年，浙江省打造了"丝绸之路周""和合文化全球论坛"、良渚论坛等品牌活动，推动宋韵文化、良渚文化等浙江文化走向"一带一路"，为民心相融搭建了坚实的桥梁。^③ 2023—2024 年，浙江省积极与共建"一带一路"国家进行文化交流，优化文化传播内容，共建文化传播平台，以文化交流带动经济发展，实现了高质量的文化合作实践。

1. 文化出海，提升国际文化软实力

文化出海是促进"一带一路"文明交流互鉴的必由之路。浙江是文化资源大省、文化产业强省，在推进文化出海上有着良好的先天条件和主动发展的天然内驱力。浙江文化底蕴深厚，11 项人类非遗、241 项国家级非遗，为文化出海提供了殷实的家底。浙江文创平台积极发掘地方文化，将文化资源变文化资产：中国网络作家村、之江编剧村、浙江文艺创研中心等孕育了众多文化 IP。^④浙江实现了文化的融合式创新，兼顾了民族性与世界性。12 月 3 日晚，宁波市政府与中央音乐学院联合主办"2023 宁波国际声乐比赛开幕式音乐会"，吸引了来自五大洲 43 个国家和地区的 417 名选手报名参与。音乐会中，越剧登台是亮点，《穆桂英挂帅》和《梁山伯与祝英台》选段获海外音乐人高度认可，展现了中西音乐对话与相互成就的可能性。^⑤

2. 以"艺"为媒，厚植艺术传播土壤

艺术媒介是艺术传播的必要条件，浙江省在媒介建设上突出地方优势，积

---

① 义乌市引进外国专家来义工作. (2023-03-01) [2024-12-31]. https://zjydyl.zj.gov.cn/art/2023/3/1/art_1229691760_38856.html.

② 瓯海：全省首个"浙江海外科技工作者之家"落地温肯. (2023-03-12) [2024-12-31]. https://zjydyl.zj.gov.cn/art/2023/3/12/art_1229691760_39059.html.

③ 浙江省推进"一带一路"建设大会举行十年成果发布. (2023-11-21) [2024-12-31]. http://www.nhc.gov.cn/gjhzs/lsxwbd/202311/15942a2662614638aba6b54dcd5572b5.shtml.

④ (两会访谈) 全国人大代表胡伟：推动浙江文化千帆竞发"航母"出海. (2024-03-11) [2024-12-31]. http://tradeinservices.mofcom.gov.cn/article/wenhua/guojiawh/202403/162133.html.

⑤ 阔别 5 年，宁波国际声乐大赛竟再度启幕. (2023-12-01) [2024-12-31]. https://zjydyl.zj.gov.cn/art/2023/12/1/art_1229691759_41624.html.

极发掘高效传播的模式,为中外艺术互鉴提供途径。首先,要探索区域文化传播模式,构建艺术传播平台。2023年2月4日晚,世界温州人文艺家联盟成立仪式暨新春文艺晚会在温州举行。该联盟旨在搭建平台,吸引创作人才,推出温州精品,助力温州文艺发展,为中华文明增光添彩。其次,要构建区域艺术文化带,促进艺术文化互鉴。2023年12月4日,84位来自83个国家的艺术家访问浙江,感受"诗画江南、活力浙江"魅力,见证中华文化博大精深,并在"浙韵"中获得灵感,将其转化为多元艺术创作与实验。[①]

3. 青年文化交流,夯实认同基础

青年文化交流对于推动"一带一路"倡议的实施具有重要意义,它不仅有利于促进民心相通和文明交流互鉴,更有利于为浙江与共建"一带一路"国家的合作提供新势能。浙江省双管齐下:一方面,依托浙非合作快车,积极策划中非青年交流实践活动,增强年轻一代对浙非合作的理解与支持;另一方面,深度挖掘并联动地方青年华侨资源,以文化为纽带,强化情感与文化双重认同。2024年5月22日—26日,第八届中非青年大联欢在浙江金华举行,近百名非洲青年与媒体记者探访当地高校、城市、农村,通过对话、参观和文化体验,体验中国改革开放成果,了解金华现代化实践,加强对中非合作与交流的认同。[②] 浙江青田作为侨乡,拥有38.1万华侨分布全球。青田视华侨为宝贵资源,推动要素回流,培育新侨,弘扬侨乡文化。2023年7月,青田举办"中国寻根之旅"等活动,吸引华裔青少年参与,通过文化体验加深情感认同,鼓励他们成为中华文化的传播者。[③]

4. 文化搭台经济唱戏,以文化交流带动产业发展

2023年3月16日,哈尔斯·WBA(世界拳击协会)职业拳王争霸赛在永康市体育中心举办,系2023年全国首场国际性拳击赛事。近年来,该市聚焦赛产融合,通过建设车辆模型赛车场等竞赛基地,举办马拉松、围棋等多元体育赛事,以及开拓海外电商渠道,加快平衡车等科技体育产品出口,走出"五金产业+体育健身"的特色发展之路。

---

① 一场跨越国界的艺术对话. (2023-12-06)[2024-12-31]. https://zjydyl. zj. cn/art/2023/12/6/art_1229691759_41666.html.

② 第八届"中非青年大联欢"浙江(金华)行走进浙师大. (2024-05-30)[2024-12-31]. http://iso.zjnu.edu.cn/2024/0530/c11114a469559/page.htm.

③ 孩子们,欢迎回家. (2023-07-21)[2024-12-31]. https://zjydyl. zj. gov. cn/art/2023/7/21/art_1229691759_40151.html.

(四)旅游交流:与时俱进、完善机制、传递中国经验

作为实现"民心相通"的重要途径,旅游业在"一带一路"交流合作中发挥着举足轻重的作用。十年来,中国与共建"一带一路"国家之间旅游交往日益密切,合作成效显著。作为旅游资源大省,浙江始终把发展文化旅游业作为融入"一带一路"建设的重要支撑,加快推动与共建国家的务实合作,围绕打造"一带一路"国际文化旅游中心目标,积极打响品牌、搭建平台、创新机制。

1. 与时俱进,创新呈现方式,增强受众体验性

浙江省不仅是茶叶、丝绸与青瓷的主要发源地,也是海上丝绸之路的重要起点之一,为促进中西方贸易和文明互鉴发挥了重要作用。2023年12月8日,"万年凝华 熠熠重光"丝茶瓷·浙江文化和旅游主题展在法国巴黎中国文化中心开幕,借助实物展览和各种文化体验活动吸引众多法国民众到场观看互动,让浙江的丝路文化充分释放其深刻的文化意味,提升外国观众对其的感知度与理解力。①

2. 互利共享,完善旅游交流合作双多边机制,打造全球旅游新业态

2023年11月15日,"2023世界旅游联盟·湘湖对话"在浙江省杭州市开幕。来自31个国家和地区的政府官员、驻华使节,以及国际组织、旅游及涉旅企业、旅游城市、协会和学界代表参加此次活动。对话以"旅行的力量——向更美好的未来出发"为主题,旨在推动全球旅游交流合作双多边机制的完善,加强政策协同、市场开发、产品供给、人才培养、信息共享,助力经济发展、人文交流、旅游减贫与互利共赢。②

3. 因地制宜,打响国际旅游品牌,传播中国治理经验

浙江安吉余村坚持保护生态环境,充分用好山水资源,大力发展乡村旅游,久久为功,积极讲好"绿水青山就是金山银山"的故事。2021年12月,在联合国世界旅游组织第24届全体大会上,安吉余村从75个成员国的170个申请乡村中脱颖而出,入选首批联合国世界旅游组织"最佳旅游乡村"名单。2023年2月23日,联合国世界旅游组织授予安吉余村"最佳旅游乡村"牌匾。打响国际旅游品牌,有助于加强浙江乡村旅游国际交流合作,努力为全球乡村旅游发展创造

---

① 丝茶瓷·浙江文化和旅游主题展亮相巴黎. (2023-12-11)[2024-12-31]. https://zjydyl.zj.gov.cn/art/2023/12/11/art_1229691759_41749.html.

② "2023世界旅游联盟·湘湖对话"在杭州举办. (2023-11-16)[2024-12-31]. https://zjydyl.zj.gov.cn/art/2023/11/16/art_1229691759_41476.html.

更多有益经验,向世界传播中国生态文明建设理念。①

(五)影视交流:产业合作、跨界合作、创作合作

作为"一带一路"倡议的参与者、见证者、讲述者,浙江省广泛同国际媒体与国际友人开展影视合作,讲好共同发展精彩故事;搭建影视交流广阔平台,促进人文交流,增进相互理解与友谊,形成了各国人文交流、文化交融、民心相通的新局面。

1.依托影视基地,推动影视产业合作

近年来,横店全力打造"横店出品"影视品牌,并依托省级文化出口基地平台,积极引导影视企业主动参与"一带一路"倡议,搭建与国外知名影视节会、影视机构和影视企业等推广或销售渠道,推动影视作品"出海",并已接待多部中外合拍片拍摄。2023 年 3 月 13 日,第 27 届香港国际影视展(FILMART)在香港会议展览中心圆满落幕。本届香港国际影视展吸引了来自 30 个国家和地区700 多个展商。横店影视文化产业集聚区牵头设立中国横店国际影视文化创新中心展台,向全球影视行业同行、媒体展示横店发展成就,推介横店产业政策,接洽合作,共谋发展,推动影视文化产业高质量发展,并达成多项国际合作。②

2.共商媒体合作机制,双向传播优秀影视作品

2023 年 12 月 9 日—11 日,第六届中国—阿拉伯国家广播电视合作论坛在杭州举行。论坛以"传承中阿友谊·共享视听发展"为主题,聚焦展现中国和阿拉伯国家深化广电和视听合作的丰硕成果,积极探讨和展望未来的合作与发展,将"政策对话—加强中阿理念沟通""内容合作—讲述中阿友好故事""技术赋能—促进媒体融合发展"作为中阿媒体的合作重点。③

3."智库+影视创作"跨界融合,共同讲好中非文明互鉴故事

2023 年 9 月 21 日,中非合拍纪录片《功夫追梦》在浙江师范大学非洲研究院开机,该片由浙江师范大学非洲研究院与卓维影视联合出品,聚焦喀麦隆青年罗德里格的中国功夫追梦之旅,展现中非文化交流的魅力。影片制片人罗德里格以非洲视角阐释了中国功夫文化,并与中国学者、影视制作者共同创作影

① 厉害了! 浙江安吉余村入选联合国世界旅游组织最佳旅游乡村.(2021-12-03)[2024-12-31]. http://zj.cnr.cn/gstjzj/20211203/t20211203_525677326.shtml.

② 2023 香港国际影视展圆满落幕　横店影视城达成超 30 个海外项目合作意向.(2023-03-19)[2023-12-28]. https://zjydyl.zj.gov.cn/art/2023/3/19/art_1229691759_39202.html.

③ 第六届中国—阿拉伯国家广播电视合作论坛即将在杭召.(2023-12-06)[2024-12-31]. https://zjydyl.zj.gov.cn/art/2023/12/6/art_1229691759_41670.html.

视作品,在实践层面体现了中非文明互鉴。① 该片在第 14 届北京国际电影节非洲电影推介会上备受瞩目,受到非洲各国驻华大使馆的高度认可。②

(六)智库合作:汇集研究力量、服务国家战略、开启理念合作新篇章

智库建设对浙江参与"一带一路"建设至关重要。2021 年,浙江师范大学非洲研究院领衔的省内 15 家研究机构组成"一带一路"研究智库联盟,共建协同平台,专攻重大项目,培育高端人才,构建特色话语体系,高效推动浙江与共建"一带一路"国家的合作。2023 年,浙江省"一带一路"研究智库联盟集平台之智,积极服务国家战略,开启了中非理念合作的新篇章。

1. 集平台之智,服务国家战略

2023 年 5 月 20 日,"中国式现代化与非洲发展"研修班在浙江师范大学举办,此次研修班聚焦中国式现代化与非洲发展主题,中非专家深入开展学术交流,为推动中非全面战略合作伙伴关系和构建高水平中非命运共同体提供了智力与实践支持。③ 10 月 7 日,浙江省区域国别与国际传播研究智库联盟举办沙龙,主题围绕学习贯彻习近平总书记考察浙江讲话精神及推动人类命运共同体倡议。联盟遵循"国家所需、浙江所能、群众所盼、未来所向"原则,服务浙江省对外发展战略,提供高质量知识服务。联盟首席专家刘鸿武教授指出,联盟成员间合作将为全国交叉学科和区域国际学建设提供探索与经验,促进国际传播与学术研究交流,推动区域国别研究体系化、机制化、规范化。④ 12 月 12 日,浙江省第四届"一带一路"智库论坛在浙江师范大学举行,论坛由浙江省社科联指导,该联盟主办,浙江师范大学非洲研究院承办。刘鸿武教授强调,"一带一路"

---

① 我院出品的中非合拍纪录电影《功夫追梦》开机. (2023-09-21)[2024-12-31]. https://mp. weixin. qq. com/s? biz = MzAwNDU1NTA0Ng = = &mid = 2653456569&idx = 1&sn = 2d43617872b5863 d56a3db5ddd1f35e0&chksm = 80f600f0b78189e6fdec6600777a1fde3de306e5cbb6343cb13f4d5a5a3922 08fa9f148bef32&scen e=21♯wechat_redirect.

② 我院出品的《功夫追梦》亮相第十四届北京国际电影节非洲电影推介会. (2023-05-06)[2024-12-31]. https://mp. weixin. qq. com/s? biz = MzAwNDU1NTA0Ng = = &mid = 2653462489&idx = 2&sn = f07052baae9a842c3d687e333f043830&chksm = 80f61790b7819e86c161ca77cf7218cfbfcfc536daf80588 c4d73842e207a7c30b25db953aea&scene=27.

③ "中国式现代化与非洲发展"研修班在浙师大举行. (2023-05-20)[2024-12-31]. http://www. cnafrica. org/cn/zfxw/22700. html.

④ 浙江省区域国别与国际传播研究智库联盟举行主题沙龙活动. (2023-10-07)[2024-12-31]. https:// mp. weixin. qq. com/s? biz = MzAwNDU1NTA0Ng = = &mid = 2653456368&idx = 1&sn = 68ac10 53ab6688b6ea7f1c62dd39cd74&chksm = 80f60fb9b78186afb86012a85d579043f29d80ca97a6193c8386 7f46538205e034533fc46f1c&scene=27.

八项行动中的"开展务实合作"和"构建立体互联互通网络"是关键,智库、高校、学术机构应积极推动。① 2024 年 12 月 25 日,浙江省第五届"一带一路"智库论坛在浙江师范大学举办,主题为"践行'真''情''实''意',携手推进全球南方现代化"。开幕式上展示了多项重要研究成果,包括《浙江省参与"一带一路"建设发展报告(2023—2024)》《浙江省参与共建"一带一路":西非国家卷(2013—2023)》《浙江省参与共建"一带一路":东非国家卷(2013—2023)》等。这些研究成果总结了浙江省参与"一带一路"建设取得的新成果和新经验,分析了当下面临的问题与挑战,提出了下一步工作的方向和重点。浙江师范大学作为主办方,与 20 余个非洲国家的大学、智库签署 40 余份合作协议,涵盖学术、经贸、文化等多领域。②

2.开启理念合作新篇章,服务中非深度发展

2024 年 3 月 8 日,中非智库论坛第十三届会议在坦桑尼亚达累斯萨拉姆开幕,本次会议由中非合作论坛中方后续行动委员会秘书处主办,并由多方联合承办。会上,中非 50 国共同发布了《中非智库关于深化全球发展合作的共识》(亦称"中非达累斯萨拉姆共识")。该共识着重强调,在"一带一路"等国际合作框架下,各国应加强基础设施的互联互通和生产要素的自由流通,同时促进新能源、信息技术、航空航天等高科技产业的持续发展。在应对气候变化方面,坚持"共同但有区别责任原则",积极推动绿色增长。这一重要成果的发布,标志着浙江师范大学非洲研究院与非洲国家学术思想界长期合作的历史性突破,该共识不仅传承了"万隆精神",更充分展现了新时代中非合作以及南南合作的新特征、新需求和新使命。③ 此次会议,中非学者还联合发布了《构建中非智库合作网络倡议书》,该倡议书涵盖教育、学术、历史文明交流、私营部门合作及协同监测评估等务实建议,为中非智库合作提供实操路径。④ 2023 年 5 月 17 日,外交部长王毅在与坦桑尼亚外长会谈时表示,"中非达累斯萨拉姆共识"针对全球重大问题和挑战提出解决思路和方案,是首个由南方自主提出的国际共识,表

---

① 浙江省第四届"一带一路"智库论坛在金华举行.(2023-12-14)[2024-12-31]. http://world. people. com. cn/n1/2023/1214/c1002-40139020. html.

② 第五届"一带一路"智库论坛在浙师大举办.(2024-12-26)[2024-12-31]. https://news. zjnu. edu. cn/2024/1226/c8449a489803/page. htm.

③ 驻坦桑尼亚大使陈明健出席中非智库论坛第十三届会议开幕式并致辞.(2024-03-08)[2024-12-31]. https://www. mfa. gov. cn/web/zwbd_673032/gzhd_673042/202403/t20240313_11260063. shtml.

④ 五语种《中非智库关于深化全球发展合作的共识》发布 中非智库论坛第十三届会议在坦成功举行.(2024-03-09)[2024-12-31]. https://www. zjnu. edu. cn/_t179/2024/0309/c4063a461028/page. htm.

达了"全球南方"的共同心声和对自身发展规律的自觉认识。其重要价值在于推动非洲国家更自主地探索适合自身情况的现代化道路。后续应深化研究、拓展影响,转化为实践,为促进南南合作和维护"全球南方"共同利益做出更大贡献。①

二、浙江省人文交流枢纽合作建设面临的挑战

2023年,浙江在"一带一路"人文交流建设中取得了显著成就。然而,前行的道路上亦不乏挑战,包括共建"一带一路"国家基础设施薄弱、文化差异带来的融合难题、国际局势波动带来的不确定性压力,以及专业人才供给不足等瓶颈问题。

(一)医疗合作面临基础设施薄弱、人才匮乏等因素掣肘

浙江与共建"一带一路"国家的医疗合作诠释了人道主义精神,促进了全球医疗水平的共同提升,更为推动地区制造业的高质量转型与发展注入了新的活力与动力。需要指出的是,"一带一路"倡议所涵盖的广大地区内,卫生健康水平的差异是极为显著的。在一些欠发达地区,公共卫生基础设施仍然相当薄弱,甚至存在严重的不完善现象。与此同时,这些地区还面临着资金短缺和人才匮乏的双重困境,这无疑为提升当地医疗卫生水平增加了巨大的挑战。② 这些问题不仅影响了当地居民的健康福祉,也在一定程度上制约了浙江与相关国家在医疗领域的深度合作与发展。

(二)文化差异阻碍文化交流走深走实

浙江与共建"一带一路"国家的文化交流日益频繁且深入,展现出了蓬勃的生命力与文化多样性的和谐共生。然而,在当前积极发展的态势下,我们仍需客观认识到推进过程中面临的多重挑战,主要包括国际政治环境、文化差异以及机制建设等方面的问题。这不仅可能削弱双方互信,还可能影响文化交流的深度与广度。另外,文化背景差异虽为文化交流提供了丰富的素材与独特的视角,但也可能成为交流过程中的潜在障碍。不同国家、不同民族在历史传统、宗

① 王毅:"中非达累斯萨拉姆共识"表达了"全球南方"的共同心声. (2024-05-17) [2024-12-31]. https://www.fmprc.gov.cn/web/wjbzhd/202405/t20240517_11306249.shtml.
② 汪寿阳,鲍勤,张奇. 系统观下的"一带一路"生命健康之路建设. 中国科学院院刊,2023,38(9):1256-1263.

教信仰、价值观念等方面的差异,可能导致在文化交流中出现理解偏差、误解甚至冲突。

(三)国际政局动荡、安全风险以及开放程度不高影响旅游交流发展

"国际政局动荡与贸易摩擦带来挑战""安全风险致使游客人身及财产安全难以保障""开放程度影响旅游交流通畅度与服务便利性"[①]等是浙江与共建"一带一路"国家旅游合作亟须解决的问题。首先,国际政局动荡与贸易摩擦是当前不可忽视的外部因素。全球政治格局的微妙变化以及国际贸易环境的日益复杂,给国际旅游合作带来了前所未有的不确定性,可能直接影响旅游市场的供需平衡,增加旅游企业运营成本和游客出行成本,进而影响到浙江与共建"一带一路"国家旅游合作的深度与广度。其次,安全风险是旅游合作中必须高度重视的问题,无论是地区冲突,还是自然灾害、公共卫生事件,都可能对游客的旅行安全构成严重威胁。再次,开放程度不高是制约旅游合作深入发展的另一大因素。不同国家在签证政策、旅游基础设施建设、旅游服务标准等方面的开放程度存在差异,这些差异可能导致游客在跨境旅游时遇到诸多不便,如签证申请烦琐、语言沟通障碍、服务质量参差不齐等。

(四)影视交流的传播主体与叙事模式单一、译制人才不足

"传播主体单一,国际参与不足""题材与叙事模式本土化,情感认同度低""传播渠道匮乏,国际影响力有限""多语种电视剧译制人才不足"[②]等问题是阻碍浙江与共建"一带一路"国家实现高质量影视交流的因素,会影响"一带一路"相关内容的国际传播效果和影响力。首先,传播主体的单一性限制了信息的多元化呈现,使得国际视角和声音的缺失成为常态。这不仅削弱了传播内容的全球适应性,也限制了国际受众对信息的深度理解和接受,进而阻碍了浙江影视产业在国际舞台上的有效发声和广泛传播。其次,题材与叙事模式过度本土化,影视作品虽能深刻反映本土文化和社会现实,却也可能在国际传播中遭遇文化折扣的困境。这种本土化倾向可能导致国际受众在情感上难以产生共鸣,降低了内容的吸引力和接受度。在全球化背景下,如何平衡本土化与国际化的关系,创新叙事方式,以更加普遍和易于理解的方式讲述中国故事,成为亟待解

---

① 宋瑞,金准,李为人,等. 旅游绿皮书:2023—2024年中国旅游发展分析与预测. 北京:社会科学文献出版社,2024:81-95.

② 王江蓬. "一带一路"背景下中国电视剧海外传播的战略机遇与现实挑战. 中国电视,2020(9):70-73.

决的问题。再次,缺乏多样化的传播渠道和平台,使得优秀的影视作品难以跨越地理和语言的界限,触达更广泛的国际受众。这不仅限制了作品的国际影响力,也削弱了浙江作为影视文化输出地的品牌形象。最后,高质量的译制工作是确保影视作品在不同语言环境中保持原汁原味、准确传达文化内涵的关键。然而,目前市场上多语种译制人才稀缺,难以满足日益增长的国际传播需求。这不仅影响了作品的翻译质量和传播效果,也限制了浙江影视内容在全球范围内的广泛传播和接受。

三、浙江省打造"一带一路"人文交流枢纽的建议

展望未来,浙江省作为"一带一路"人文交流的重要枢纽,应继续深化与共建"一带一路"国家的相互理解和信任,积极助力共建国家优化基础设施建设,并有效识别与规避潜在的发展风险,以推动更加稳健与可持续的合作进程。

(一)优化共建"一带一路"国家医疗基础设施,提升合作效率

优化共建"一带一路"国家的医疗环境对于提升公共卫生安全水平、促进经济可持续发展、加强人文交流与互信、推动区域一体化进程等方面具有重要意义。首先,要加强技术交流与合作。浙江作为中国东部沿海的经济强省,拥有先进的医疗技术和丰富的医疗资源。可以通过举办培训班、提供远程医疗咨询、派遣医疗专家团队等方式,向欠发达地区传授先进的医疗技术和公共卫生管理经验;鼓励浙江的医疗机构与共建"一带一路"国家的医疗机构建立长期合作关系,开展联合科研、技术交流和人才培养项目。其次,要援建公共卫生基础设施。加大对欠发达地区公共卫生基础设施的投资力度,包括建设或升级医院、诊所、实验室、疫苗接种中心等。利用浙江在基础设施建设方面的经验和技术优势,帮助相关国家提升公共卫生设施的建设标准和管理水平。再次,要推广公共卫生服务模式。分享浙江在公共卫生服务体系建设方面的成功经验,如疾病预防控制、健康教育、卫生应急管理等。鼓励相关国家学习并借鉴浙江的公共卫生服务模式,建立适合自身国情的公共卫生服务体系。最后,要支持人才培养与引进。设立奖学金、助学金等激励措施,鼓励相关国家的医学生来浙江深造,学习先进的医疗技术和公共卫生知识。支持浙江的医学院校和科研机构与相关国家的相关机构合作,共同培养公共卫生领域的专业人才。鼓励浙江的医疗机构和公共卫生专家前往相关国家开展短期或长期的医疗援助和技术指导。

（二）协同并进，推动教育、科技与人才合作的均衡与全面发展

首先，可以加强定制化合作方案。针对共建"一带一路"国家在经济、文化、政治等方面的不同发展水平，制定差异化的合作策略与实施方案。通过深入调研，了解各国的具体需求和优势，量身打造合作框架，确保合作内容与当地实际相契合。其次，可以强化基础能力建设。加大对发展基础较弱国家的支持力度，通过提供资金、技术、师资等资源，帮助其提升教育科技基础设施水平，缩小与发达国家的差距；鼓励共建国家间的资源共享与优势互补，促进整体发展水平的提升。再次，可以深化学科建设与合作。加强学科间的交叉融合与协同创新，推动学科建设向纵深发展。通过设立联合研究中心、共建实验室等方式，促进高端科研合作与学术交流；注重培养具有国际视野和跨文化交流能力的专业人才，为学科建设提供有力支撑。最后，可以提升产教融合效能。建立更加紧密的产教合作机制，促进教育链、人才链与产业链、创新链的有效衔接。鼓励高校、科研机构与企业深度合作，共同开展技术研发、成果转化和人才培养。通过实施项目合作、实习实训、创新创业等多种模式，提升产教融合的实际效果，推动科技成果快速转化为现实生产力。

（三）鼓励民间参与，夯实文化交流之基

民间力量，作为社会活力的源泉与创新的驱动力，在推动经济社会发展、深化国际合作、促进全球治理体系变革中扮演着举足轻重的角色。它们不仅是经济合作的生力军，更是人文交流的重要桥梁，对于增进共建"一带一路"国家人民之间的相互理解、消除误解、搭建民心相通的桥梁、构建稳固的互信机制具有不可替代的基础性作用。为了进一步挖掘和释放民间力量的巨大潜力，浙江应积极探索新路径，充分激活并引导民间组织、企业、个人等多元主体积极参与到教育合作、文化交流等广泛领域中来，不断拓宽人文交流的边界，深化其内涵。具体而言，可以通过以下方式实现。首先，鼓励非物质文化遗产的传承人走出国门，以精湛的非遗技艺为媒介，在海外舞台上展示浙江文化的独特魅力，让外国友人亲身体验并感受浙江的深厚底蕴与多样风采。这样的文化交流活动不仅能够增进国际社会对浙江文化的认知与尊重，还能激发海外民众对浙江文化的浓厚兴趣，为构建人类命运共同体注入文化动力。其次，将中外文化交流课程纳入高等教育体系，作为在校大学生的必修内容，旨在培养一批具有国际视野、跨文化交流能力的高素质人才。这些大学生将成为传播浙江文化乃至中国

文化的使者,通过留学、交换生项目、国际志愿服务等多种方式,将中华文化的精髓带到世界各地,促进不同文明之间的对话与互鉴。

(四)促进旅游合作健康、可持续发展

优化旅游合作环境,对于激发国际旅游市场的活力、加固旅游业韧性、提升服务品质与游客体验、促进旅游业的绿色可持续发展、深化经济与文化交流,以及增进国际民众的友谊与相互理解,均具有不可估量的价值。面对国际政治经济局势的不确定性,浙江应采取多元化市场策略,分散市场风险,积极开拓新兴旅游市场,减少对单一市场的过度依赖。同时,需强化政策洞察与预判能力,紧跟国际政治经济形势变化,深入研究相关政策法规,灵活调整旅游发展战略,确保行业稳健前行。在国际合作层面,浙江应深化与国际旅游组织、各国政府的交流合作,共同构建应对国际挑战的合作机制,以集体的智慧和力量抵御外部风险。针对旅游安全问题,浙江应建立健全旅游安全预警体系,及时、准确地向游客传递安全信息,强化旅游目的地的安全监管,提升应急处理能力,并与相关国家携手合作,共同提升旅游安全保障水平。此外,浙江还应加强游客安全教育,提升游客的自我防范意识与自我保护能力,倡导文明旅游,尊重并遵守旅游目的地的法律法规与风俗习惯。总之,通过多维度、多层次的努力,不断优化旅游合作环境,将有力推动全球旅游业的持续繁荣与健康发展。

(五)注重受众视角,提升文化作品传播质量

"一带一路"是文明互鉴之路,它强调了彼此间"互为主体"的交流模式。以影视交流为窗口,浙江省致力于挖掘本土文化的精髓,精心提炼并传播独具特色的"浙江声音"。然而,传播效果的关键在于能否引发受众的认同与情感共振,这要求浙江省从受众视角出发,深入洞察其文化环境、语言习惯及心理需求。在此基础上,实施分众传播策略成为关键,即精准识别并服务于每一个细分受众群体。世界文化斑斓多彩,各具特色,犹如万花筒般绚烂。因此,浙江省必须通过详尽的区域国别研究,深入理解不同地域的文化底蕴、民俗习惯及社会心理,从而量身定制传播方案,确保信息跨越文化障碍,直击受众心灵。为进一步提升传播效果,传播内容的创造性转化与创新至关重要。这不仅仅是语言的翻译或形式的转换,更是文化层面的深度融合与创新表达。浙江省应依据受众的文化背景,采用易于亲近的语言风格和叙事手法,使传播内容既保留原汁原味,又充满吸引力和感染力,让受众在欣赏中产生共鸣,实现深层次的理解与

认同。同时,要防止传播符号的单一化与标签化倾向。虽然传统文化符号如"剪纸""灯笼"等承载着丰富的文化内涵,但单一标签难以全面展现浙江省作为现代化省份的多元与活力。因此,浙江省应积极挖掘和展示反映浙江时代精神、社会进步及文化创新的新符号,如前沿科技、绿色生态实践、现代艺术等,以此构建更加丰富、立体的浙江形象。这些富有时代感的元素,将让受众在感受浙江传统魅力的同时,也能洞察其在新时代的蓬勃生机与无限潜力,从而增进对浙江乃至中国文化的全面认识与深刻认同。

(审校:周　倩、王　珩)

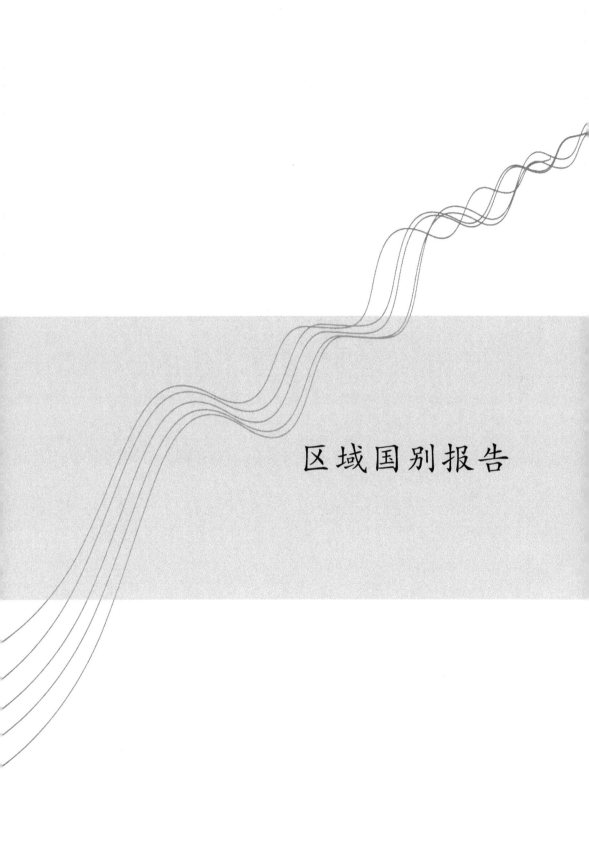

区域国别报告

浙江省与非洲国家共建"一带一路"发展报告

卢秋怡　李嘉琪

摘要：2024 年，浙非贸易往来呈稳中求进的态势，在政策利好、需求高度互补、合作意愿总体有增无减等惯性推动下，双方合作韧性持续彰显。浙非贸易种类的变化显示出非洲市场在绿色合作方面迅速增长的消费潜力。上述一系列表现充分彰显出浙江省与非洲国家贸易正根据市场的变化不断调整与发展，内在韧性正不断增强。双方合作也面临非洲政局动荡与安全形势严峻等挑战，国际对非合作竞争加剧也是双方在可预见的未来所需要承受的压力。未来几年，双方不仅需要巩固已有合作优势，同时也需根据新变化调整相关的合作路径，以立足当下并展望未来。

关键词：浙江省；非洲；"一带一路"；浙非合作；中非合作

作者简介：卢秋怡，法学博士，浙江师范大学非洲研究院助理研究员。
李嘉琪，上海社会科学院国际问题研究所硕士研究生。

近年来，中国作为"全球南方"的重要参与方，秉持"真实亲诚"的外交理念与正确的义利观，积极同非洲深入推进共建"一带一路"的合作，为构建新时代中非命运共同体而不懈努力。浙江省作为中国对非合作的重要省份，在中非相关政策的部署与协调引领下开展对非合作。共建"一带一路"这十年间，双方合作愈发密切与充实。本文回顾了 2023—2024 年浙非共建"一带一路"的相关合作，并分析了新形势下双方深化合作面临的挑战，以更好地助力浙非合作行稳致远。

一、浙非共建"一带一路"的现状与成效

浙江省与非洲在多层次、多领域共建"一带一路"卓有成效。2023 年是中非共建"一带一路"十周年。这十年间，伴随着中非相关政策的部署与协调，浙非

合作愈发密切与充实。近两年来,浙江省与非洲国家除在既有贸易领域里精耕细作外,还充分扩展"绿色低碳""数字经济"等新兴议题的合作空间。双方依托于各自优秀的文化和教育资源开展了富有成效的文化交流与教育合作。可以说,双方合作态势良好、未来发展潜力巨大。

(一)相关政策部署及落实机制日趋完善

日臻完善的顶层设计既能有效引领中非合作的走深走实,又能为浙江省对非合作明确发展的可行路径。2023 年是中国提出共建"一带一路"、正确义利观、"真实亲诚"等对非合作方针的第十个年头。作为中国与发展中国家合作的重要伙伴,非洲已成为支持共建"一带一路"最积极、最坚定的方向之一。[①] 中非共建"一带一路"在各类政策引领下不断拓展并走深走实。2023 年 8 月,中非领导人对话会上发布了《支持非洲工业化倡议》《中国助力非洲农业现代化计划》《中非人才培养合作计划》,涵盖领域涉及制造业、数字经济、可再生能源、农业及教育培训等多个方面,旨在通过推动中非合作,支持非洲一体化和现代化建设(见表 1)。[②] 2023 年 9 月,中非又联合发布"加强中非带路科技创新,促进非洲可持续发展"倡议。该倡议得到来自中非双方百余名科学家的一致认可,在此框架下,中非各参与方表示将共同发起"非洲粮—水—环境保护与发展科学行动计划"。[③]

表 1　2023 年中非领导人对话会发布的三项举措

倡议或计划名称	内容	重点
《支持非洲工业化倡议》	支持非洲发展制造业、数字产业和可再生能源开发建设,加强对非知识共享和技术转移,优化对非贸易便利化措施,扩大非洲优质工业制成品进口,呼吁全球治理体系改革,为非洲工业化提供金融支持等。	同非洲国家共同推动建设有特色、有产品、有政策保障的区域中心示范园区,支持非洲早日实现绿色、协调和可持续的工业化。

① 共建"一带一路"推动中非经贸合作打开新空间. (2023-10-20)[2024-06-10]. http://m. news. cn/ 2023-10/20/c_1129927820. htm.

② 中非领导人对话会发布《支持非洲工业化倡议》《中国助力非洲农业现代化计划》《中非人才培养合作计划》. (2023-08-25)[2024-06-10]. https://www. gov. cn/yaowen/liebiao/202308/content_6900010. htm.

③ 中非联合发布"加强中非带路科技创新,促进非洲可持续发展"倡议. (2023-09-28)[2024-06-10]. https://china. zjol. com. cn/gjxw/202309/t20230928_26278712. shtml.

续表

倡议或计划名称	内容	重点
《中国助力非洲农业现代化计划》	在中非合作论坛框架内同非方进一步探索合作新路径,全面推进中非农业务实合作。计划包括可持续农业、数字农业、蓝色经济等领域的交流合作,帮助非洲培育拓展农业产品链、提升农产品附加值。	帮助非洲实现粮食自给自足和自主可持续发展,带动非洲粮食本土化生产,有效提升非洲粮食安全自主保障能力,帮助非洲实现发展现代农业的有关目标。
《中非人才培养合作计划》	中国同非洲继续加强技术转移、教育培训等能力建设合作,共同培养面向治理能力现代化、面向经济社会发展、面向科技创新增效、面向民生福祉改善的各类人才。	将规模巨大的人口转化为丰富的人力资源,以人才红利助力本国现代化发展。

资料来源:中非领导人对话会发布《支持非洲工业化倡议》《中国助力非洲农业现代化计划》《中非人才培养合作计划》. (2023-08-25)[2024-06-10]. https://www.gov.cn/yaowen/liebiao/202308/content_6900010.htm.

　　中非良好合作态势延续为浙江省与非洲合作朝着更为纵深方向的演进夯实了基础,同时国家层面多领域、多方向的政策部署也为浙江省及各地级市政府同非洲合作的深入开展指引了方向。就省级层面而言,《浙江省深入推进浙非合作三年行动计划(2022—2024 年)》为浙非合作明确发展路径。该计划对标"两个先行"奋斗目标,着力在浙江省级层面打造对非交流高地,构建新时代中非命运共同体,并就合作体系、经贸、教育等多个领域进行清晰部署。浙江省副省长卢山于 2024 年 3 月在"推动高质量发展"系列主题新闻发布会中也再度明确指出,浙江省将着力推动开放型经济水平、双循环战略枢纽、制度型开放体系"三个再提升",全方位参与共建"一带一路",深入实施"一号开放工程"。① 就市级层面而言,对非合作居于浙江省前列的金华市积极贯彻落实《浙江省深入推进浙非合作三年行动计划(2022—2024 年)》等文件的工作部署,扎实推进对非友好交流和务实合作,持续打造金华对非合作交流新高地。金华通过中国(浙江)中非经贸文化论坛暨中非文化合作交流月等活动,依托中非智库论坛,浙江

① 国新办举行"推动高质量发展"系列主题新闻发布会 围绕"持续推动'八八战略'走深走实 在奋进中国式现代化新征程上勇当先行者谱写新篇章"作介绍. (2024-03-27)[2024-06-10]. http://www.scio.gov.cn/live/2024/33506/index.html#1.

师范大学非洲研究院等多级平台,逐步打造起中非合作的金华样本。[①] 2024 年
6 月,金华市政协八届三次会议 480 号提案答复的函中再度提出"深化对非交流
合作,擦亮对非工作'金名片'"的合作目标,确保对非合作在金华落细落实。[②]

总而言之,浙非合作在中非友好关系的良好基础之上有序推动。在国家
级、省级政策部署的引领下,浙江省充分调动域内的有利资源,发挥各市的比较
优势,将浙非"一带一路"建设引领至更高质量的发展路径上。

(二)经贸往来总体呈平稳发展之势

2023 年浙非贸易往来呈稳中求进的态势,双方合作韧性持续彰显。从整体
上来看,作为中国对非合作的重要省份,2023 年,浙江对非进出口总额达 3789
亿元,其中出口 3099 亿元,同比增长 17.3%,进口 690 亿元,同比下降 2.5%。[③]
这充分显示出浙江省对非出口仍保持着较大的活力,但对非进口相对乏力。

就贸易对象而言,与 2022 年相比,南非、尼日利亚、刚果(金)、埃及、阿尔及
利亚、利比里亚、摩洛哥、坦桑尼亚、肯尼亚和加纳等共建"一带一路"国家在
2023 年依旧为浙江省对非十大贸易伙伴,这 10 国贸易额约占浙江对非贸易总
额的 69%。此外,浙江省同非洲大多数国家的贸易往来多呈稳中有增的态势,
超半数非洲国家与浙江省贸易额同比增长在 20%以上。其中,与科摩罗、塞舌
尔、乍得、中非、几内亚比绍、利比亚、马里和阿尔及利亚 8 国的贸易额同比增长
超过 50%;与布隆迪、卢旺达、吉布提 3 国的贸易额同比增长 40%—50%;与马
拉维、佛得角、塞内加尔、多哥、布基纳法索和津巴布韦 6 国的贸易额同比增长
30%—40%;与塞拉利昂、摩洛哥、厄立特里亚、科特迪瓦、突尼斯和索马里 6 国
的贸易额同比增长 20%—30%。[④]

以上贸易往来成绩可喜的原因之一在于,双方的贸易需求在中非发展战略
对接和政策红利的持续推动下得以有效释放,从而对贸易额的提升产生显著正
向效应。但需要注意的是,受大国竞争及外汇短缺等诸多因素的影响,2023 年
浙江省与非洲 11 国的贸易额出现了下滑(见表 2)。可见,浙江省同非洲国家的

① 金华市人民政府外事办公室 2022 年鉴. (2023-12-07)[2024-07-10]. http://swb.jinhua.gov.cn/
art/2023/12/7/art_1229168160_58856584.html.
② 关于对金华市政协八届三次会议 480 号提案答复的函. (2024-06-14)[2024-07-10]. http://swj.
jinhua.gov.cn/art/2024/6/14/art_1229270144_4160872.html.
③ 2023 年浙江省国民经济和社会发展统计公报. (2024-03-04)[2024-06-27]. http://tjj.zj.gov.cn/
art/2024/3/4/art_1229129205_5271123.html.
④ 笔者根据"中华人民共和国海关总署"(http://www.customs.gov.cn)的海关统计数据在线查询平
台整理而成。

经贸合作仍有短板,亟须在未来的合作中加以重视。

表 2　2022 年与 2023 年浙江省同非洲国家贸易额　单位:百万美元

非洲国家	2022 年贸易额	2023 年贸易额	同比增长(%)
南非	7497.1	7537.9	0.54
尼日利亚	5213.5	5082.1	−2.52
刚果(金)	4975.5	4407.9	−11.41
埃及	4777.7	4399.7	−7.91
阿尔及利亚	2027.2	3199.7	57.84
利比里亚	2853.2	2789.4	−2.24
摩洛哥	1713.2	2160.1	26.09
坦桑尼亚	1981.8	2124.4	7.20
肯尼亚	1905.3	2083.5	9.35
加纳	1825.1	2078.8	13.90
塞内加尔	1266.4	1725.5	36.25
利比亚	918.2	1501.3	63.50
安哥拉	1543.6	1367.3	−11.42
喀麦隆	1014.2	1151.4	13.53
科特迪瓦	866.8	1073.5	23.85
莫桑比克	955.0	1036.3	8.51
多哥	743.4	996.3	34.02
吉布提	686.0	964.9	40.66
毛里塔尼亚	577.4	685.5	18.72
刚果共和国	638.7	662.3	3.70
津巴布韦	481.9	633.2	31.40
几内亚	521.1	604.5	16.00
赞比亚	659.9	539.6	−18.23
突尼斯	435.9	532.2	22.09
埃塞俄比亚	439.1	472.2	7.54
苏丹	571.2	446.9	−21.76
马达加斯加	385.2	441.0	14.49

续表

非洲国家	2022 年贸易额	2023 年贸易额	同比增长(%)
贝宁	414.1	417.0	0.70
索马里	300.8	366.1	21.71
塞拉利昂	273.9	345.6	26.18
加蓬	262.4	286.5	9.18
毛里求斯	217.4	245.0	12.70
乌干达	173.4	202.0	16.49
纳米比亚	123.2	141.1	14.53
冈比亚	133.7	135.2	1.12
马里	76.0	122.9	61.71
赤道几内亚	156.3	103.0	−34.10
厄立特里亚	80.7	101.4	25.65
博茨瓦纳	91.4	98.4	7.66
卢旺达	61.5	87.8	42.76
布基纳法索	62.0	81.8	31.94
乍得	44.1	77.2	75.06
马拉维	36.0	50.2	39.44
尼日尔	59.3	50.0	−15.68
佛得角	35.9	49.4	37.60
科摩罗	11.1	43.6	292.79
塞舌尔	10.9	19.6	79.82
布隆迪	12.4	18.3	47.58
莱索托	17.4	16.5	−5.17
几内亚比绍	9.1	15.3	68.13
斯威士兰	12.7	13.3	4.72
南苏丹	8.2	8.7	6.10
圣多美和普林西比	8.6	6.2	−27.91
中非	3.2	5.4	68.75

数据来源:笔者根据"中华人民共和国海关总署"(http://www.customs.gov.cn)的海关统计数据在线查询平台整理而成。

就贸易内容而言,2023 年,浙非经贸主要集中于矿产、食品、建材等领域,总体种类与 2022 年相比变化不大。① 但可喜的是,非洲对"新三样",即太阳能电池、锂电池和电动载人汽车的等产品需求愈加旺盛。2023 年 1 月—7 月,这三类产品出口的同比增长分别为 164.3%、262.9%和 235.5%。② 这不仅显示出非洲市场在新能源产品上迅速增长的消费潜力,同时也展现出浙江省与非洲国家的贸易可根据市场需求和变化不断调整,双方发展的内在韧性不断增强,更说明了除在已有贸易合作领域做大做强之外,"绿色低碳"开始成为浙江省与非洲国家合作的重要增长点。

另外,浙非合作中的支点城市有着重要的引领作用。如在贸易方面,据金华海关消息,2023 年金华对非洲贸易规模首破千亿,达 1168.5 亿元,占浙江对非进出的 30.8%,居全省首位。2014—2023 年,金华与非洲国家进出口、出口、进口年均增长 12.1%、11.3%和 28.8%,高出同期全省对非贸易增速 1.5、1.7和 12.6 个百分点。③ 这充分说明金华市在浙非共建"一带一路"中已初步发挥起其"金枢纽"与"支点城市"的重要作用。

(三)文化交流与教育合作深入开展

浙江省与非洲均是历史底蕴深厚、文化资源丰富的宝地。在全球文明倡议的引领下,浙非文化合作日益受到关注。于浙江而言,省内不仅拥有西湖、大运河等闻名中外的历史古迹,更在悠久历史的背景下孕育出砥砺奋进的"红船精神"和与时俱进的浙江精神。而于非洲而言,同浙江进行别开生面的文化交流不仅有助于重新弘扬自身"被人遗忘的历史",更能通过文化交流深刻理解浙非合作理念与实践的历史根源,进一步密切双方的合作。基于此,浙非共建文化"一带一路"合作也初具规模与成效。

一方面,浙非双方充分利用自身的文化资源展开别开生面的交流互鉴。如 2023 年 9 月,为庆祝中肯建交 60 周年,浙江婺剧专场演出在肯尼亚举行,诸如《三打白骨精》这类经典剧目走出国门,得到非洲群众的喜爱。④ 2023 年 10 月,

---

① 笔者根据"中华人民共和国海关总署"(http://www.customs.gov.cn)的海关统计数据在线查询平台整理而成。

② 浙江制造加速奔向非洲. (2023-08-23)[2024-06-27]. https://zjnews.zjol.com.cn/zjnews/202308/t20230823_26128741.shtml.

③ 金华对非年度贸易规模首破千亿　居全省首位. (2024-03-09)[2024-07-02]. https://new.qq.com/rain/a/20240309A017HQ00.

④ 惊艳!中国婺剧亮相非洲. (2023-09-07)[2024-06-17]. https://tidenews.com.cn/news.html?id=2574502&source=1.

"巧倕坊——2023 中国和非洲木雕艺术家创作交流"项目在浙江启动。来自布隆迪、刚果(金)等 4 个非洲国家的 7 名木雕家来华进行木雕艺术交流创作,旨在鼓励非洲艺术家在学习、了解中国木雕工艺的同时,体会艺术创作背后的"中国故事",传递中国的"工匠精神"。① 基于各自深厚的文化底蕴,双方通过举办诸如此类深得民心的活动有助于加深对彼此文化的了解。

另一方面,教育合作成为近年来浙非共建"一带一路"文化合作的重要内容。非洲具有不可比拟的人口红利。撒哈拉以南非洲有 70% 的人口年龄在 30 岁以下。② 西亚北非国家的学龄人口(6—17 岁)目前也呈增长趋势。③ 但是,非洲困于本地人才培养的投资、师资等力量不足而深陷高素质人才匮乏的"泥沼"。而中国在共建"一带一路"的过程中积累充足经验,双方合作可谓优势互补。当前较为主要的教育合作有以下几种。第一,借助鲁班工坊等培养模式着力提升非洲劳动者的工作技能与素质。目前,经中国教育国际交流协会与鲁班工坊建设联盟所认定的鲁班工坊共计 34 个。其中,金华职业技术学院的卢旺达鲁班工坊、宁波职业技术学院的贝宁鲁班工坊和浙江旅游职业学院的塞尔维亚鲁班工坊位于浙江,且运营因地制宜、各具特色。④ 金华职业技术学院的"中卢数字(智能)技术应用鲁班工坊建设项目"依托卢旺达鲁班工坊已累计招收培养学生 210 人,为卢旺达送去了一批又一批数字人才。⑤ 宁波职业技术学院同贝宁 CERCO 学院共建中非(贝宁)职业技术教育学院,专业课程、专业教师及培养方案陆续"出海",为当地的人才培训提供有力支撑。⑥ 浙江旅游职业学院则同塞尔维亚的贝尔格莱德应用技术学院合作共建中塞旅游学院,以政校企合作模式开展"中文＋中式烹饪"特色教学。该学院也成为全国首批、旅游类院校

---

① 缔结中非文化纽带 非洲木雕艺术家走进非遗工坊. (2023-11-02)[2024-07-10]. http://www. dongyang. gov. cn/art/2023/11/2/art_1229162186_59659425. html.

② Young people's potential, the key to Africa's sustainable development. [2024-06-19]. https://www. un. org/ohrlls/news/young-people%E2%80%99s-potential-key-africa%E2%80%99s-sustainable-development.

③ 人口、教育与可持续发展. (2023-04-14)[2024-06-19]. https://documents-dds-ny. un. org/doc/UNDOC/GEN/N23/024/48/PDF/N2302448. pdf? OpenElement.

④ 鲁班工坊建设联盟. [2024-07-20]. https://www. ceaie. edu. cn/dist/#/projectDetail? id=1574752481118793730&active=projectDetail.

⑤ 通讯|"为未来,培养更强竞争力"——探访卢旺达"鲁班工坊". (2024-04-25)[2024-06-17]. http://www. news. cn/world/20240425/1f19dc9a217b4c80a515ba5128b403bf/c. html.

⑥ 教育培基"地瓜"香甜——奋力书写服务"一号工程"的教育答卷(上). (2023-12-05)[2024-06-17]. http://www. zjjyb. cn/html/2023/12/05/content_44882. htm.

唯一获得认定的项目。① 第二,两地著名学府牵手合作打造高等教育高地。例如,南非西开普大学中医孔子学院是由南非西开普大学、浙江师范大学与浙江中医药大学三校共建;②浙江师范大学在坦桑尼亚建立非洲分院与中坦农业水土资源可持续利用与智慧联合实验室,以助推中非学术思想与科技合作领域的双向流动与知识共享。可以说,浙非教育合作双轨道并举,鲁班工坊和高等教育合作成为浙非教育合作的重要内容。

总体而言,2023年浙江省同非洲的经贸合作日益密切,活力持续凸显,韧性不断增强。随着中非合作顶层设计的不断完善和中非友好关系的日益密切,浙非合作也乘势而上,政策红利得以有效释放。浙非经贸往来内在推动力之所以十分充足,是因为浙江与非洲大部分共建"一带一路"国家的合作是基于双方各自的优势领域开展,在合作过程中日益重视诸如"绿色低碳"等高质量、高水平的合作理念,因而未来合作的大方向趋同。另外,浙江省还同非洲共建"一带一路"国家在文化交流与教育合作上布局谋篇,在为非洲培育一批又一批高素质人才的同时实现了学术研究的互联互通。既有合作不仅为浙非两地的人民送去实实在在的好处,更彰显出双方未来仍有巨大的合作潜力与空间。

二、浙非共建"一带一路"的现实困境与实际需求

非洲是一片具有巨大经济潜力的蓝海,不仅人力资源潜力突出,还有大量未被挖掘的市场和商机。浙非共建"一带一路"合作具有广阔发展前景。但是,由于非洲面临基础设施赤字、地区发展进程受阻等因素的长期影响,以及浙江省企业对非政策、理念、文化等宏观认识不够充分,浙非双方合作在进一步开拓和发展上面临一系列困境与挑战。这既指明浙非合作的短板,又折射出双方合作的实际需要与亟须解决的现实问题。

(一)非洲地区深陷多重赤字

浙非共建"一带一路"的相关合作仍受到非洲部分地区的安全赤字、基础设施赤字、人才赤字等多重困境的阻碍。

首先,安全赤字。部分非洲国家地区动荡频发,影响浙非既有合作。例

① 学校举办塞尔维亚鲁班工坊来华留学生开班仪式. (2024-05-28)[2024-07-20]. http://www.tourzj.edu.cn/info/1017/23322.htm.
② 坚持互利共赢 促进共同发展 以务实举措打造中非经贸文化合作交流高地. (2024-04-03)[2024-06-17]. http://www.jinhua.gov.cn/art/2024/4/3/art_1229159978_60259261.html.

如,2023年苏丹国内安全形势变化,两地的贸易额同比下降21.76%;尼日尔政治和安全局势处于相对脆弱的紧张状态,浙江省与该国贸易额同比下降15.68%(见表2)。浙企虽然普遍认为非洲是一片经济潜力巨大的蓝海,但社会舆论普遍反映非洲安全局势复杂、基础设施有待完善。这导致很多企业员工考虑到人身安全问题不愿意前往非洲,进一步加剧企业外派人员难等一系列问题。

其次,基础设施赤字。一是非洲电力基础设施匮乏,严重影响居民生活与工业发展的现实需求。根据"全球基础设施展望"(Global Infrastructure Outlook)网站的数据,到2040年,非洲基础设施的投资完成率仅能达到70%左右(见表3)。以居民生活不可或缺的电力供应为例,国际能源机构(International Energy Agency,IEA)于2022年6月发布的《2022非洲能源展望》("Africa Energy Outlook 2022")报告指出,新冠疫情及其引发的一系列危机打破了非洲原本增长的电力供应,无电可用人口增加了2500万。[1] 即使诸如南非这样的非洲大国,电力供应问题也成为其发展中的一大阻碍。但于非洲而言,绿色发展理念带动部分国家能源转型的同时,也迫使欠发达国家不得不使用更高成本的发电系统,而基础设施赤字与投资不足等问题加重了这些国家的发电负担,随即形成电力短缺的恶性循环。二是通信基础设施亟须更新迭代。浙非若是要在数字经济等新兴科技领域进行更高质量的"一带一路"合作,网络基站等各类通信基础设施不可或缺。但是全球移动通信系统协会(Global System for Mobile Communications Association,GSMA)分析认为,截至2023年10月,非洲地区5G的使用率仅约1%,4G的使用率也不到40%;到2030年,预测5G的使用率也仅能达到约22%。[2] 即使覆盖了网络,部分地区互联网价格仍居高不下。根据商业数据平台"斯塔蒂斯塔"(Statista)的数据,2023年撒哈拉以南非洲1GB移动互联网流量的平均价格为3.31美元,是全球最高的地区之一(北非的平均价格为0.86美元)。[3] 因此,基础设施赤字在一定程度上延宕了浙非的深入合作。

---

[1] Africa Energy Outlook 2022. [2023-06-01]. https://iea. blob. core. windows. net/assets/220b2862-33a6-47bd-81e9-00e586f4d384/AfricaEnergyOutlook2022. pdf.

[2] 5G in Africa 2023: Market status,trends and outlook. GSMA Intelligence. [2024-11-10]. https://event-assets. gsma. com/pdf/5G-in-Africa-2023. pdf.

[3] Average price for 1GB of mobile data in Africa as of 2023, by country. [2024-06-18]. https://www. statista. com/statistics/1180939/average-price-for-mobile-data-in-africa/.

表3　2030年和2040年非洲投资趋势与需求及完成率　　单位:亿美元

年份	当前投资趋势	非洲投资需求	投资赤字额	完成率
2030	1820	2530	710	71.94%
2040	2230	3160	930	70.57%

数据来源:作者根据"全球基础设施展望"网站(https://outlook.gihub.org/)整理而成。

最后,认知赤字。浙企普遍有扩大或者开拓非洲市场份额的愿景,但鉴于对非洲国家的法律政策、营商环境、风土人情、宗教文化的了解不足,即便有扩大和开拓非洲市场的愿望,能够真正走向非洲并扎根非洲的企业数量仍旧较少。因此,对非合作企业对政府服务存在多方面需求,主要体现在政策引导、金融支持、能力建设等领域的专业化服务供给。企业代表认为政府应该为企业多提供相关的信息和培训支持。但在调研时发现,浙江省在政策传达和落实方面存在省、市、县联动断链的情况,部分人员未能认识到非洲市场的战略性意义,缺乏前瞻性布局,对有意愿走进非洲和已经落地非洲的企业的需求提供的服务不足,不利于拓展对非合作。

(二)经贸政策对接欠缺问题凸显

纵使浙非共建"一带一路"的相关政策已日趋完善,但仍有部分政策更新迭代不及时、不完善,导致双方的合作效率有待提高。

一方面,部分非洲国家的外汇短缺成为浙非合作的一个不定时"炸弹"。目前,中非贸易大多还是以国际主流的美元结算交易方式为主,在非洲外汇短缺的情况下很大程度上限制了企业贸易额的提升和常规交易。大多数非洲国家外汇短缺问题突出,经常导致资金无法安全回流,给公司的资金周转带来困难。例如,埃及大量商品进口受到严格限制,这是促使该年浙江省与埃及的贸易往来下降7.91%(见表2)的主要原因之一。对此,部分企业虽已开始自主探索新型贸易方式以降低美元结算对交易的影响,但企业普遍反映,相应的政策支持和规划相对滞后。

另一方面,浙非双方物流政策不明晰导致货物运输效率低,进一步增加企业资金周转压力。由于距离遥远和非洲海关政策多变且不明朗,中非物流运输时间通常较长。事实上,在途货物对企业的资金流转影响很大。大多以小商品进出口贸易为主的中小型企业对仓单质押贷款的需求旺盛。但此类企业由于大多没有自身厂房等固定资产类质押品,在向银行贷款进行资金周转时往往会比较困难。银行方面也因为小商品质押物的价值难以评估,在做类似质押时也并不积极,于是便限制了这类企业的发展和进出口贸易。此外,非洲国家货币汇率波动较大,货物运输时间过长也不利于企业交易和稳定收益。基于此,企业对加快建设海外仓的实际需求很大。然而,随着不断增长的市场需求,当前海外仓建设规模与本地化运营需求之间存在显著差距,难以解决海外采购商的难点和痛点。

(三)大国竞争冲击已有合作成果

浙非合作既有内忧,也有外患。近年来大国竞争的硝烟也飘至非洲,西方国家对华不实言论及其"零和博弈"的对非政策也在深刻影响着浙非之间共建"一带一路"的合作。部分西方国家的诸多不实言论打击中国"一带一路"倡议在共建"一带一路"国家的影响力。最直观的体现便是在民调数据中,根据"非洲晴雨表"(Afrobarometer)对赞比亚统计的数据,2014—2022年当地对华经济和政治影响力的积极评价下降30%,而消极评价却上升4%。① 这表明,中(浙)非合作在互信建设方面仍存在提升空间,这一现象与双方认知差异和文化交流不足等因素有关。

同时,西方国家对非合作竞争加剧,导致部分非洲国家受到深刻影响,对浙非合作形成压力。其中,最具代表性的是能源和矿产资源丰富的洛比托走廊沿线三国——安哥拉、刚果(金)、赞比亚,该三国在非洲传统战略布局中占据了重要地位。2023年浙江省对该三国的贸易额分别同比下降11.42%、11.41%和18.23%(见表2)。

综上,在浙非共建"一带一路"的发展中,仍存在安全和基础设施等多领域赤字与政策对接的偏差,以及大国竞争持续演进的不利影响。这进一步折射出浙非共建"一带一路"的迫切需求——弥合赤字、完善政策机制、加强文化互鉴与教育合作。

三、浙江省深化对非经贸合作的路径

浙江省与非洲国家的合作内容丰富、动能强劲,但一系列现实困境与挑战仍存。因此,如何深化双方的务实合作,从而实现双方高质量发展,便需要浙江省与非洲国家在未来合作时找准痛点,开展更具针对性的合作。具体而言,浙

---

① Perceptions of China's influence on Zambia remain positive, though on the decline. (2024-01-19) [2024-06-01]. https://www.afrobarometer.org/wp-content/uploads/2024/01/AD759-Zambians-perceptions-of-Chinese-influence-positive-but-declining-Afrobarometer-19jan24.pdf.

非合作可从弥合赤字、完善政策机制、加强文化互鉴与教育合作三个领域入手，以解决阻碍双方深入发展的一系列挑战。

(一)弥合浙非合作中的基础设施和安全赤字

首先，基础设施建设是浙非共建"一带一路"合作的先决条件和基本内容。浙江省对非合作时应继续因地制宜，助力非洲完善关键基础设施。一方面，浙江省可继续对接非洲各国各地区的基建发展规划，助力非洲电力匮乏的国家和地区改造或增设电网，提升电力运输效率；同时在互联互通方向发力，推进道路、铁路等物流设施的不断完善及网络通信设施的迭代更新。另一方面，由于非洲各国的消费动能仍有不足，浙企在基础设施投资建设时应考量非洲民众可负担成本的问题。巨额投资可能导致产品定价超出非洲民众的普遍消费能力，进而影响市场需求，削弱投资者的投资意愿。这种状况可能进一步制约基础设施建设和相关投资的持续投入，形成制约区域经济发展的结构性困境。

其次，安全是发展的前提。未来浙非合作需要统筹好发展和安全的关系，共同落实全球发展倡议与全球安全倡议。应当充分利用"浙企出海＋"综合服务平台。一方面，该平台可进一步细化对非洲各地的风险评估，另一方面，该平台可更好地融入 AI、大数据等新兴技术，提供更为精准的数据。就企业而言，其自身也需提升防范意识。一方面，企业自身应有效借助各种信息服务平台多渠道充分了解投资地区和国家的政治、经济及文化情况；另一方面，由于非洲地区的基础设施仍有不足，资源分配不均，企业应合作建立或进驻当地的产业工业园区，警惕有限资源无法得到有效配置和充分利用的风险。

最后，浙江省可推动政府—企业—研究机构三方联动，充分发挥三类机制各自的比较优势。浙非双方高校及研究机构之间的学术交流能够依托于固定的合作机制深入开展，其内容可涵盖对项目的实际情况，并对其进行专业评估，出具专业意见等。因此，双方政府和企业在评估项目时可同相关研究机构加强合作。一是将研究机构所出台的有关非洲的各类报告向企业宣发，确保项目有效推进，避免因各类因素而导致项目"烂尾"或低效运转；二是将研究机构的研究成果联通综合信息服务平台，及时上传最新数据，给予出海企业及时有益的参考。

(二)着力完善经贸合作的配套政策与相关机制的建设

一系列经贸合作的政策及机制建设是浙非共建"一带一路"的关键。应当充分注意的是,如何降低对美元体系结算的依赖,从根本上规避高成本、高通胀等风险所导致的经贸往来减少等问题也是浙非合作行稳定致远需要着重关注的方向。

首先,双方合作需要扩大人民币结算以满足交易主体的需求。以人民币结算能够有效避免美联储加息导致的汇率问题和非洲国家外汇短缺问题,建议双方将人民币结算作为一种替代性手段。同时,双方可加大支持现有跨境人民币结算中心的业务拓展和服务,以更好地服务经贸往来。

其次,双方合作需要加强"本地化效应",通过投资和产品本土化的方式加强合作。非洲有许多年轻的劳动力,但迫于岗位不足无法就业。因此,浙企可根据自身要求及非洲的现实情况在部分原产地设立产品生产线,或构建跨国产品线,增加非洲供应链韧性。这种方式既能够调动非洲的人口优势,推进非洲的工业化进程,又可满足浙江省推进产业结构优化升级的需求。

(三)持续深入推进文化交流互鉴与教育合作

文化交流是促进彼此"心联通"的有效途径。浙非共建"一带一路"需持续加强人文交流合作,增进非洲民众对华客观认知,有效应对域外不实消息。

首先,双方应加强文化交流。一方面,浙非双方可尝试挖掘彼此文化的共通之处,从而使两地人民能够共情彼此的需求,更好地开展合作。于浙江省而言,敢为人先的"红船精神"和与时俱进的浙江精神都是优秀的文化资源,与非洲独立探索发展之路、不断进行历史性尝试的进程具有高度相似性。所以,浙江省在与非洲开展文化交流与互鉴的过程中,应当着力探寻双方文化中的共性特征与价值理念,以此增进相互理解,促进文化认同,让非洲人民更好地理解浙江对非合作的初心,以持续彰显正确义利观与"真实亲诚"的合作理念。

其次,"议程设置本地化"是回应不实言论的有力武器。所谓议程设置,指的是借助新闻媒体的力量,影响受众对某一问题的充分重视。受众将这种认知化为社会议事日程,并形成舆论压力,迫使政府将该问题纳入官方议事日程。浙非合作要推进"议程设置本地化"。[①] 具体而言,浙江省可依托浙江日报报业集团、浙江广播电视集团、浙江出版联合集团、浙江省文化产业投资集团四大省属文化国企及各级新闻媒体,打造具有影响力和亲和力的浙非新闻与文化交流平台,以实现在非洲当地的"议程设置本地化",推动中非关系友好发展。

---

① 王洪江. 如何向非洲讲好中国故事. 对外传播,2019(10):27.

再次,浙非仍需继续依托于鲁班工坊等各类平台深入推进教育合作,并拓展有关合作机制的功能。浙江省与非洲的人才教育合作已有多个成功案例,目前合作已初具规模,人才培育经验丰富。双方可在此领域持续深耕,为非洲培养更多高素质、高技能的人才。另外,浙江省还应鼓励来华留学生在华实习、工作,有效解决部分涉非企业对非派工难的问题。充分利用中非教育合作所培养的非洲人才为企业服务,不仅能有效解决部分非洲青年的就业问题,同时能使这些了解非洲的青年在工作过程中理解中国企业的文化、运营模式,乃至中国的优秀文化,更好地为双方合作助力。

四、结 语

2023—2024 年,浙非共建"一带一路"成果颇丰,总体发展态势良好。在追求高质量发展的主题引领下,浙非合作的政策部署日渐完善,双方经贸往来稳中有进,合作领域不断扩大。同时,双方还致力于加强文化互鉴与教育合作等人文领域的交流,努力增进对彼此的深刻了解。未来双方的合作前景广阔、潜力巨大。然而,非洲地区面临多重发展赤字与系统性风险的叠加挑战,加之双方经贸合作机制尚待完善,这些因素在一定程度上制约了浙非合作的深入推进。同时,大国竞争也冲击了双方已有合作成果,阻碍浙非合作的持续深入。

浙非共建"一带一路"有效开展的基础是双方政策日益明晰、优势互补,十年来共建"一带一路"的相关政策高效部署与落实为浙非的高质量合作提供了有利条件。基于此,浙非合作应当以现实困境与实际需求为基本导向,布局谋篇长远发展之道。首先,双方合作应当弥补合作中的不足之处。一方面要弥补双方合作中的基础设施和安全赤字,另一方面则应完善相关政策及机制的建设。其次,要注重人文交流与关怀,为深层次、宽领域的合作奠定充分的信任基础。浙非以往的文化互鉴与教育合作已具备丰富的经验,且教育成果显著,未来双方仍可在已有经验的基础上发扬并探索更有情怀与温度的人文交流模式,真正实现彼此"民心相通"。在立足当下、着眼未来的理念下探索高质量共建"一带一路"的合作路径,将更为高效且实际地助力构建相互理解、休戚与共的中非命运共同体。

（审校：周 倩、王 珩）

浙江省与东南亚国家共建"一带一路"发展报告

李新铭

摘要：东南亚国家与中国地缘相近、人文相亲，是浙江高水平参与共建"一带一路"的关键合作伙伴。2023年，东盟跃升为浙江第二大贸易市场，双方经贸合作持续深化，并在人才培养、人文交流等多个领域有着广泛而深入的合作。在共建"一带一路"新阶段，浙江要以高水平开放引领高质量发展，充分发挥RCEP的基础效应，构建浙商浙企与东盟市场的对接平台，进一步发挥民营企业优势，实现双方在文化、社会、环境和安全等多个领域的共赢发展。

关键词："一带一路"；浙江；东南亚；东盟

作者简介：李新铭，温州理工学院马克思主义学院讲师，研究方向为东南亚华侨华人史。

自2013年习近平总书记提出携手建设更为紧密的中国—东盟命运共同体以来，中国与东南亚国家①的各方面合作持续加深，不断深化产能、互联互通、经贸、创新和人文交流等方面的合作，形成了全方位、宽领域、多层次的合作格局。多年来，浙江深度衔接国家重大战略，高水平参与共建"一带一路"，积极拓展、主动参与和融入世界经济大舞台，与东南亚国家的合作交流呈现出前所未有的广度和深度。从经贸往来到人文交流，从基础设施建设到教育合作，双方在多个领域建立了紧密联系，共同书写着互利共赢的新篇章。

一、浙江省与东南亚国家的合作交流现状

2023年是"一带一路"倡议提出十周年，2024年接续开启共建"一带一路"

---

① 本文涉及的东南亚国家主要指东盟成员国。

金色十年新征程。十多年来,浙江积极参与、深度融入共建"一带一路",不断深化与东南亚国家在政策沟通、设施联通、贸易畅通、资金融通、民心相通等领域的交流合作,推动双方经贸合作不断迈上新台阶。

(一)共建"一带一路"走深走实

浙江高水平参与共建"一带一路",深化与东南亚国家全方位合作,在推动政策沟通、设施联通、贸易畅通、资金融通、民心相通等领域持续发力。

第一,双方政策沟通机制不断健全。《区域全面经济伙伴关系协定》(Regional Comprehensive Economic Partnership,RCEP)的实施为各方深度合作提供了有力保障。2022年1月RCEP正式生效实施后,成员国之间承诺的降低关税、减少标准壁垒等优惠政策陆续落实,进一步促进了浙江与东盟国家之间的贸易自由化和便利化,增强了区域内的市场准入和贸易联系。

第二,双方设施联通进阶升级。浙江企业参与东盟国家港口、机场、铁路和公路的建设和升级改造项目,以增强物流效率和货物周转速度,为区域贸易提供了坚实的物流基础。双方在能源领域开展广泛合作,共同探索新能源和可再生能源的开发利用,推动能源生产和消费绿色转型。浙江也不断加大对东盟国家在数据中心、光纤网络和卫星通信设施等方面的投资,夯实数字经济发展基础。

第三,双方贸易畅通更显成效。浙江省与东盟国家的贸易额持续增长,双方互为重要贸易伙伴。近几年,浙江积极扩大对东盟出口,在纺织、机电产品等领域优势明显,同时也从东盟国家大量进口原材料、农产品等资源,实现了双方资源的优势互补与互利共赢。2023—2024年,浙江与东盟国家贸易发展持续跑出"加速度"。继2023年东盟跃升为浙江省第二大贸易市场后,双方贸易往来继续保持高速增长态势。

第四,双方资金融通更加便捷。浙江与东盟国家建立了多层次的金融合作框架,包括设立双边或多边投资基金,用于支持基础设施项目和产业合作。浙江不断提升"一带一路"金融服务水平,鼓励境内各类金融机构在东盟国家设立子公司或分支机构,提供贷款、保险、信托、租赁等多元化金融服务。浙江还积极参与推动人民币国际化进程,鼓励在与东盟国家的贸易和投资中使用人民币结算,降低汇率风险,提高交易效率。

第五,双方民心相通愈发紧密。浙江积极促进各类人文交流项目,推动与东盟国家在文化、旅游等领域的交流合作,举办文化活动、艺术展览和文艺演出等,增进双方民众的文化认同和情感联系。双方在高等教育方面的合作稳步推进,如浙江大学与新加坡国立大学开设了双学位硕士课程,涵盖工程学、计算机科学等专业。浙江多个城市与东盟国家部分城市建立了友好城市关系,如杭州与马来西亚吉隆坡市(2024 年 4 月 22 日)、绍兴与菲律宾马尼拉市(2024 年 4 月 18 日)等,这促进了双方经济、文化、教育和旅游等多领域的交流合作,加深了两地人民之间的友谊,共同推动区域繁荣与发展。

(二)东盟跃升为浙江第二大贸易市场

作为经济大省和改革开放前沿阵地,浙江是中国对外贸易的重要窗口。2023 年,浙江全年货物进出口额为 48998 亿元,比上年增长 4.6%,其中出口额和进口额分别为 35666 亿元和 13332 亿元,分别增长 3.9% 和 6.7%。[①]

如表 1 所示,2023 年浙江对东盟进出口额分别为 2276 亿元和 4570 亿元,分别同比增长 7.0% 和 5.0%。2023 年也是双方贸易发展的标志性年份,浙江对东盟成员国进出口总额超过美国,东盟跃居浙江第二大贸易市场。[②] 可见,随着共建"一带一路"实现更高质量、更高水平的发展,浙江—东盟贸易规模稳中有增、质量优中有升,东盟在浙江对外贸易中的重要性越来越突出。

表 1　2023 年浙江省对主要市场贸易排名

贸易排名	国家或地区	出口额(亿元人民币)	比上年增长(%)	进口额(亿元人民币)	比上年增长(%)	进出口合计(亿元人民币)
1	欧盟	6150	−4.0	1090	3.9	7240
2	东盟	4570	5.0	2276	7.0	6846
3	美国	5604	−2.1	905	11.4	6509
4	拉丁美洲	3816	8.1	1285	12.0	5101
5	非洲	3099	17.3	690	−2.5	3789
6	日本	1004	−4.9	818	0.1	1822
7	澳大利亚	712	−5.2	980	24.8	1692
8	印度	1440	11.1	189	30.8	1629

数据来源:浙江省统计局,国家统计局浙江调查总队. 2023 年浙江省国民经济和社会发展统计公报. 统计科学与实践,2024(3):36.

---

① 浙江省统计局,国家统计局浙江调查总队. 2023 年浙江省国民经济和社会发展统计公报. 统计科学与实践,2024(3):35.
② 杨敏,杜锦茹,毛梦婧. 今年前 7 月进出口额同比增长 8.0%　东盟成为浙江第二大贸易市场. 浙江日报,2023-08-21(1).

(三)浙江与东盟各国经贸合作持续深化

东盟国家经济快速发展,市场需求不断增长。双方在技术、农产品贸易、能源需求结构等方面高度互补,合作空间广、潜力大。浙江制造业发达,机电、纺织服装、高新技术和轻工等领域的产品深受东盟国家市场欢迎,而东盟国家在农产品、矿产品和原材料等方面具有优势。近年来双方经贸合作持续深化,进出口贸易总额节节攀升(见表2)。

表2　2021—2023年浙江省对东盟货物进出口情况　单位:百万元人民币

国别	2021 年		2022 年		2023 年	
	出口	进口	出口	进口	出口	进口
印度尼西亚	64511	47757	85995	66842	88919	77990
越南	79318	34380	96227	40845	97940	39336
泰国	62118	35088	71676	34340	74512	37317
马来西亚	44640	45098	51803	34131	63680	39799
菲律宾	44033	9173	61232	8421	55185	7293
新加坡	25298	19391	37073	18028	45427	18976
柬埔寨	12859	1449	16894	1022	17461	1389
缅甸	6632	315	12489	628	11298	703
老挝	504	883	1230	541	1730	580
文莱	411	7398	531	7787	737	4016
合计	340324	200932	435150	212585	456889	227399
进出口合计	541256		647735		684288	

数据来源:笔者根据"中华人民共和国海关总署/海关统计数据在线查询平台"(http://stats.customs.gov.cn/)整理而成。

由于东盟十国国情不尽相同,本文结合上表数据和各国情形,分国别描述近年来浙江与东盟各国的经贸合作情况。

(1)印度尼西亚。印度尼西亚是东南亚的第一人口大国和最大经济体。近年来,浙江主要从印尼进口矿产资源、棕榈油、橡胶等原材料,出口机械、电子产品、纺织品等工业制品。2021年至2023年,浙江向印尼的出口额从645.11亿元人民币增长至889.19亿元人民币,进口额从477.57亿元人民币增长到779.90亿元人民币,浙江与印尼的贸易额增长显著,双方在资源与制造业方面的合作持续深入。

(2)越南。越南拥有年轻且成本较低的劳动力资源。随着我国国内供应链规模及生产网络不断扩大,手机及零件、电脑电子产品、制鞋业等部分劳动密集型产业向越南转移。浙江企业抓住出海机会,积极参与推动越南经济增长,双方优势互补、共同发展。2021年至2023年,浙江向越南出口额从793.18亿元人民币增长至979.40亿元人民币,进口额从343.80亿元人民币增长至393.36亿元人民币,双方在供应链整合方面的合作关系稳步向前推进。

(3)泰国。泰国是新兴工业国家和市场经济体之一,政策透明度和贸易自由化程度较高,营商环境开放包容,是东盟第二大经济体,对周边国家具有较强辐射能力。浙江与泰国贸易包括农产品(如大米、热带水果)、汽车及零配件、塑料制品等。2021年至2023年,浙江对泰国的出口额从621.18亿元人民币增长至745.12亿元人民币,进口额从350.88亿元人民币增长到373.17亿元人民币,双方经贸合作在广度、深度方面有了较快提升。

(4)马来西亚。马来西亚与浙江的贸易主要集中在电子、机械、化工、农产品等领域。随着浙江制造业的转型升级,对于马来西亚的半导体和原材料需求增加,农产品和资源性商品也持续供应浙江市场。2021年,浙江与马来西亚的进出口贸易额保持相对均衡的状态,浙江对马来西亚的出口额为446.40亿元人民币,进口额为450.98亿元人民币。到2023年,浙江对马来西亚出口额增长至636.80亿元人民币,进口额降至397.99亿元人民币。近年来,随着浙江产业升级加快,浙江对马来西亚的出口增速明显。

(5)菲律宾。浙江主要向菲律宾出口机电产品、纺织品、高新技术产品等,进口农产品、冶金矿石等。近年来,菲律宾经济持续增长,消费市场也逐步扩大,浙江企业有望在基础设施建设、电子消费品、电子商务等领域进一步拓展菲律宾市场。2021年,浙江对菲律宾的出口额为44.033亿元人民币,进口额为91.73亿元人民币,出口远大于进口,2023年出口额激增至551.85亿元人民币,进口额为72.93亿元人民币,出口增长尤为显著。

(6)新加坡。新加坡扼守马六甲海峡,是东南亚唯一的发达国家。新加坡作为国际金融中心和高技术产业基地,与浙江的贸易以高附加值产品和服务为主,包括精密机械、电子元件、金融服务等。新加坡也是浙江企业走向国际的重要跳板,双方在金融科技、高端制造、绿色能源等方面有良好的合作前景。2021年,浙江对新加坡的出口额为252.98亿元人民币,进口额为193.91亿元人民币,我省对新加坡贸易存在顺差。到2023年,出口额增长至454.27亿元人民币,进口额为 189.76 亿元人民币,贸易规模连创新高。

(7)柬埔寨。浙江与柬埔寨的贸易以纺织品、服装、机械设备等产品为主,柬埔寨劳动力成本优势吸引了一些浙江企业投资建厂。2021年,浙江对柬埔寨的出口额为 12.859 亿元人民币,进口额为 14.49 亿元人民币。到 2023 年,出口额增长至 17.461 亿元人民币,进口额为 13.89 亿元人民币,出口增长较为稳定,但总体规模较小。

(8)缅甸。缅甸自然资源丰富,劳动力成本低,是浙江企业寻求原料进口和加工出口的潜在市场。随着对外开放政策的推进,双方在农产品、矿产资源、纺织品等领域的贸易有望进一步扩大。2021年,浙江对缅甸的出口额为 66.32 亿元人民币,进口额仅为 3.15 亿元人民币。到 2023 年,出口额急速跃升至 112.98 亿元人民币,进口额增长至 7.03 亿元人民币,贸易顺差很大,缅甸市场颇具发展潜力。

(9)老挝。浙江与老挝的贸易以初级农产品、木材等为主。随着"一带一路"倡议的推进和中老铁路的开通,预计双方能够进一步扩大基础设施建设材料、机电产品等商品贸易。2021年,浙江对老挝的出口额为 5.04 亿元人民币,进口额为 8.83 亿元人民币,规模非常有限。到 2023 年,出口额增长至 17.30 亿元人民币,进口额为 5.80 亿元人民币,尽管基数较小,但双方贸易的增长势头强劲。

(10)文莱。文莱经济结构高度依赖石油、天然气等能源产品,每年向浙江出口可观的能源产品,并进口各类机电产品、日用品等。随着能源合作的深入和文莱经济的多元化发展,双方在服务贸易、旅游等领域仍有增长空间。2021年,浙江对文莱的出口额为 4.11 亿元人民币,进口额为 73.98 亿元人民币,进口远超出口。到 2023 年,出口额增至 7.37 亿元人民币,进口额为 40.16 亿元人民币,整体规模不大。

二、浙江省与东南亚国家合作交流的特点

随着"一带一路"建设持续向纵深推进,浙江与东南亚国家间的互联互通不断加速,经济融合持续加深,经贸合作日益频繁,人文交往更加密切,双方在合作共赢、共同发展的道路上阔步前进。

(一)政企联动紧密,助力浙企出海

在推动与东南亚国家的深度合作中,浙江展现出了全面而立体的战略布

局。在宏观层面,政府扮演引导者角色,通过精心规划顶层设计,构建起一系列多边合作机制与交流平台,为双方合作提供了广阔的对话与互动空间。在微观层面,浙江民营企业积极响应"一带一路"倡议,主动寻求与东盟国家的合作机会,不断探索新的商业模式和市场领域。

一方面,浙江省委、省政府高度重视与东盟国家的合作,多次率团访问东盟国家,与东盟各国政府高层进行会晤,讨论双边关系、经贸合作、人文交流等议题,签订一系列合作文件,为浙企在东盟市场的发展提供政策支持和市场准入便利。2023年11月12日,应印度尼西亚海洋与投资统筹部和泰国罗勇府邀请,时任浙江省委书记、省人大常委会主任易炼红率浙江省代表团启程前往印度尼西亚、泰国两国进行访问。出访期间,浙江省代表团出席了我省在印度尼西亚、泰国分别召开的合作交流会,签约一批重点合作项目,举办相关人文交流活动,以此深化与印度尼西亚、泰国在海洋经济、经贸投资、教育科技、文化旅游等领域合作,加强友城交流合作,实现互利共赢。同时,代表团还考察当地有关企业及我省投资企业,召开浙商浙企座谈会,并看望当地浙籍侨胞。①

另一方面,浙江出台一系列配套政策,明确合作的重点领域和优先事项,降低企业海外投资风险,同时积极构建双边或多边对话机制,与东盟国家就贸易规则、投资保护、市场准入等问题进行磋商,提高贸易便利化水平。例如,2023年1—7月,杭州海关累计签发中国—东盟自贸协定原产地证书24.63万份,签证金额845.21亿元,帮助企业进出口东盟国家货物享受关税减免约52亿元。②同时,积极搭建各类经贸合作平台,为促进双方合作提供广阔的空间和机会。2022年11月11日,在柬埔寨金边出席第25次中国—东盟(10+1)领导人会议时,中方提出未来3年要为东盟国家培训1000名数字人才,浙江大学分别于2023年8—9月、2024年5—6月成功举办首届、第二届中国—东盟数字经济研修班,促进了东盟与中国数字经济人才的多边交流,为构建一个互信、共享、包容、创新的数字经济网络做出了贡献。③

---

① 易炼红在印度尼西亚泰国看望慰问浙商代表　争做壮大"地瓜经济"有力实践者积极推动者　为高质量共建"一带一路"增添浙商新动能. (2023-11-20)[2024-12-31]. https://news.cctv.com/2023/11/20/ARTIOUYVzYGlAL7AfrH2l9AH231120.shtml.

② 东盟成为浙江第二大贸易市场,浙江日报,2023-08-21(1).

③ 亚洲各界领军人才来中国交流数字经济,为何选在浙江?. (2024-05-22)[2024-12-31]. https://baijiahao.baidu.com/s?id=1799756727740438042&wfr=spider&for=pc.

（二）贸易增长强劲，活力持续释放

2023—2024年，浙江与东盟国家贸易发展持续跑出"加速度"。从2024年上半年浙江省与东盟十国的贸易量情况看，双方货物进出口总额仍处在快速攀升阶段，市场潜力持续释放（见表3）。

表3　2024年1—6月浙江省对东盟货物进出口额　　单位：百万元人民币

国别	2024年1月	2024年2月	2024年3月	2024年4月	2024年5月	2024年6月
印度尼西亚	16571	12334	11870	15169	15145	14940
越南	13252	8275	13442	12681	12836	10351
泰国	9860	6650	10760	11281	11642	10566
马来西亚	9454	5856	10230	10808	10105	11388
菲律宾	5878	3113	6206	6527	6138	5709
新加坡	5180	3261	7646	5832	4988	4603
柬埔寨	1630	1250	1820	2010	1995	1695
缅甸	749	571	871	896	779	668
老挝	257	151	267	251	206	224
文莱	292	650	184	180	429	418
合计	63123	42111	63296	65635	64263	60562
总计	358990					

数据来源：笔者根据"中华人民共和国海关总署/海关统计数据在线查询平台"（http://stats. customs. gov. cn/）整理而成。

2024年上半年，浙江省与东盟十国的进出口总额达到了3589.90亿元人民币，高于往年同期水平，双边贸易总体规模和活跃度不断提升。在出口方面，东盟国家与浙江在产业结构、市场需求等方面具有较高的契合度，是浙江出口的重要目的地，2024年上半年实现出口总额2541.22亿元人民币；在进口方面，浙江从东盟的进口总额受国际市场形势、汇率波动等因素影响，呈现震荡上行趋势，2024年上半年实现进口总额1048.68亿元人民币。[①] 其中，上半年浙江与印度尼西亚、越南、泰国三国进出口总额为2176.25亿元人民币，约占整个浙江

---

① 笔者根据"中华人民共和国海关总署/海关统计数据在线查询平台"（http://stats. customs. gov. cn/）整理而成。

与东盟十国进出口总额的六成。

近年来浙江—东盟经贸合作的提速是"双向奔赴"的结果。浙江在打造世界级先进制造业集群的过程中,不断提升生产能力和供应链体系,而东盟国家丰富的自然资源和低成本劳动力,为浙商浙企出海提供了广阔的市场空间。同时,浙商浙企在"一带一路"倡议引领下,积极开拓海外市场,通过设立海外工厂、建立分销网络等方式,深耕东盟市场,有效提升了产品在当地市场的占有率,不断实现更高水平的互利共赢。

(三)民心相融相通,人文交流密切

浙江与东盟国家的交往历史悠久。历史上,宁波、温州等都是海上丝绸之路的重要节点城市,与历史上的"南洋"地区保持频繁的商业经济和文化往来。2023—2024 年,随着"一带一路"倡议与中国—东盟命运共同体建设的推进,双方文明互鉴、人文交流进一步深入。

其一,教育合作不断深入。浙江与东盟在教师培训、学术交流等方面开展了广泛的合作。通过互派教师、学者进行学术交流、访问和合作研究等方式,促进双方在教育教学理念、方法和技术等方面的交流。同时,省内多所高校与东盟国家高校建立了合作关系,涵盖实验室共建、人才培养、语言教学、境外办学、科学研究等领域,如浙江大学、浙江工业大学等与印尼、泰国、越南等国高校签署合作协议,开展中医药文化推广、实验室共建、境外办学等项目。职业教育合作项目稳步推进,如 2024 年 3 月浙江东方职业技术学院与正泰新能科技股份有限公司深化合作,共推中泰新能源丝路学院,共同开展技能人才培训,包括员工技能培训、企业文化培训、中文培训等,以及定制化人才培养方案和课程计划,定向培养泰国中资企业所需的"现代学徒制订单班"人才。[①]

其二,人文交流日益密切。2023—2024 年,浙江与东盟的文化交流活动愈发频繁且深入,加深了两地人民的情感联系,为区域合作注入了人文动力。文化遗产的展示与传播犹如一扇通往历史与文明的窗口。2023 年 6 月 27 日,2023"一带一路"东盟工商领袖峰会在曼谷召开,温州龙港市非物质文化遗产"夹纻漆器"的传承人何必阔在会上展示了中国漆器,这不仅让泰国皇室成员及其他与会者对中国的传统工艺赞叹不已,也促进了双方在文化遗产保护传承方面的合作。文化品牌推广与融合不断向前推进,如 2023 年 11 月浙江音乐学院

---

① 浙江东方学院与正泰新能深化合作,共推中泰新能源丝路学院建设. (2024-03-18)[2024-12-31]. http://gjjy.zjdfp.edu.cn/Art/Art_116/Art_116_33229.html.

舞蹈学院师生在印尼雅加达"万年一诗"浙江文旅主题展开幕式上呈现的舞蹈《榫卯》,以其独特的构思、精妙的编排和优美的舞姿赢得了广泛赞誉。[①] 旅游产业合作步伐加快,2023 年 8 月越南—中国浙江旅游文化促进会在越南举行,进一步加强了两地旅游产业的对接和合作。丰富多彩的人文交流为浙江与东盟国家之间建立了更加紧密的文化纽带,加深了彼此的文化认知,展现了浙江在高水平对外开放中的责任与担当,为推动中外文化交流和友好交往提供了浙江样板。

三、浙江省与东南亚国家深化合作交流的建议

深化浙江省与东盟国家合作交流是一项系统工程,需要政府、企业、民间组织及社会各界的广泛参与,实现文化、社会、环境和安全等多维度的共赢发展。在"一带一路"倡议背景下,双方各层级的合作与交流不断深化,承载着推动区域一体化、促进全球治理体系变革的重要使命。

(一)以"地瓜经济"引领更高水平开放

"地瓜经济"是浙江在改革开放实践中创新形成的一种扎根本土、内外开放、合作共赢的开放型经济发展模式。深化与东南亚国家的经贸合作,有助于浙江进一步扩大对外开放,推动高质量发展,打造根壮蔓强的"地瓜经济"。

第一,优化内外循环,促进资源高效配置。要深耕国内市场,继续强化国内市场的基础地位,挖掘内需潜力,提升产品和服务的国内市场份额,为浙商浙企开拓东南亚市场提供坚实的后盾。要充分利用跨境电商、海外仓等新型贸易方式,增强供应链的灵活性和韧性,实现降本增效,减少中间环节,帮助浙商浙企更加便捷地触达东南亚市场。

第二,强化全球资源配置能力。要鼓励浙江企业通过海外并购、股权投资等方式,获取东南亚地区的优质资产,提升全球资本运作能力;引进和培养具有国际视野的经营管理人才和专业技术人才,提升企业在东南亚市场的竞争力;重视信息与数据资源整合,利用大数据、云计算等技术,整合全球市场信息和数据资源,为企业决策提供有力支持。

第三,促进产业协同发展,构建开放合作平台。根据东南亚各国的资源禀赋和产业基础,进行合理的产业规划,避免重复建设和恶性竞争,促进产业链上

---

① 耀浙江之辉,与世界同光!"万年一诗"浙江文旅主题展走进印尼雅加达. (2023-11-20)[2024-12-31]. http://ct.zj.gov.cn/art/2023/11/20/art_1652990_59018687.html.

下游企业的集聚和互补;鼓励浙江企业参与或主导成立与东南亚相关的国际行业联盟或行业协会,加强与东南亚产业链伙伴的联系,共同制定行业标准,提升在全球产业链中的地位和话语权。

(二)充分发挥 RCEP 的基础效应

RCEP 的生效与实施促进了贸易和投资自由化便利化,降低了关税壁垒,优化了供应链和产业链的整合,为浙江与东盟国家的合作交流提供了更加广阔的平台和机遇。

第一,要进一步完善政策对接与机制建设。在省级层面,应积极与东盟各国相关部门建立定期的政策对话和信息交流机制,及时解决贸易投资中的问题,优化营商环境,增强企业信心。在地市级层面,应根据自身优势和资源条件,制定具有地方特色的 RCEP 实施计划,如宁波可以发挥港口优势,加强与东盟国家的海上贸易联系;杭州可以利用其在数字经济方面的领先地位,深化与东盟国家的数字贸易合作。

第二,浙商浙企要吃透 RCEP 相关规则。RCEP 正式生效后,区域内 90% 以上的货物贸易实现了零关税,浙江企业应该深入了解 RCEP 中的关税减让、原产地规则、海关程序简化等规定,并利用这些政策优势,降低进出口成本。要充分运用 RCEP 区域原产地累积规则助力企业享实惠、固链条,优化供应链布局,提升区域内贸易效率。此外,浙江与东盟的服务业领域合作互补性强、空间大,要借力 RCEP 发掘双方在服务业领域合作潜力,在研发、管理咨询、制造业相关服务、专业设计和建筑等领域,寻找与东盟国家的合作机会,推动双向市场准入,促进服务业和服务贸易高质量发展。

(三)进一步发挥民营企业优势

民营经济是浙江发展的活力之源,是浙江市场经济的重要组成部分。浙商浙企的活力、创新能力及市场敏感度,成为推动区域经济合作与发展的重要引擎。浙江省与东盟深化合作交流,要进一步发挥民营企业优势。

第一,要构建全球产业链与供应链。要加强海外布局,鼓励本土企业"走出去",在东盟国家设立研发中心、生产基地和销售网络,构建全球化的生产与服务体系,增强在全球产业链中的地位;鼓励浙商浙企根据全球市场需求,在具有成本优势或战略意义的东盟国家设立生产基地,以降低生产成本,并享受当地优惠政策;在东盟国家构建营销和服务网络,提升品牌国际知名度,加强与当地合作伙伴的关系,提高市场响应速度和服务质量。

第二,要强化金融服务。要完善金融服务体系,提升出口信贷、海外投资保险、外汇风险管理等服务水平,帮助企业降低海外运营的财务风险。加强金融机构与企业合作的力度,为出海企业提供定制化的金融解决方案,如供应链融资、跨境支付解决方案等,确保企业资金链的稳定性和安全性。相关部门和金融机构应加强对东盟市场的研究,针对东盟市场形成专门的市场分析报告和风险评估,指导企业规避潜在的市场风险和合规挑战。

第三,要降低企业海外运营风险。在进入东盟市场前,要进行充分的市场调研,获得目标国的经济状况、行业趋势、文化习俗等基本数据和背景资料,为产品或服务的本地化设计、定价策略、渠道选择等提供数据支撑。要加强合规建设和风险管理,遵循国际规则和当地法律法规,加强出海企业合规培训,确保海外经营活动的合法性和规范性。要强化风险评估与应对,建立健全东盟国家投资风险评估体系,针对政治、经济、法律等风险制定应对预案,保障海外资产和人员安全。

(四)构建浙商浙企与东盟市场的对接平台

第一,要定期组织商务论坛、展览会和投资洽谈会。要建立常态化交流机制,在浙江省和东盟国家轮流举办商务论坛,邀请双方企业家、政府官员、行业专家参与,讨论合作前景,分享成功案例,探索合作模式。针对数字经济、新能源、现代农业等特定行业举办专题研讨会,促进产业链上下游企业的对接。

第二,充分利用数字时代的便利条件,开发和利用电子商务平台,为浙商浙企开辟新的市场渠道。运用大数据分析工具,收集并分析东盟市场的消费趋势、行业动态、政策变化等信息,帮助企业更为精准地定位目标客户,优化产品和服务。优化跨境支付解决方案,与国际支付平台合作,提供安全、快捷的跨境支付服务,简化结算流程,降低汇兑风险。

第三,加快融入"中国—东盟产业合作区(长三角地区)"建设步伐,为企业"走出去"和"引进来"提供一站式服务。相关的产业园区既涵盖制造、物流、服务等传统领域,也包括数字经济、绿色能源等新兴产业,形成上下游产业链的协同效应,加速产业集群的形成与发展。

(审校:陈越柳)

浙江省与阿拉伯国家共建"一带一路"发展报告

温美珍　倪殿臣

摘要:浙江省与阿拉伯国家友谊源远流长,双方之间也有着天然的亲近感。浙江省是古代海上丝绸之路的起始点之一与丝绸之路的重要交汇点,是历史上丝路文明的重要参与者和缔造者之一。在地理区域上身处"一带一路"西端交汇地带的 22 个阿拉伯国家全部参与了"一带一路"建设。双方以经贸合作为压舱石,以人文交流为桥梁,在多个领域取得了丰硕的成果,在货物贸易、投资和跨境电商领域表现尤为突出。未来,浙江省与阿拉伯国家依然会以贸易合作为主导,根据双方实际需求拓展多领域合作。

关键词:中阿发展合作;经贸合作;人文交流;浙江省;"一带一路"

作者简介:温美珍,浙江师范大学非洲研究院非洲区域国别学院助理研究员。

倪殿臣,浙江师范大学非洲研究院非洲学硕士研究生。

浙江省与阿拉伯国家的友谊源远流长,双方有着天然的亲近感。浙江省是古代海上丝绸之路的起始点之一与丝绸之路的重要交汇点;身处"一带一路"西端交汇地带的 22 个阿拉伯国家分别为:阿尔及利亚、巴林、科摩罗、吉布提、埃及、伊拉克、约旦、科威特、黎巴嫩、利比亚、毛里塔尼亚、摩洛哥、阿曼、巴勒斯坦、卡塔尔、沙特阿拉伯、索马里、苏丹、突尼斯、阿联酋、也门、叙利亚,总面积 1313 万平方千米,总人口 4.0645 亿,是历史上丝路文明的重要参与者和缔造者之一。[①] 目前这 22 个阿拉伯国家已经全部签署了"一带一路"合作文件。得天独厚的历史积淀和地理渊源使浙江省与阿拉伯国家成为共建"一带一路"的天然合作伙伴。

[①] 笔者根据"中国'一带一路'网"(https://www.yidaiyilu.gov.cn/)整理而成。

一、浙阿合作的背景与基础

浙江省与阿拉伯国家的合作既有深厚的历史渊源,又有坚实的政策基础和经济互补性,双方在文化交流和民间互动方面展现出广阔的合作空间。早在唐朝时期,浙江省就与阿拉伯地区开展贸易往来,阿拉伯商人通过海上丝绸之路将商品运至浙江,再沿大运河进入内陆市场,促进了双方的文化交融,这种历史渊源为现代浙阿合作奠定了深厚的文化基础。2023—2024 年,浙江省积极响应"一带一路"倡议,与阿拉伯国家在政治、经贸、人文、医疗、科技等领域开展了广泛合作。双方秉承着互惠互利、交流互鉴的原则,不断拓宽交流的广度和深度,为未来的进一步合作奠定了基础。

(一)政治互信不断增强

2004 年 1 月 30 日,时任中国国家主席胡锦涛访问了位于埃及开罗的阿拉伯国家联盟总部,在访问期间会见了阿盟秘书长阿姆鲁·马哈茂德·穆萨(Amr Mahmoud Moussa)和 22 个阿盟成员国代表。会见结束后,时任外长李肇星与穆萨共同宣布成立"中国—阿拉伯国家合作论坛",并发表了《关于成立"中国—阿拉伯国家合作论坛"的公报》。2014 年 6 月 5 日在北京举行的中阿合作论坛第六届部长级会议具有里程碑意义。会议开幕式上,习近平主席发表了题为《弘扬丝路精神　深化中阿合作》的重要讲话。在此次讲话中,习近平主席概括了丝绸之路的精神,并首次集中阐述了共商、共建、共享原则。讲话指出,"千百年来,丝绸之路承载的和平合作、开放包容、互学互鉴、互利共赢精神薪火相传","实现民族振兴的共同使命和挑战,需要我们弘扬丝绸之路精神,为发展增动力,为合作添活力,不断深化全面合作、共同发展中阿战略合作关系"。① 截至 2024 年 5 月,中国—阿拉伯国家合作论坛已举办 9 届部长级会议、18 次高官会,并召开了 7 次中阿高官级战略政治对话。②

一系列国家层面的合作为浙江省开展地方与阿拉伯国家政治层面的合作起到了引领作用。浙江省积极推动与阿拉伯国家的高层交往,通过代表团访问等形式,加强与阿拉伯国家的政治互信和战略对接。浙江省政府代表团于 2024

---

① 习近平:弘扬丝路精神　深化中阿合作. (2014-06-05)[2024-11-01]. https://news. cntv. cn/2014/06/05/ARTI1401976127781160. shtml.

② 中国阿拉伯国家合作论坛. [2024-07-25]. https://www. fmprc. gov. cn/web/gjhdq_676201/gjhdqzz_681964/zalt_682806/jbqk_682808/.

年 4 月 18 日至 26 日对埃及、沙特阿拉伯和阿联酋进行友好访问。其间,代表团举办了一系列经贸投资合作现场交流会,开展了高层会见、商务对接、项目签约、座谈交流、调研考察等活动,取得了丰硕成果,有力地支撑和服务了浙江省高水平对外开放发展新格局。[①] 这种高层互动为双方在"一带一路"框架下建立了深厚的政治互信。

浙江省与阿拉伯国家的政治合作具有深厚的历史渊源和坚实的政治基础,双方不断拓展合作领域,深化政治互信,提升合作水平,为构建中阿命运共同体做出了积极贡献。

(二)经济合作提质升级

自古以来,丝绸之路和海上丝绸之路构筑了中阿贸易往来的重要通道。中华人民共和国成立后,中阿双边贸易不断发展,尤其是进入 21 世纪,2004 年中国—阿拉伯国家合作论坛的成立为中阿经贸合作搭建了广阔平台,2013 年"一带一路"倡议的提出进一步为双方强化优势互补、拓展经济合作提供了重大机遇,中阿经济合作实现了提质升级。

浙江省作为改革开放大省、"一带一路"倡议实践排头兵,紧跟国家步伐,有效结合国家的各项政策,在中阿合作框架的引领下,结合自身实际和阿拉伯国家需求有序开展合作。作为全球重要的能源产区,阿拉伯国家所在地区在浙江省能源进口格局中占据着举足轻重的地位。阿拉伯国家也是浙江省重要的小商品出口区域,义乌市汇聚了全国最大的阿拉伯商人群体,成为国内知名的阿拉伯人聚居城市;与此同时,浙商足迹遍布阿拉伯国家,浙江烙印打上阿拉伯大地。2023—2024 年,浙江省与阿拉伯国家不断拓展经贸合作,持续推进文化交流互鉴,取得了互惠共赢的巨大成就,无论是广袤的沙漠之地还是温润的江南之城都开出了璀璨的合作之花。

二、浙阿经贸合作现状及成效

2023—2024 年,中国与世界经济融合的贸易结构发生了显著变革,由单一依赖欧美市场转向多元化、多极化的市场格局。作为全国外贸大省的浙江省亦不例外,逐步拓展东南亚、中东和非洲市场是近年来浙江外贸的方向之一。阿拉伯国家有强大的购买力,市场潜力巨大,是浙江省对外贸易发展的重要对象。

---

① 余勤. 以务实合作扎实推动共建"一带一路"以"浙江之窗"展示中国式现代化美好图景. 浙江日报,
2024-04-28(1).

2023 年 5 月 25 日,浙江省政府办公厅印发《全力拓市场增订单稳外贸若干措施》,围绕全力挖增量、稳存量、强保障提出了 33 条举措,推动外贸稳中提质,加快贸易强省建设。浙江省外贸数据显示,阿联酋与沙特阿拉伯位居前列,其他阿拉伯国家紧随其后,形成协同发展的态势。2023 年浙江省外贸出口主要国家中,排名前十的阿拉伯国家有 2 个,分别为阿联酋(141.77 亿元人民币,排名第九位)和沙特阿拉伯(141.02 亿元人民币,排名第十位);阿联酋在浙江省一般贸易出口国家中排名第九位(21.04 亿元人民币)。2023 年浙江省市场采购出口主要国家中,排名前十的阿拉伯国家有 2 个,分别为沙特阿拉伯(121.77 亿元人民币,排名第四位)和阿联酋(120.74 亿元人民币,排名第五位)。[①] 埃及在与浙江省的合作中也表现突出,2024 中国(浙江)—埃及合作交流会上共有 14 个项目进行了现场签约,涉及纺织、化工、现代服务、影视娱乐等领域,签约金额达 5.3 亿美元。[②]

从数据可见,浙江省积极开拓新兴市场,尤其深化与共建"一带一路"国家的经贸联系,通过多样化的商贸活动展现了其全球化布局与"一带一路"建设的成果。阿拉伯国家作为潜力巨大的市场,成为浙江省重点合作区域,双方在经贸领域既传承了历史合作经验,又开拓了新领域、新方向和新模式。

(一)双边货物贸易发展迅速

2004 年中国—阿拉伯国家合作论坛成立以来,中阿货物贸易飞速发展。2023 年,中阿双边贸易额为 31.0 亿美元,同比增长 43.5%。其中,阿拉伯国家对我国出口额达 0.8 亿美元,同比增长 14.3%;自我国进口额达 30.2 亿美元,同比增长 44.5%。[③] 浙江省与阿拉伯国家的货物贸易进口主要以石油和原油为主。为了确保能源商品实现快速安全进口,浙江省政府进行了相应的政策调整,提升了能源相关进口监管服务,让能源原料供应更加稳定和高效。浙江省进一步扩大国际资源利用,充分利用阿拉伯国家的资源禀赋和比较优势,推动构建更加多元化的产业供应体系。2023 年 10 月 10 日,来自沙特阿拉伯的"公爵夫人"号轮船装载着 27.44 万吨原油靠泊宁波舟山港外钓油品码头,这批原

---

① 2023 年 12 月商务数据小册子. (2024-02-02)[2024-06-15]. https://www.yw.gov.cn/art/2024/2/2/art_1229425075_4133046.html.

② 余勤. 以务实合作扎实推动共建"一带一路"以"浙江之窗"展示中国式现代化美好图景. 浙江日报,2024-04-28(1).

③ 2023 年中阿双边贸易再创历史新高. (2024-03-01)[2024-06-15]. http://m.mofcom.gov.cn/article/zwjg/zwdy/zwdyoy/202403/20240303475889.shtml.

油通过管道运送至浙江石油化工有限公司投入生产。从 2015 年开始,位于杭州湾上的小岛——鱼山岛每天办理进出口能源船舶 4—5 艘,这个被称为"绿色石化基地"的小岛已经成为世界级石化基地,其生产原料主要来自沙特阿拉伯、阿联酋和伊拉克等阿拉伯国家。①

(二)相互投资领域不断拓宽

改革开放以后,阿拉伯国家开始在中国投资。从国别看,沙特阿拉伯和阿联酋是和浙江省联合投资最多的 2 个阿拉伯国家,投资领域主要集中于石化、炼化和轻工产品。2024 年 4 月 21 日,沙特阿拉伯国家石油公司(简称为"沙特阿美")与浙江荣盛石化股份有限公司(简称为"荣盛石化")在沙特阿美总部达曼举行了合作框架协议签署仪式。沙特阿美是全球最大的综合能源和化学品公司,荣盛石化是我国石油化工行业领军企业,两家企业优势互补、强强联合,有利于双方互利共赢和长远发展。这些合作契合了中国(浙江)自由贸易试验区建设方案的全面布局,②旨在推进以油气全产业链为特色的浙江自贸区规划,深化炼化一体化、石化下游及精细化工、国际油品储运基地等领域的合作,建立常态化、机制化的沟通对接渠道,推动更多优质项目落地,共享"一带一路"合作成果。③

在"一带一路"倡议引领下,浙江民营企业对阿拉伯国家的投资尤为活跃。2024 年 4 月,浙江桐乡新凤鸣集团股份有限公司与埃及工业开发商 TEDA Egypt 签署了一项价值 8 亿美元的玻璃纤维和聚酯纤维生产项目投资协议,该项目占地 60 万平方米,将于 2026 年开始生产,年产能约 100 万吨。④ 浙江正泰集团股份有限公司、浙江彩蝶实业股份有限公司等老牌民营企业都在埃及展开了长期投资布局。浙江私营企业对于阿拉伯国家的投资更为积极踊跃,投资领域涵盖水泥制造厂、钢铁厂、塑料制品厂等。阿拉伯国家的劳动力价格低廉,原材料价格亦具优势,市场需求量大,浙江私营企业将国内产能转向阿拉伯国家,能够有效实现企业海外迁移。

---

① 浙江与共建国家经贸往来密切　高水平对外开放不断取得新突破. (2023-10-19)[2024-07-03]. http://wuhan. customs. gov. cn/hangzhou_customs/575606/575608/5441314/index. html.

② 中国(浙江)自由贸易试验区提升发展行动方案(2023—2027 年). (2023-03-30)[2024-06-18]. https://www.zj. gov.cn/art/2023/3/30/art_1229723546_60092829. html.

③ 余勤. 以务实合作扎实推动共建"一带一路"以"浙江之窗"展示中国式现代化美好图景. 浙江日报, 2024-04-28(1).

④ 埃中合作交流会(浙江). (2024-04-20)[2024-06-18]. https://www. sis. gov. eg/Story/143200.

(三)数字经济领域合作不断深化

阿拉伯国家是我国发展"数字丝绸之路"的重要合作伙伴,双方开展的跨境电商合作成为中阿深化数字经济合作、实现互利共赢的新选择。2021年1月,浙江省出台了《浙江省数字经济发展"十四五"规划》,进一步实施数字经济"一号工程"。浙江省发展数字经济的一系列举措为电子商务渗透率总体偏低、市场潜力巨大的阿拉伯国家提供了携手合作的基础条件。

浙江省与阿拉伯国家在数字经济方面的合作主要集中在数字基础设施建设和跨境电商领域。浙江省利用自身在5G、物联网等领域的技术优势,与阿拉伯国家合作推动数字基础设施建设,助力阿拉伯国家大数据和电子商务等项目的落地。2022年,浙江阿里云计算有限公司(简称为"阿里云")参与投资了沙特人工智能公司和沙特信息技术公司,在沙特首都利雅得成立沙特云计算公司(Alibaba Cloud,Saudi Cloud Computing Company,SCCC),阿里云成为全球首个以合资方式进入沙特市场的超大规模云服务供应商。投入运营后,沙特云计算公司的表现远超预期,2023年就在政府项目领域获得了许多客户,并为许多战略性政府倡议提供服务。在企业领域,沙特云计算公司与沙特公共投资基金旗下的多家公司及沙特当地的大型企业集团进行合作;在金融和金融科技领域,沙特云计算公司开展同银行、金融机构和金融科技公司的合作。2023年12月,沙特云计算公司与沙特中央银行和资本市场管理局签署了Makken计划合作协议,为沙特的金融科技初创企业提供云计算服务。[①]

为进一步打通跨境电商通道,物流基础设施建设成为关键环节。浙江省海港投资运营集团有限公司与迪拜环球港务集团合资成立浙江义迪通供应链服务有限公司,深度参与利雅得等地区的无水港运营,为跨境电商及传统外贸通关奠定基础。在仓储与配送领域,浙江多家本土物流公司在阿拉伯国家成立合资公司,建立本地化派送网络;菜鸟物流则聚焦骨干物流网布局,将迪拜作为其全球六大智能物流骨干网枢纽节点之一。此外,正泰集团股份有限公司通过自建海外仓,先后布局埃及物流中心和迪拜物流中心,显著提升了其在中东地区的物流时效与配送能力。2024年,上述企业在阿拉伯国家运营情况良好,展现出强大的市场竞争力和广阔的发展前景。

随着全球数字经济的蓬勃发展,浙江省与阿拉伯国家在数字经济领域的合

---

① 专访沙特云计算CEO:中国公司有着惊人技术 我们愿成为出海引路人. (2024-02-07)[2024-12-27]. https://www.cls.cn/detail/1563811.

作不断深化拓展。未来,双方可以在更多领域开展合作,例如智慧城市、智慧交通、数字农业、数字教育等,共同打造数字经济合作的新典范。浙江省与阿拉伯国家在数字经济方面的合作具有广阔的前景和潜力,双方应充分利用各自优势,加强交流与合作,共同推动数字经济的创新与发展。

三、浙阿人文交流现状与成效

国之交在于民相亲,民相亲在于心相通。浙江省与阿拉伯国家山海相隔,因双方在族群的形成发展、地域文化的属性、群体的精神面貌等方面存在诸多差异,需要通过相交而达到共通的目的,在"自我"和"他者"之间建立沟通的桥梁,通过与"他者"的交流和借鉴发现彼此文化、文明之精华,并汲取精华以达到丰富自我的目的。

浙江省与阿拉伯国家频繁的经贸往来为双方人文交流奠定了坚实基础,地方政府亦积极搭建平台,进一步巩固人文交流的根基。2023 年 12 月,以"传承中阿友谊·共享视听发展"为主题,由国家广播电视总局、浙江省人民政府联合阿拉伯国家联盟秘书处、阿拉伯国家广播联盟共同主办的"第六届中国—阿拉伯国家广播电视合作论坛"在杭州举行,来自 15 个阿拉伯国家的广电主管部门、媒体机构、视听企业,以及阿拉伯国家联盟、阿拉伯国家广播联盟的 300 余名代表参会。论坛期间,与会代表共同通过《第六届中国—阿拉伯国家广播电视合作论坛共同宣言》。[①] 除此之外,浙江省与阿拉伯国家之间的民间交流早已如火如荼地展开。无论是文化、教育、旅游还是商业合作,两地民间的互动日益频繁,形成了多层次、多领域的交流格局。

(一)文化互鉴:和而不同的文明对话与融合

义乌作为全球最大的小商品批发市场,因阿拉伯商人的聚集被誉为当代"蕃坊",延续了自唐代以来中阿交流的美好传统。义乌市场连接全球千万个市场,以商贸为纽带,将数百万种商品输送到世界各地。人员的流动促进了文化的交流与融合,成为当代人文交流的生动典范。

同时,义乌也是国内阿拉伯餐馆数量最多的城市。来自约旦、叙利亚、埃及、利比亚等国的商人在义乌开设了规模各异的餐馆,形成了独具特色的阿拉伯风味餐饮文化。这些餐馆的服务员与厨师均从本国招聘,烹饪所用的香料也

---

① 第六届中国—阿拉伯国家广播电视合作论坛在杭州举行.(2023-12-11)[2025-02-27]. https://www.chinanews.com.cn/m/sh/2023/12-11/10126192.shtml.

源自其本国。阿拉伯国家独特的美食吸引全国各地的游客慕名而来,成为当地一道别具特色的风景线。

义乌鸡鸣山社区被誉为"联合国社区",居住着来自 74 个国家的 1388 名外籍人士,其中包括 22 个阿拉伯国家的商人。自 2003 年起,该社区开设了免费的汉语学习班,截至 2023 年年底,已有数万名来自世界各地的学员从这里毕业,阿拉伯商人也从中受益匪浅。例如,埃及女孩萨里玛从 12 岁起便在社区学习汉语,如今不仅能说一口流利的中文,还时常为父母担任翻译。此外,社区连续六年举办中国传统节日活动,邀请外籍居民参与体验,活动内容从最初的贴对联、看春晚,逐渐丰富为"国际年夜饭""中秋下午茶"等融合各国美食的文化盛宴。① 这一过程从单一展示中国文化,逐步发展为多元文化的相互吸收与交融,成为跨文化交流的生动典范。

(二)旅游业蓬勃发展:构建人文交流新纽带

随着"一带一路"倡议的深入推进,以及 2015 年国家旅游局"美丽中国—丝绸之路旅游年"构想的提出,共建"一带一路"国家旅游客源市场的开发已成为我国旅游业国际化发展的战略重点。浙江省作为古丝绸之路的重要源头和起点,凭借其与共建"一带一路"国家深厚的经贸合作基础,以及作为旅游强省的资源优势,正全力把握这一历史性机遇,充分整合历史文化遗产与地理区位优势,加快推进旅游国际化进程。阿拉伯国家作为"一带一路"旅游线路规划的战略枢纽,不仅是陆上丝绸之路与海上丝绸之路的历史交汇点,更是连接亚欧非三大洲的重要节点。通过深化阿拉伯国家旅游客源市场开发,以其为战略支点,向西可拓展欧洲成熟旅游市场,向南可辐射非洲新兴旅游市场,从而构建起全方位、多层次的国际旅游合作新格局。②

2023 年 3 月 27 日,埃及旅游与文物部长宣布中国游客可在抵达埃及后取得入境签证。③ 2024 年 5 月 6 日至 9 日,第三十一届阿拉伯旅游展在阿联酋迪拜国际会展中心举行,来自 160 多个国家和地区的 2600 多家展商参展,约 4.6 万名代表与会,浙江省文化和旅游主管部门、航空公司、旅游企业等展示了各具

---

① 以上材料为笔者 2023 年 6 月份前往义乌调研收集所得。

② 曹笑笑. 关于浙江省积极开拓阿拉伯国家旅游客源市场的若干建议. 城市旅游规划下半月刊,2020 (2):104-105.

③ 埃及文部:中国游客可获得落地签证便利. (2023-04-04)[2024-06-15]. https://eg.mofcom.gov. cn/zcfg/art/2023/art_75a8a3c86c0341978995e60367999434.html.

特色的旅游资源和文旅产品,吸引了众多与会者。[①] 本次旅游展的成功举办,充分彰显了浙江省与阿拉伯国家对深化双边旅游市场合作的坚定信心与共同期待。

(三)医疗卫生合作:谱写健康共同体新篇章

阿拉伯国家地域辽阔、人口众多,各国医疗发展水平参差不齐,整体医疗卫生水平有待提升。由于各国社会经济发展状况各异,面临的医疗卫生问题及其成因呈现出显著的差异性,深受各自政治、经济、文化等多重因素的影响,使该地区的医疗卫生状况具有鲜明的多样性、复杂性和复合性特征。[②] 在此背景下,中国与阿拉伯国家之间的医疗合作呈现出因地制宜、因国施策的特点,其中与埃及、沙特阿拉伯、阿联酋等国的合作成果尤为突出。浙江省作为我国对外开放的重要窗口,与阿拉伯国家的医疗合作同样体现了这种差异化、多元化的特征,形成了各具特色的合作模式。

浙江省与阿拉伯国家之间的医疗合作以高校为重要平台,通过多层次、多维度的交流合作机制深入推进。双方在科研协作、学术互访、人才联合培养等领域开展务实合作,有力促进了中医药文化的国际传播与创新发展,为深化中医药医疗合作提供了坚实的学术支撑和人才保障。2023 年,浙江大学医学院附属邵逸夫医院积极拓展与阿拉伯国家在微创医学领域的合作深度,创新采用"线上+线下"融合模式,为阿拉伯国家医疗专业人员提供系统化的微创技术培训与临床指导,有效提升了区域微创医疗水平。[③] 浙江医学学子在中阿医疗合作中发挥着重要的桥梁作用。2024 年 8 月,浙江大学"致远"计划医学院社会实践团赴阿联酋开展专项调研,深入迪拜当地中医医疗机构进行实地考察与学术交流。通过系统调研中医在阿拉伯国家的传播现状、发展模式及市场需求,为中医药文化在中东地区的创新发展提供了第一手资料和实践参考,有力推动了中医药在阿拉伯国家的本土化传播进程。[④]

---

① 管克江. 携手推动旅游业创新发展(国际视点). 人民日报,2024-05-15(15).

② 徐丽莉,张可心,宋欣阳. 中国与非洲阿拉伯国家的卫生发展合作研究. 阿拉伯世界研究,2024(2): 24-50,157-158.

③ 联合报道 携手阿拉伯语区 22 个国家,浙大邵逸夫医院成立"一带一路"微创医学学院. (2020-09-29)[2024-05-24]. http://www.srrsh.com/article/4849.html.

④ 实践故事|追寻"丝路",跨越时空的中阿医药交流. (2024-08-17)[2024-12-31]. https://mp.weixin.qq.com/s?_biz=MzU1MzExOTI5MQ==&mid=2247511156&idx=1&sn=51f1f21ea1457c0f0d3127c7ccd80ce1&scene=0.

四、浙阿共建"一带一路"的未来愿景

不可否认,当前浙江省与阿拉伯国家深化合作仍面临诸多风险与挑战。首先,部分阿拉伯国家政局不稳,安全形势复杂,这为双边合作带来潜在的政治与安全风险。其次,从合作格局来看,浙江省与沙特阿拉伯、阿联酋、阿尔及利亚、埃及等国的经贸往来较为密切,但合作领域相对单一;相比之下,与索马里、毛里塔尼亚等阿拉伯国家的合作规模较小,呈现出明显的区域发展不平衡态势。再次,就投资结构而言,目前主要集中在贸易和工程承包等传统领域,多元化程度有待提升。最后,国际油价波动对双边合作影响显著。由于阿拉伯国家经济高度依赖石油产业,其各领域发展均与国际油价走势密切相关,这也直接制约着与浙江省的合作深度与广度。

2022 年 12 月召开的首届中国—阿拉伯国家峰会标志着中阿关系迈入全新历史阶段。此次峰会不仅将中阿全面战略合作关系提升至新高度,更为双方各领域合作绘制了系统性的发展蓝图。峰会通过的《首届中阿峰会利雅得宣言》确立了未来合作的基本框架,预示着中阿将在政治、经济、文化等多个层面深化全方位合作,携手应对全球性发展挑战。① 在此重大历史机遇下,浙江省应当充分发挥自身在数字经济、制造业等领域的优势,积极对接阿拉伯国家发展战略,通过创新合作模式、拓展合作领域、完善合作机制等举措,推动双方合作向更高质量、更可持续的方向发展。

(一)加强双边政策沟通协调

中阿双方政府始终致力于深化战略对接,通过定期磋商机制不断完善合作框架,推动双边关系与时俱进。然而,在构建更加完善的制度性合作保障方面仍存在提升空间,特别是在推进双边投资保护协定和避免双重征税协定的签署进程上,亟需加快步伐,以期为双方投资者营造更加稳定、透明、可预期的政策环境。值得注意的是,金融合作作为经贸往来的重要支撑,目前仍是制约双边关系深化的关键瓶颈:一方面,跨境支付体系的便利化程度有待提升,亟需探索建立更加高效、安全的结算机制;另一方面,人民币跨境结算服务的实质性落地仍面临诸多挑战,这直接关系到能否为双边经贸合作提供更加多元化的金融支持和更畅通的融资渠道。对浙江省而言,这一挑战尤为突出——作为民营经济

① 首届中阿峰会利雅得宣言. (2022-12-10)[2024-12-31]. https://www.gov.cn/xinwen/2022-12/10/content_5731180.htm.

大省,如何通过政策创新为民营企业提供更具针对性的金融支持,既激发其对外投资活力,又确保现有投资的稳定性,将成为未来中阿金融合作需要重点突破的领域。

(二)夯实经贸合作的人文交流基础

浙江省与阿拉伯国家应持续深化人文交流,着力促进民心相通。通过共同开展人力资源培训、文化交流活动、媒体互访等合作项目,不断增进民间往来,深化相互理解与友好情谊,为双边经贸合作奠定坚实的民意基础。在此过程中,增强多元文化包容性至关重要。同时,进入阿拉伯国家的浙江企业应加强与当地社区和民众的沟通交流,充分尊重当地的宗教信仰与文化习俗,深入了解并切实尊重当地人文传统,主动履行企业社会责任,通过经贸合作助力当地经济社会发展。

(三)拓展新兴领域投资

2023—2024年,浙江省对阿拉伯国家投资保持良好发展态势,未来仍具拓展潜力。浙江企业应把握阿拉伯国家经济转型机遇,结合各国发展重点与市场需求,充分发挥民营企业的灵活性和韧性优势,在综合评估风险收益的基础上,重点投资阿拉伯国家亟需的制造业领域,并积极探索跨境电商、智慧城市等数字经济领域,以及人工智能、生物制药等高新技术产业的合作机遇。

(编辑:王　珩)

浙江省与中东欧国家共建
"一带一路"发展报告

周俊子　张海燕

摘要：2023年是"一带一路"倡议提出十周年，是中国——中东欧国家合作进入新十年的起步之年。2023—2024年，浙江在中国——中东欧国家合作领域进行了积极探索，已成为地方合作的排头兵、模范生。从经贸合作发展情况看，浙江与中东欧国家贸易规模保持快速增长，匈牙利成为浙江在中东欧地区最大的投资目的地。从科创人文交流情况看，双方在教育、医疗、文旅等领域互动活跃，精彩不断，取得了积极成绩。展望前景，新形势新要求下，浙江应勇挑重担，进一步提升重点平台辐射带动效能，畅通中东欧优质产品进口营销渠道，提升区域产业链、供应链的韧性与安全，依托友城拓展经贸和科创人文合作交流网络，扛起"重要窗口"建设的责任担当，助力高质量共建"一带一路"。

关键词：浙江省；中东欧；中国——中东欧国家合作；"一带一路"

作者简介：周俊子，经济学博士，浙江金融职业学院捷克研究中心副主任、副研究员。

张海燕，浙江金融职业学院国际商学院院长，捷克研究中心常务副主任、教授。

中国——中东欧国家合作是高质量共建"一带一路"的重要组成部分。中国与中东欧国家在经济上具有较强的互补性，合作发展的现实需求强劲。浙江省是"一带一路"的重要起点之一，加强与中东欧国家的合作是其打造"一带一路"重要枢纽不可或缺的组成部分。浙江省聚焦自身优势，积极与中东欧国家开展互利合作，已成为中国与中东欧国家地方合作的排头兵、模范生，且正在努力打造中国——中东欧国家合作的中心枢纽、中东欧国家进入中国市场的重要桥头堡，以及向中东欧国家展示中国特色社会主义制度优越性的重要窗口。本文回顾了 2023—2024 年浙江省与中东欧国家共建"一带一路"的相关合作,并对新形势下深化双方务实合作进行了展望。

一、经贸合作发展情况

经贸合作是中国—中东欧国家合作机制的重要内容。自中国—中东欧国家合作机制建立以来,浙江与中东欧国家经贸合作不断提质升级,依托中国—中东欧国家博览会、中国—中东欧国家经贸合作示范区等国际级、唯一性平台[①],在贸易、投资等领域取得积极进展,形成了全方位、多层次、宽领域、互利共赢的合作局面,对推动中国—中东欧国家经贸合作做出了积极贡献,拓展共建"一带一路"新兴市场成效显著。2023—2024 年,在高质量共建"一带一路"的指引下,浙江与中东欧国家的经贸合作迈向新高度。

(一)货物贸易情况

作为对中东欧经贸合作的龙头省份,2023—2024 年浙江与中东欧国家贸易规模进一步扩大,且保持快速增长。如表 1 所示,2023 年,浙江与中东欧国家[②]进出口贸易总额再创历史新高,达到 1641.92 亿元,占全国与中东欧国家进出口贸易总额的 17.4%,超过 1/6;同比增长 13.8%,较同期浙江对外贸易增速高 9 个百分点多,较浙江与欧洲贸易增速高 10 个百分点多,较全国与中东欧国家贸易增速高 11 个百分点。其中,浙江向中东欧国家出口 1452.22 亿元,同比增长 13.1%,按美元计则首次迈进 200 亿美元大关,占全国向中东欧国家出口总额的 19.9%,近 1/5;自中东欧国家进口 189.7 亿元,同比增长 19.7%,占全国自中东欧国家进口总额的 9.0%。2024 年 1 月至 6 月,浙江与中东欧国家进出口贸易额为 905.28 亿元,较去年同期增长 11.3%,继续保持两位数增长。总体来看,浙江与中东欧国家贸易往来的韧性强、潜力大,呈持续增长态势;以浙江向中东欧国家出口为主,进口规模体量相对较小,贸易不平衡现象客观存在。

---

① 中国—中东欧国家博览会是我国面向中东欧国家的唯——个国家级展会,中国—中东欧国家经贸合作示范区(2017 年于浙江省宁波市设立)是目前全国唯——个面向中东欧国家的经贸合作示范区。

② 本文所指中东欧国家以中国—中东欧国家合作机制成员国为限,成员数量以文章成文时间 2024 年为准,即阿尔巴尼亚、波黑、保加利亚、克罗地亚、捷克、希腊、匈牙利、黑山、北马其顿、波兰、罗马尼亚、塞尔维亚、斯洛伐克和斯洛文尼亚,共 14 个国家。

在中国—中东欧国家领导人峰会提出的进口目标①落地的导向下,浙江自中东欧国家的进口提升空间较大。

表1　2022年至2024年6月浙江省与中东欧国家贸易情况

单位:亿元人民币

国家	2022年贸易额	2023年贸易额	2024年1—6月贸易额
波兰	496.54	563.70	327.28
希腊	247.71	295.37	149.14
罗马尼亚	120.74	148.64	93.58
捷克	126.10	133.64	64.42
匈牙利	107.28	110.68	56.11
斯洛伐克	93.24	114.86	51.64
斯洛文尼亚	91.55	87.17	47.60
塞尔维亚	32.13	41.60	29.62
克罗地亚	40.77	45.04	28.51
保加利亚	58.91	51.95	28.17
阿尔巴尼亚	19.50	35.95	21.59
北马其顿	3.24	5.06	2.70
黑山	1.89	4.40	2.58
波黑	3.21	3.87	2.33
合计	1442.79	1641.92	905.28

数据来源:笔者根据"国研网—国际贸易研究及决策支持系统"(http://trade. drcnet. com. cn/data/goods/asia/china/monthly)整理而成。

从贸易国别看,80％的贸易发生在波兰、希腊、罗马尼亚、捷克、匈牙利和斯洛伐克6个国家之间,贸易对象较为集中,2023年贸易额均超过100亿元。在这6个国家中,波兰、希腊、罗马尼亚较为活跃,是浙江在中东欧地区的前三大贸易伙伴,贸易额依次为563.70亿元、295.37亿元、148.64亿元,合计超1000

---

① 2021年2月9日,国家主席习近平在中国—中东欧国家领导人峰会上发表主旨讲话,其中提到"中方计划今后5年从中东欧国家进口累计价值1700亿美元以上的商品","争取实现未来5年中国从中东欧国家的农产品进口额翻番,双方农业贸易额增长50％"。(参见:习近平:中方愿扩大自中东欧国家进口商品。(2021-02-09)[2024-06-01]. www. gov. cn/xinwen/2021/02/09/content_5586333. htm.)

亿元,分别同比增长13.5%、19.2%、23.1%,分别占同期浙江与中东欧国家进出口贸易总额的34.3%、18.0%、9.1%,合计占比超过六成。与2022年相比,除了斯洛文尼亚和保加利亚,浙江对其他中东欧国家在2023年均实现了贸易增长,且有半数中东欧国家与浙江贸易额同比增长在20%以上。从出口看,波兰是浙江在中东欧地区的第一大出口目的国,占同期浙江向中东欧国家出口总额的35.8%。从进口看,斯洛伐克是浙江在中东欧地区的第一大进口来源国,占同期浙江自中东欧国家进口总额的38.9%。波兰、斯洛伐克均以超三成的比重稳居第一大出口目的国和第一大进口来源国地位。

从贸易商品看,浙江与中东欧国家进出口商品结构存在差异。全国层面,2023年我国向中东欧国家主要出口机电产品和劳动密集型产品,自中东欧国家主要进口机电产品、金属矿砂和铜材等,2024年上半年贸易商品结构不变。浙江省层面,2023年浙江向中东欧国家出口以机电产品为主,其中锂离子蓄电池出口增长较快;自中东欧国家进口消费品占比超四成,乘用车进口增长较快。细分至具体贸易伙伴或具体贸易城市,进出口商品结构均有所不同。以重要贸易伙伴捷克为例,2023年浙江向捷克出口电工器材优势突出,传统劳动密集型产品和机电产品保持稳定增长的趋势不明显;自捷克主要进口机电产品及原材料、资源性产品,其中机电产品增长突出,原材料、资源型产品进一步下滑。以浙江重点贸易城市宁波为例,宁波向中东欧国家出口的"新三样"(即太阳能电池、锂电池、电动载人汽车)中,太阳能电池出口排在首位,2023年出口额为15.4亿元;汽车及其零部件是宁波自中东欧国家进口的主力商品,2023年汽车(包括底盘)进口额达70.9亿元,同比增长36.5%。[①]

从贸易主体看,宁波在浙江对中东欧地区的进出口贸易中起着引领作用,正逐渐成为中东欧商品进入国内市场的首选之地。据宁波海关统计数据,2023年宁波与中东欧国家贸易额达504.7亿元,首次突破500亿元大关,占全省与中东欧国家进出口贸易总额的三成;较2018年实现翻番,较2022年同比增长12%。其中,进口额为133.8亿元,同比增长20%,占全国比重6.3%,提前实现2025年占全国比重6%的目标。宁波自中东欧国家进口牛肉占全国比重超过1/3,葡萄酒、钢琴占比1/4,牛奶、啤酒占比1/6。[②] 2024年上半年,宁波口岸

① 孙佳丽,丁小津,田明超. 宁波对中东欧国家年进出口额首超500亿元. (2024-01-30)[2024-04-01]. http://zj.people.com.cn/n2/2024/0130/c186327-40731632.html.

② 洪剑儒. 中国中东欧:织密经贸往来 合作佳话频传. (2024-07-08)[2024-07-18]. https://www.comnews.cn/m/content/2024-07/08/content_42325.html.

与中东欧国家进出口额首次突破 500 亿元大关,达到 500.8 亿元,同比增长 6.7%,再上新台阶。其中,宁波口岸自中东欧国家进口 35 亿元,未锻轧铜及铜材为主要进口商品,占比达 51.5%,同比增长 30.3%;向中东欧国家出口 465.8 亿元,同比增长 7.6%,以电子元件为代表的机电产品和以纺织服装为代表的劳动密集型产品为主要出口商品,与全国一致。[①]

从服务创新看,跨境电子商务等新业态新模式深入发展,进一步激发浙江对中东欧国家的贸易活力。2023 年 5 月,由宁波保税区进口商品市场引进的全国首家中东欧跨境自提中心正式开业,其集结中东欧商品跨境网购自提、中东欧品牌展示发布、中东欧商品选品、中东欧商品直播等功能,开展了中东欧商品"保税展示＋跨境电商"模式探索实践,开创了全新的中东欧商品跨境自提新模式,为更多中东欧优质商品进入中国市场创造了便利。[②] 同年 10 月,中东欧地区头部电商平台 eMAG 长三角(宁波)运营中心成立,业务覆盖华东"三省一市",提供跨境电商运营、数字化产品展览、大数据供需配对、海外仓储物流、供应链金融等一站式服务,为华东地区企业借助跨境电商平台实现品牌出海提供新渠道,助力更多中国制造优质商品走进中东欧市场。[③] 2023 年,"义新欧"中欧班列累计开行 2380 列[④],在长三角 7 个中欧班列中规模最大,班次、运量和货值均位居全国中欧班列第一梯队。另外,2023 年以来,宁波海关推出优化营商环境 20 条措施[⑤],深入推进通关模式改革,进一步完善"中东欧商品进口通关一件事"等智能化场景应用,提高了浙江省内中东欧商品的通关效率。

(二)投资合作情况

浙江与中东欧国家双向投资规模不大,但鉴于中东欧国家有不少"小而美"企业,加之浙江有较多"专精特新"企业,双方在汽车制造、生物医药、光伏发电等若干领域拥有一批标志性的投资合作成果,且以浙江对中东欧国家投资布局为主,不断探索"双循环"合作路径。

---

① 孙佳丽,张庆云,孙勇. 宁波口岸与中东欧国家上半年贸易额突破 500 亿元. (2024-07-28)[2024-08-01]. http://zj.people.com.cn/n2/2024/0728/c186327-40925933.html.

② 现场选购＋线上下单,全国首家中东欧跨境自提中心在宁波开业. (2023-05-19)[2024-08-01]. https://zjnews.zjol.com.cn/202305/t20230519_25758041.shtml? v=1.0.

③ eMAG 长三角(宁波)运营中心揭牌成立. (2023-11-03)[2024-08-01]. http://ro.mofcom.gov.cn/article/jmxw/202311/20231103451181.shtml.

④ 中欧班列谱写中外友谊新篇章. (2024-05-13)[2024-08-01]. https://finance.sina.cn/2024-05-13/detail-inavapup5450522.d.html.

⑤ 贸易便利化,永远在路上. (2024-02-01)[2024-08-01]. https://cceecic.org/1812068443.html.

匈牙利正成为中资企业赴欧投资的主要目的国。据浙江省商务厅数据，2023 年,浙江与匈牙利累计实现双向投资 8.64 亿美元,匈牙利成为浙江在中东欧地区最大的投资目的地。[①] 2023—2024 年,华友钴业、捷昌驱动、双环传动等一批浙江本土民营跨国企业聚焦新能源领域,频频在匈牙利加快投资布局。2023 年 6 月,华友钴业宣布在匈牙利投资建设高镍型动力电池用三元正极材料绿色智造项目,计划总投资 12.78 亿欧元,该项目是华友钴业在欧洲投资的第一个产业项目,将满足宁德时代、亿纬锂能、远景动力、LG 新能源等电池客户需求,有望应用于宝马、大众、雷诺等欧洲车企的新能源汽车。[②] 同年 8 月,智能动力解决方案供应商捷昌驱动宣布在匈牙利增资 6000 万欧元,用于投资建设欧洲物流及生产基地项目,目标是打造其最大的欧洲工厂,计划年销售额达 8000 万欧元,创造 200 多个就业岗位。[③] 同年 11 月,双环传动宣布在匈牙利投资 1 亿欧元建设新能源汽车齿轮传动部件生产基地,这是双环传动首次在海外投资建厂,将为特斯拉、沃尔沃和斯堪尼亚等西方大型公司提供零部件,据悉将为匈牙利创造 450 个就业岗位。[④] 上述浙江民营企业均围绕着新能源汽车产业链展开,走外延成长道路,将匈牙利作为其开辟欧洲市场的重要一环,深入实施国际化布局的经营战略,致力于持续提升企业的国际化运营能力和核心竞争力。

宁波一直致力于将自己打造为中国与中东欧国家双向投资合作的首选之地。据宁波市商务局数据,2023 年,宁波对中东欧国家新增双向投资项目 10 个,备案投资额 1.7 亿美元,往年项目新增实际投资 2.5 亿美元,超过历年实际投资金额总和;[⑤] 截至 2024 年 5 月,宁波对中东欧国家累计投资规模超过 10 亿美元,其中对塞尔维亚投资额达 4.15 亿美元,[⑥] 汽车零部件、智能制造、高端装备等优势产业纷纷"走出去",与中东欧国家产业链实现深度融合。宁波不仅积极实施"走出去"战略,更着力推进"引进来"政策。宁波务实开展"双招双引"工

---

① 2024 中国(浙江)—匈牙利经贸合作交流会成功举办. (2024-05-23)[2024-08-01]. https://www. cceecexpo. org/news/view. html? id=7624.

② 华友钴业落子匈牙利 12.78 亿欧元投建三元正极项目. (2023-06-22)[2024-08-01]. https:// business. sohu. com/a/688777009_115433.

③ 中国捷昌驱动将在匈牙利打造其欧洲最大工厂. (2023-08-22)[2024-08-01]. https://baijiahao. baidu. com/s? id=17748893364288656437&wfr=spider&for=pc.

④ 这家中国汽车公司计划向匈牙利投资 1 亿欧元. (2023-11-21)[2024-08-01]. http://www. lianhenews. com/static/content/XYLXW/2023-11-21/1176583070280613888. html.

⑤ 2023 年宁波中国—中东欧国家经贸合作示范区十件大事. (2024-03-06)[2024-08-01]. https://mp. weixin. qq. com/s/-0xkDDsL6oDuvoy51KA5zA.

⑥ 3 年建 16 家工厂 宁波这家企业相中塞尔维亚投资环境. (2024-07-03)[2024-08-01]. http://swj. ningbo. gov. cn/art/2024/7/3/art_1229051988_58933356. html.

作,积极引进中东欧国家相关资本、企业、技术,引进更多高端装备和高新技术项目,中国—中东欧国际产业合作园则是其吸引中东欧外资的重要阵地。为助推中东欧国家优质项目落地,该园区推出了"中东欧专项政策"等一系列综合配套措施,不仅建有中东欧中小企业集聚区、中东欧国际会客厅、标准厂房等,还拓宽了补助范围,给予中东欧项目最高 500 万元资金补助,对生产设备给予最高 50% 的一次性补助,对研发投入给予最高 80% 的一次性补助。[①] 2023 年,该园区新增引入保加利亚首个在华外商独资产业化项目——宁波保加华生物材料有限公司的生物基可降解材料项目。

二、科创人文交流情况

浙江不仅是中东欧国家在我国的重要经贸合作省份,更在人文交流领域取得了丰硕成果。2023—2024 年,双方在教育、医疗、文旅等领域开展深度互动,合作成果亮点纷呈,呈现出全方位、多层次的良好发展态势。

（一）教育合作情况

浙江是中国与中东欧国家开展教育合作与交流最为活跃的省份之一。双方教育合作覆盖基础教育、职业教育、高等教育等不同教育类型,短期交流、项目合作与学历教育等多种合作形式,以及科创合作、校企融合、人才培养等创新合作模式。

综合性平台方面,2023 年 5 月,第八届中国（宁波）—中东欧国家教育合作交流会举办,会上签署 6 项教育合作协议,揭牌成立 5 个创新平台,双方教育合作成果在合作办学、师生交流、人才培养等多个层面继续巩固和扩大,进一步促进了共建"一带一路"国家的优质教育资源共享,促进开展更大范围、更高水平、更深层次的教育交流。2024 年 5 月,中国—中东欧国家高校联合会第九次会议首次在宁波举办,探讨了数字化背景下中国与中东欧国家高等教育合作的新趋势与新机遇。专业性平台方面,聚焦中东欧国家,语言文化交流、国别区域研究等一批专业化、品牌化、特色化平台发展成效凸显。浙江外国语学院、浙江越秀外国语学院、浙江万里学院等陆续开设波兰语、捷克语等专业及中东欧小语种特色班。浙江金融职业学院《研育训并举 专业＋语言＋国别:高职商贸类国际化人才培养模式改革与实践》获 2023 年国家级教学成果二等奖,其捷克研

---

① 浙江:为何中东欧项目"钟情"余姚这家产业园.（2023-08-15）[2024-08-01]. http://m2.people.cn/news/default.html? s＝MV8xXzQwMDU3MDk1XzQ1NzgyMl8xNjkyMDg0NDUz.

中心提出的国别研究发展模式得以推广。2024年6月,"最有价值10篇中东欧经贸合作论文"颁奖仪式在宁波大学举行,为未来研究提供了新视角和新思路。

同时,浙江高校与中东欧国家积极推进产教合作、智库合作、科研合作,不断拓展教育合作交流方式和内涵。过去几年,产学研各界联动,已发起成立中国—中东欧国家职业院校产教联盟、中东欧经贸合作智库联盟、浙江—中东欧国家教育智库联盟、中国—中东欧大学"体育教育与研究"联盟、中国(浙江)—中东欧跨境电商产教联盟、中国(宁波)—中东欧企业家教授联盟等一批智库联盟机构,助力浙江与中东欧各国的教育合作不断走深走实。其中,2023年4月,宁波牵头组建的"中国—中东欧国家职业院校产教联盟"被正式纳入中国—中东欧国家合作框架,成为全国职业教育领域首个纳入合作框架的多边合作平台。截至2024年5月,宁波院校已与中东欧国家90余所院校建立合作关系,达成教育合作协议100多项,建成2个部级国别与区域研究中心、3个境外办学机构和4个中东欧国家语言文化中心。① 以科技合作为切入点,2024年5月,在中国(浙江)—匈牙利经贸合作交流会上,浙大宁波理工学院与匈牙利顶尖高校塞格德大学签订新材料领域合作项目,双方将在新能源、先进分析技术、机器人技术、新材料等领域开展合作研究和人才培养。

(二)医疗合作情况

浙江与中东欧国家在医疗领域具有合作基础且富有合作潜力,不仅在新冠疫情前拥有典型医药合作案例,而且在抗击新冠疫情中加强联合战"疫"和专业对接,在后疫情时期更是积极挖掘医药、医疗设备、医学诊断与医疗服务等领域的合作。

在中东欧国家抗击新冠疫情期间,浙江社会各界纷纷驰援中东欧国家,政府机构、民间组织、企业和侨胞积极捐赠防疫物资,助力中东欧国家抗击疫情,双方在联合战"疫"的过程中进一步增进了情谊与合作。同时,浙江与中东欧国家在医疗领域具有合作基础且富有合作潜力,不仅在公共卫生事件中拥有典型医药合作案例,而且在应对突发公共卫生事件也加强联合应对和专业对接,在后续合作中更是积极挖掘医药、医疗设备、医学诊断与医疗服务等领域的合作。同时,浙江与中东欧国家合力推动医疗专业对接及项目合作。院校专业合作方面,宁波卫生职业技术学院与捷克布拉格医学护理学院签署合作协议,在医学

---

① 能否介绍下宁波中国—中东欧国家经贸合作示范区建设工作情况?.(2024-05-20)[2024-07-15]. http://www.cnnb.com.cn/nbzfxwfbh/system/2024/05/20/030587547.shtml.

教育、健康养老专业领域合作达成共识。企业投资合作方面,斯洛文尼亚最大的制药企业克尔卡新梅斯托制药股份有限公司(KRKA)与宁波美诺华药业股份有限公司(简称"美诺华药业")于 2017 年 12 月合资设立宁波科尔康美诺华药业有限公司(简称"公司"),项目总投资为 1.1 亿美元,是中东欧国家与宁波在投资合作领域最大的项目之一。公司依托 KRKA 强大的研发实力和美诺华药业先进的生产线,将已在欧洲上市或即将上市的高品质仿制药引入中国,开拓国内市场,同时双方共同在美诺华制剂平台上深化欧洲制剂业务的合作,拓宽合作业务。公司的核心市场为中东欧(斯洛文尼亚),约占到公司整体出口的90%。2023—2024 年,公司的 CDMO 业务、制剂业务生产经营保持强劲增长,公司业务呈现出快速增长的势头。

(三)文旅合作情况

"诗画浙江"与"魅力中东欧"相互吸引,文旅合作互动频繁,在文化、旅游、影视、音乐等领域密切交流,拓展文旅交流渠道,为进一步夯实浙江与中东欧民心相通的人文基础提供了重要支撑。

旅游方面,鉴于浙江及中东欧国家旅游资源丰富,旅游市场成熟,旅游合作潜力有待进一步释放。在历届中国—中东欧国家博览会上,依托中国(宁波)—中东欧国家旅游合作交流周,捷克、波兰、斯洛伐克、匈牙利等中东欧国家积极推介本国特色旅游,分享系列魅力旅游线路。2023 年 5 月,第三届中国—中东欧国家博览会上,中东欧国家服务贸易展区以人文和旅游合作为核心,全方位展示了浙江与中东欧国家在旅游领域的深度合作与交流成果,为开拓浙江与中东欧地区旅游合作搭建了平台、增强了信心。同时,浙江与中东欧国家的旅游合作呈现多元化趋势。例如,2023 年 5 月塞尔维亚鲁班工坊正式揭牌,其由浙江旅游职业学院与塞尔维亚贝尔格莱德应用技术学院合办的中塞旅游学院运营,成为浙江与塞尔维亚人文合作的优秀范本。另外,浙江在已开通直飞捷克布拉格、匈牙利布达佩斯的货运航线的基础上,2023 年新增直飞匈牙利布达佩斯的客运航线,为长三角地区与中东欧国家客货便捷通行创造优势条件。

文化方面,浙江与中东欧国家双方文化艺术交流活动丰富精彩,线上线下互动频繁。由宁波市政府与中华人民共和国文化和旅游部共建的索非亚中国文化中心是我国在中东欧地区开设的第一家中国文化中心,其作为"文化外交"重要窗口的作用不断体现,已成为国内团组到访中东欧的重要一站。在浙江,中东欧之家、中东欧特色餐饮文化体验中心等实体平台搭建起浙江与中东欧国家文化交流的平台。"首届 2023 中东欧'金钟茶城'文化、经贸交流活动暨第二届金钟(国际)茶文化节(展销会)"、"'宁波之夜'中国—中东欧国家音乐会"、"中东欧文化旅游沙龙"、中东欧记者团文化体验活动等推动了浙江与中东欧的文化碰撞与艺术融合。浙江金融职业学院在文化交流领域也取得了显著成果,相继建成捷克馆和中捷文化交流中心,不仅优化了文化体验与交流环境,更为浙江与捷克及中东欧国家之间的文化交流搭建了民间窗口。

三、前景展望

浙江省委、省政府一直高度重视与中东欧国家共建"一带一路",这一领域机制建立早、各方兴趣广、发展潜力大、成果丰硕,在经贸投资、基础设施、园区建设、农业林业、民心相通等方面都取得了明显成效。当前国际形势错综复杂,给高质量共建"一带一路"带来了很大挑战,但浙江与中东欧地区的合作不仅不能停步,更要迎难而上,为大局做更多贡献。

(一)进一步提升重点平台辐射带动能效

进一步发挥综合性重点平台的辐射和承载作用,一方面促进中国—中东欧国家博览会迭代升级,着力提升办会质效,扩大国内参与度,提高中东欧国家参与度,统筹全国资源来提升辐射带动能效。另一方面全力支持宁波建设中国—中东欧国家经贸合作示范区,同时加大省内参与度,集成全省中东欧元素,推动杭州滨江区、温州瓯海区、绍兴新昌县、金华义乌市、金华浦江县、丽水青田县 6 个联动区建设。将浙江—中东欧国家合作有机融入"地瓜经济"提能升级"一号开放工程",挖掘中东欧国家作为中欧合作承接带的区位优势,拓宽浙江省开发欧洲市场的路径,以贸易和投资为导向,促进产业集群、商协会及企业家之间的交流。另外,深入推进浙江与中东欧国家的合作园、产业园建设,探索在绿色发展、数字经济等新兴领域的拓展共建。

(二)畅通中东欧优质产品进口营销渠道

引入优质中东欧商品,积极利用中国—塞尔维亚自贸协定扩大进口,同时着力引导市场主体向价值链高端攀升,持续提升其在附加值环节的盈利能力。一是主动引导浙江商贸类企业国际化发展,培育商贸类跨国公司,把握品牌创建与营销推广等价值链高端环节。二是持续优化营商环境,引进世界知名品牌培育企业在浙江落户中国市场或亚洲市场中心,提升浙江在高附加值环节的获利能力,带动文化创意、品牌设计、市场推广等服务业主体发展壮大。三是发挥浙江数字贸易优势,在国内市场构建线上线下相结合的营销网络,提升中东欧品牌知名度。

(三)提升区域产业链供应链的韧性与安全

培育"链主"企业,布局中东欧,构建面向欧洲的、安全的、具有一定韧性的产业链供应链。一是要加大培育力度,推动行业头部企业向"链主"企业转变。探索构建行业头部企业与产业带利益共生机制,引导头部企业为产业带提供数字化、智能化、平台型公共产品,推动行业头部企业成为"双循环"的"互促加速器"。二是鼓励头部企业紧抓区域价值链构建"窗口期",借助境外经贸合作区推动上下游企业协同"走出去",以中东欧为中心构建欧洲供应链,实现企业带出去、市场拓出去。三是鼓励头部企业加强与欧洲产业链上下游企业的多维合作,将境外市场需求导流回本土产业带,实现订单带回来、需求导进来、资本引进来、项目落下来,畅通国内、国际市场的需求与供给循环渠道。

(四)依托友城拓展经贸和科创人文合作网络

应加大浙江与中东欧国家地方政府的合作网络建设力度,进一步建立浙江与中东欧友城的稳定沟通机制,发挥友城在地方合作中的主渠道作用,加强人文交流,拓展经贸务实领域的合作,比如数字经济、高端装备制造、绿色产业、医疗健康、城市治理等领域,强化合作获得感,增进互信。进一步发挥双方高层互访的引领和带动作用,加强统筹协调和顶层设计,为经贸合作把好方向和节奏。继续保持跟中东欧国家高层互动,除了建立双方互信,关键是政策、理念、战略、重点领域的有效对接,使其真正起到引领作用,从而提高务实合作精准性。

(审校:卢秋怡)

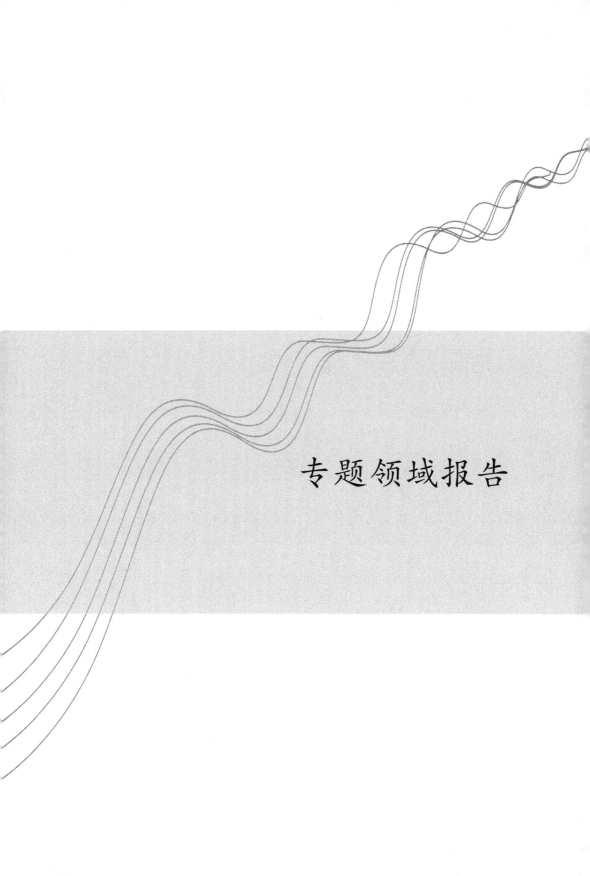

专题领域报告

浙江省与共建"一带一路"国家
数字经济包容性发展报告

王淑翠　潘　悦

摘要：数字经济是全球未来发展的重要方向。近年来，中国深度参与数字经济国际合作，让数字化、网络化、智能化为经济社会发展增添动力，以共商共建共享助力共建"一带一路"国家数字经济发展。浙江省作为数字经济大省，正积极利用数字经济的优势推动"一带一路"建设，通过加强与合作伙伴的数字贸易交流与合作，全力打造高能级开放强省，实现共建"一带一路"的包容性发展。面对新形势下的机遇与挑战，如何精准把握浙江省与"一带一路"合作伙伴数字经济发展的趋势，破解合作难题，提出切实可行的合作策略，将是推动多边合作持续深化、推动普惠发展的新引擎。

关键词：浙江省；数字经济；"一带一路"

作者简介：王淑翠，管理学博士，浙江省软科学"数字经济发展与治理研究中心"负责人、杭州师范大学阿里巴巴商学院教授。

潘悦，杭州师范大学阿里巴巴商学院国际商务硕士研究生。

随着科技革命与产业升级的加速，数字经济逐渐成为推动全球经济复苏和增长的关键力量。《数字中国发展报告（2023年）》显示，2023年我国数字经济保持稳健增长，数字经济核心产业增加值占国内生产总值（GDP）比重达到10％，亿万民众畅享"数智红利"。数字基础设施不断扩容提速，算力总规模达到230EFLOPS[①]，居全球第二位。[②] 然而，在数字技术的广泛应用中，不同国家、地区和人群间的信息技术应用和数字资源获取差异日益凸显，这种信息富

---

① EFLOPS是指每秒百亿亿次浮点运算次数。
② 第七届数字中国建设峰会《数字中国发展报告（2023年）》发布．（2024-05-28）[2024-06-02]．http://www.sic.gov.cn/sic/608/611/0528/20240528085531100359801_pc.html.

裕者和信息贫困者之间的差距被称为"数字鸿沟"。[①]为了提升数字能力,治理全球数字鸿沟,不少国际组织纷纷制定数字化发展战略和合作倡议。2015 年,东盟出台《东盟经济共同体蓝图 2025》[②];2020 年,联合国推出"数字合作线路图"[③];2021 年,欧盟提出"欧洲的数字化十年"[④];梳理中国参与国际数字鸿沟治理的脉络,2017 年中国正式提出建设"数字丝绸之路",通过"数字丝绸之路"为合作伙伴供给数字公共产品,同时提供相应的技术支持和配套的服务措施,推动合作伙伴经济发展和数字化建设。

"数字包容"这一概念在 2000 年作为弥合数字鸿沟的动态过程被首次提出,[⑤]并于 2006 年被正式纳入欧盟的政策话语体系。[⑥] 2007 年亚洲开发银行在"以包容性增长促进社会和谐战略研讨会"上首次提出"包容性增长"概念,2011年博鳌亚洲论坛以"包容性发展"为主题,包容性发展俨然成为经济社会发展和转型的新理念和新方向。[⑦] 浙江省作为数字变革高地,探讨浙江省在共建"一带一路"国家推动数字经济包容性高质量发展的路径,对实现区域协调发展、公共服务均等化及共享数字红利具有重要意义。

一、浙江省数字经济包容性发展的影响因素

(一)政策因素

2021 年 6 月,中共中央、国务院发布的《关于支持浙江高质量发展建设共同富裕示范区的意见》指出,浙江省具有经济活跃、富裕程度较高、发展均衡性较

---

① Understanding the digital divide. (2012-06-15)[2024-05-27]. https://web-archive. oecd. org/2012-06-15/168628-1888451. pdf.

② Asean Economic Community Blueprint 2025. (2015-09-06)[2024-05-27]. https://afcwp. asean. org/wp-content/uploads/2020/09/ANNEX-6-AEC-Blueprint-2025. pdf.

③ 联合国秘书长公布"数字合作路线图". (2020-06-12)[2024-05-19]. http://world. people. com. cn/n1/2020/0612/c1002-31744016. html.

④ 2030 digital compass:The European way for the digital decade. (2021-03-09)[2024-05-27]. https://eufordigital. eu/wp-content/uploads/2021/03/2030-Digital-Compass-the-European-way-for-the-Digital-Decade. pdf.

⑤ National Telecommunication and Information Administration. Falling through the net: Toward digital inclusion. A report on Americans' access to technology tools. (2000-10-16)[2024-05-27]. https://files. eric. ed. gov/fulltext/ED448966. pdf.

⑥ Sandro,M. , Nuno,C. & Nadia, S. Inequality in the network society:An integrated approach to ICT access, basic skills,and complex capabilitie. *Telecommunications Policy*,2015(39):3-4.

⑦ 杨巧云,梁诗露,杨丹. 数字包容:发达国家的实践探索与经验借鉴. 情报理论与实践,2022,45(3):194-201.

好、双创氛围浓厚、经济结构和体制机制优化空间大等优势,在共同富裕建设上获得了不错的成绩,发展潜力极大。[①] 浙江省先行先试,开展全国首个高质量共同富裕示范区建设工作。作为最早开始发展数字经济的地区之一,浙江省近年来深入贯彻习近平总书记关于数字经济的重要讲话精神,坚定实施数字经济创新提质"一号发展工程",大力推进数字产业化、产业数字化,实现了全省数字经济高速发展,并逐步向高质量发展迈进。通过出台一系列政策,如《进一步推动经济高质量发展若干政策》《浙江省数字经济发展"十四五"规划》《浙江省数字经济促进条例》《浙江省区块链技术和产业发展"十四五"规划》等,为数字经济的包容性发展提供了有力支持。2023 年浙江省数字经济核心产业制造业增长8.3%,高新技术产业增长 7%,战略性新兴产业增加值增长 6.3%。与此同时,浙江省政府积极响应国家"一带一路"倡议,出台了一系列政策措施推动"一带一路"数字经济的发展,包括《自贸试验区重点工作清单(2023—2025 年)》《浙江省对外贸易主体培育行动计划(2022—2025)》《浙江省标准联通共建"一带一路"行动计划(2018—2020 年)》《"十四五"利用外资发展规划》等政策。这些政策涵盖了资金支持、税收优惠、人才培养、技术创新等多个方面,为数字经济的包容性发展提供了良好的政策环境。

（二）技术因素

近年来,为显著提升创新策源能力,浙江省加大了科技投入,构建了一系列高能级科创平台,在人工智能、大数据、云计算等前沿技术领域均取得了显著成就,2023 年、2024 年连续两年在《中国区域创新能力评价报告》中位列全国第四。截至 2023 年年底,浙江省在人工智能领域已培育 1385 家国家高新技术企业、13 家科技"小巨人"企业、9 家科技领军企业,建有 22 家省级重点企业研究院,7 家人工智能企业入选"2023 人工智能企业百强榜单"。[②] 与此同时,浙江形成了以阿里云、网易、新华三等一批骨干云服务商为主导的云计算产业生态。2024 年 1—5 月,浙江互联网业务收入稳步增长,全省互联网企业完成业务收入922.2 亿元(全国排名第四),同比增长 6.7%。[③] 浙江积极推广数字技术,增强

① 浙江高质量发展建设共同富裕示范区实施方案(2021—2025 年). (2021-07-20)[2024-05-19]. https://www.zjsjw.gov.cn/toutiao/202107/t20210720_4403069.shtml.

② 浙江锚定万亿级人工智能产业. (2024-01-26)[2024-07-11]. https://finance.sina.com.cn/tech/roll/2024-01-26/doc-inaeumiu5345228.shtml.

③ 2024 年 1—5 月浙江互联网行业经济运行情况. (2024-07-02)[2024-07-11]. https://zjca.miit.gov.cn/zwgk/xysjtj/art/2024/art_51966f88bce74b91914d3976a153554b.html.

数字经济普惠性,并深化其在各领域的应用。此举不仅支撑了省内数字经济的包容性发展,还能为共建"一带一路"国家提供先进的数字化方案,促进国际合作与共享。

(三)开放因素

近年来,浙江通过扩大开放平台、提升城市国际化水平,对外开放步伐更加坚定。2023年,浙江进出口总额达4.90万亿元,[①]杭州等城市持续获得国际认可,成为国际资本的重要投资地。在重点合作项目上,正泰集团在罗马尼亚和波兰建设的光伏项目、力勤印尼OBI产业园项目、华友印尼氢氧化镍钴湿法项目等不仅促进了当地产业升级,也带动了浙江相关产业的国际化发展。此外,境外产业园区建设上,柬埔寨浙江国际经济特区、捷克(浙江)经贸合作区等园区为浙江企业提供了海外发展的平台,促进了产业集聚和资源共享,实现了互利共赢。

(四)人才因素

面对国际贸易增长与数字技术融合的挑战,浙江亟需培养和引进人工智能、大数据分析、数字内容运营等领域的复合型人才,尤其是具有跨文化视野和国际竞争力的高端人才。为此,浙江通过强化高校"新工科"建设,深化产学研合作,实施国际化人才战略及数字技能提升计划等举措,有效壮大了数字经济人才队伍,促进了人才流动与跨文化合作。例如,浙江大学与阿里巴巴合作共建"大数据与人工智能学院";杭州梦想小镇吸引来自全球的创业青年;海康威视与多所高校合作建立"智能安防技术创新中心",定期举办"国际数字人才交流周"等。同时,浙江高校与共建"一带一路"国家合作建立丝路学院和鲁班工坊,依托丝路学院讲好"中国故事""浙江故事",不仅向共建"一带一路"国家传授了技术知识,更促进了双方的文化交流与理解,为数字经济包容性发展注入了强大动力,助力构建人类命运共同体。

(五)基建因素

浙江省在基础设施建设领域取得显著成效,已构建起完善的网络基础设施体系,并建成多个高标准数据中心。根据《2023年浙江省通信业统计公报》,

---

① 活力足、韧性强 2023年浙江外贸进出口总值4.90万亿元 同比增长4.6%.(2024-01-22)[2024-07-11]. https://hznews.hangzhou.com.cn/jingji/content/2024-01/22/content_8678140.htm.

2023 年全省共完成新兴业务收入 266.7 亿元,同比增长 13.0％(见图 1),在电信业务收入中占比为 23.4％,拉动电信业务收入增长 3.3 个百分点。其中,云计算、大数据、集成、物联网业务比上年分别增长 28.8％、50.5％、26.2％ 和 22.0％。这些基础设施为"一带一路"数字经济的包容性发展提供了有力的支撑,使数字技术的应用更加广泛和便捷。①

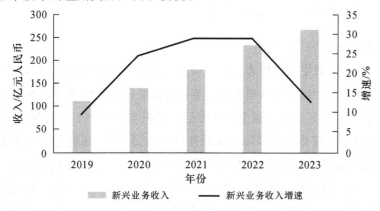

图 1 2019—2023 年新兴业务收入发展情况

数据来源:2023 年浙江省通信业统计公报. (2024-01-31)[2024-05-19]. https://zjca. miit. gov. cn/zwgk/xysjtj/art/2024/art_12d622807a61455b8819b59ed9c6a26f. html.

(六)消费因素

随着共建"一带一路"国家经济的发展,人们对数字化产品和服务的需求日益增加,这为浙江省乃至全球的数字经济包容性发展提供了广阔的市场空间。国家统计局浙江调查总队抽样调查显示,2023 年浙江居民消费支出水平位居全国第三,全体居民人均消费支出为 42194 元,较上年增长 8.3％,增速同比回升 2.0 个百分点。② 在浙江省,多样化的市场需求引领数字经济服务向更广阔、更深入的领域拓展,个性化、差异化的服务方案应运而生,促进了数字经济的包容性发展。同时,2020—2024 年政府累计投入数亿元资金于数字基础设施与服务补贴,显著提升了低收入群体的消费能力,确保数字经济红利普惠共享。面对市场需求和消费能力的不断升级,浙江省持续推动数字经济创新与升级,以便

---

① 2023 年浙江省通信业统计公报. (2024-01-31)[2024-05-19]. https://zjca. miit. gov. cn/zwgk/xysjtj/art/2024/art_12d622807a61455b8819b59ed9c6a26f. html.
② 涌金楼丨增长超预期! 浙江消费引擎显"三变". (2024-01-26)[2024-05-19]. https://news. hangzhou. com. cn/zjnews/content/2024-01-26/content_8680765. htm.

捷高效的服务体验满足消费者需求,不仅驱动了数字经济的高速增长,也为实现更加包容性的数字经济开辟了广阔空间。

二、浙江省与共建"一带一路"国家数字经济包容性发展的实施现状

(一)浙江省数字经济发展现状

1. 共建数字"一带一路"

浙江省凭借数字经济作为核心驱动力,展现出非凡的引领与创新能力。从跨境电商的飞跃性增长到跨境电子商务综合试验区的协同联动,[①]再到"数字丝绸之路"合作示范区与联合国全球地理信息知识与创新中心等国际合作平台的搭建,[②]浙江省不仅推动了国际贸易的便捷化与透明化,还促进了与共建"一带一路"国家在数字基础设施、智慧城市等领域的深度合作。同时,数字化在金融科技领域也有着广泛实施,如移动支付与区块链技术的普及,以及杭州"城市大脑"、AI"数字人"等高端技术创新项目的落地。2023年,全省数字支付交易笔数达到794亿笔,交易金额达109万亿元,移动支付普及率为96%。[③] 这些都为共建"一带一路"国家的数字化转型提供了强大支撑与宝贵经验。[④]

2. 共筑物流"一带一路"

浙江省致力于打造包容性物流网络。一是重点强化宁波舟山港作为世界级港口的地位,通过整合沿海港口资源实现一体化运营。在货物吞吐量和集装箱吞吐量上,宁波舟山港持续保持全球领先地位,2023年完成货物吞吐量13.24亿吨,连续15年位列全球第一;集装箱吞吐量达到3530万标准箱,稳居全球第三。[⑤] 二是持续加强国际合作。2024年1—2月,浙江省海上丝路贸易指数(STI)进出口贸易指数为162.77点,同比上涨3.92%,显示出中国与共建

---

① 浙江省实现跨境电商综试区省域全覆盖. (2022-02-12)[2024-05-19]. https://www.gov.cn/xinwen/2022/02/12/content_5673219.htm.

② 联合国秘书处在中国设立首个直属专门机构落户浙江德清. (2022-06-06)[2024-05-19]. https://most.gov.cn/dfkj/zj/zxdt/202206/t20220606_180951.html.

③ 《中国金融》|张奎:浙江数字金融生态建设实践. (2024-03-14)[2024-05-19]. https://finance.sina.com.cn/money/bank/yhpl/2024-03-14/doc-inanhefx5767344.shtml.

④ 杭州城市大脑2.0版进阶 第一批AI"数字人"来了. (2024-03-30)[2024-05-19]. https://zjnews.zjol.com.cn/zjnews/202403/t20240330_26745637.shtml.

⑤ 经济地理|宁波舟山港加速向世界一流强港推进. (2024-06-07)[2024-12-31]. https://baijiahao.baidu.com/s?id=1801171934000522849&wfr=spider&for=pc.

"一带一路"国家贸易活动的强劲增长。① 同时浙江省积极参与国际港口合作联盟建设,以宁波舟山港为枢纽,已与韩国釜山港、马来西亚巴生港等 30 多个国际重要港口缔结友好港或姊妹港关系,进一步提升对外开放能级。此外,浙江省通过提升"义新欧"班列运营水平,为共建"一带一路"国家提供更便捷的物流服务。三是积极构建全球航空服务网和快递邮政网,满足多样化物流需求,加强与国际的联系。浙江省推动物流服务数字化、智能化发展,建设"一带一路"信息港联运大脑,实现海港、空港、陆港、信息港联动,提升国际物流服务能力,为共建"一带一路"国家和地区的发展注入了新动力。

3. 共创浙商"一带一路"

"一带一路"倡议为浙江的数字经济发展带来了重要的外贸机遇。浙江正以前所未有的速度,致力于构建以国家级示范区为标杆的新型贸易中心,力求在外贸领域实现质量与效率的双重飞跃。在"品质浙货·行销天下"与"一带一路"贸易畅通计划的指引下,浙江积极拓宽国际视野,深耕共建"一带一路"国家市场。第六届中国国际进口博览会期间,浙江省组织了 1.5 万家采购商、4.2 万人参加采购,涵盖服务贸易、汽车、技术装备等六大领域,采购商和专业观众数均创历届新高,位居全国前列。② 不仅如此,浙江正努力将自身打造为进口商品的"世界超市",充分承接进口博览会的溢出效应,依托阿里巴巴、天猫国际等跨境电商平台,建立覆盖全球的进口商品网络。在中国(浙江)自由贸易试验区,浙江以制度创新为核心驱动力,实施外商投资准入负面清单管理制度。2023年,浙江自贸试验区继续引领开放型经济高质量发展,以全省不到 1/400 的面积,贡献了 5.9% 的新增注册企业、8.5% 的税收收入、20.3% 的进出口额和19.8% 的实际利用外资。③ 此外,浙江还积极推动义乌国际贸易综合试验区的建设,进一步扩大市场采购贸易试点范围。2023 年,义乌市进出口总额达5660.5 亿元,同比增长 18.2%,实现"全年红"。④ 这些都为"一带一路"建设注入源源不断的动力,为共建"一带一路"国家带来经济合作的新机遇。

4. 共联产业链"一带一路"

"一带一路"倡议正在重构浙江省数字经济的全球产业链。浙江省基于科

① 笔者根据"宁波航运交易所"(https://www.nbse.net.cn/index.html)整理而成。
② 进博会最新"战报"来了!浙江有这些亮点。(2023-11-07)[2024-05-19]. https://zjnews.zjol.com.cn/zjnews/202311/t20231107_26426955.shtml.
③ 浙江自贸试验区建设七周年!最新进展情况、今年工作要点发布。(2024-04-02)[2024-05-19]. https://www.thepaper.cn/newsDetail_forward_26902242.
④ 笔者根据"中华人民共和国杭州海关—义乌海关"(http://changsha.customs.gov.cn/hangzhou_customs/575609/zlbd/1959176/4297840/index.html)整理而成。

技创新、品牌建设、资源整合、物流优化和规模效应,积极引导企业构筑具备全球竞争力的产业链。首先,浙江省强化科技创新与品牌建设,激励企业增加研发投入,攻克关键技术,从而提升产业链的技术含量和品牌的国际影响力。例如,安吉尔净水品牌、佐力药业中药品牌、贝达药业品牌等一系列领军品牌均为行业内典范。其次,浙江省还致力于推动自贸区油气全产业链的开放,以补齐产业链中的短板。浙江自贸试验区舟山片区在炼化加工、油气储备、航运业务等领域形成油气全产业链发展格局,已建设4000万吨级炼化一体化项目和下游化工新材料项目,推动全国3000多家石化相关企业与石化基地紧密合作,带动油气储运设备基础设施全域开放共享。① 最后,浙江省通过构建国际产业合作园区体系,如RCEP高水平经贸合作示范区、中印尼区域综合经济走廊产业园、中德(长兴)产业合作园等,为产业链的深度合作提供坚实的支撑。通过"一带一路"技术交易和转移中心化,增强在全球产业链中的话语权和影响力。

5. 共促文化"一带一路"

浙江省既推动多元文化的互动与融合,又注重数字技术的创新应用。首先,浙江省积极构建多元互动的人文交流体系。通过文旅会展合作,如建设金华中非文化合作示范区等平台,增进各国人民间的理解与友谊。其次,在数字技术应用方面,浙江省致力于打造"一带一路"文化影视基地,通过高清拍摄、VR/AR体验、智能剪辑等先进技术,制作高质量影视作品。再次,浙江省还聚焦习近平生态文明思想国际交流。通过举办绿色"一带一路"论坛等活动,邀请各国专家学者共同探讨生态文明建设的路径。最后,在包容性文化概念下,浙江省更加重视文化的多样性与普惠性。通过加强与合作伙伴的文化交流与合作,推动不同文化间的平等对话与尊重,让更多人享受文化交流带来的益处。

6. 共推健康"一带一路"

浙江省主动融入国家外交战略,深化抗疫国际合作,与共建"一带一路"国家在传染病防控、卫生应急等领域开展深度合作,实现人类卫生健康共同体。2013—2023年,在马里、纳米比亚及部分中非国家,浙江省派遣的援外医疗队累计诊治患者150余万人次。② 在健康产业国际合作上,浙江省建设生命健康产业国际化基地,形成具备国际竞争力的健康产业集群。同时,浙江省加强与国

---

① "一滴油"串起全产业链发展格局——浙江自贸试验区一线见闻.(2023-11-09)[2024-07-12]. https://www.yidaiyilu.gov.cn/p/00FFAH84.html.

② 我在"一带一路"当医生:10年惠及150余万人次,爱和责任的远征还在继续.(2023-11-07)[2024-07-12]. https://new.qq.com/rain/a/20231107A00SS400.

际企业和研究机构的合作,如温州医科大学附属第一医院与中非友谊医院建立对口医院合作,浙江大学医学院附属邵逸夫医院与马来亚大学医疗中心合作。在数字健康领域,浙江省注重将数字技术应用于医疗服务,在浙大二院成立 5G 远程急救指挥中心,开发"浙里急救"和"浙医互认",将 AI 自动肺结节筛查系统应用于临床等,提升健康服务的普惠性和可及性,推动数字健康产业的持续发展。

(二)共建"一带一路"国家数字经济发展现状

1. 东亚国家数字经济发展现状

东亚的数字经济水平在区域乃至全球范围内处于领先地位,对共建"一带一路"国家的经济数字化发展具有显著的引领示范作用。中日韩三国作为东亚经济数字化的领军力量,各自拥有独特的发展路径与显著优势。中国数字经济以庞大的市场规模、活跃的创新生态和快速的技术迭代为特征。截至 2024 年 5 月,我国 5G 基站建成总数达 383.7 万个。[①] 日本以其深厚的工业基础、精湛的技术研发能力著称。2023 年 4 月,日本启动 Ouranos 计划,在新兴产业创新、城市公共服务、新能源汽车及电池、金融交易四大领域开展建设。韩国在消费电子、互联网服务等领域表现出色。根据韩国统计厅数据,2024 年韩国网购交易总额达 242.897 万亿韩元(约合 1678 亿美元),较去年上涨 5.8%,刷新历史记录。[②]

2. 东南亚国家数字经济发展现状

2023 年 11 月,东南亚国家的 GDP 增长率保持在 4% 以上,前 30% 的消费者贡献了数字经济支出的 70% 以上,而这些高价值用户遍布各个领域,尤其是游戏、旅游和交通领域。[③] 东南亚国家的数字经济水平在共建"一带一路"国家中较为领先,但发展水平参差不齐,共分为三个梯队。第一梯队为数字经济发达的新加坡,2023 年新加坡发布首份《新加坡数字经济报告》(Singapore Digital Economy Development Report),2022 年,其数字经济规模达 1060 亿元,占 GDP 的 17.3%。第二梯队为印度尼西亚、马来西亚、泰国等国家,其数字经济发展态势迅猛、前景广阔。印度尼西亚作为东南亚最大的数字经济体,2023 年

---

① 383.7 万个!我国 5G 建设成绩显著 数字中国加快发展. (2024-06-27)[2024-07-12]. https://news.cctv.com/2024/06/27/ARTIqifrOqpWMDWMc5UkHFDG240627.shtml.

② 笔者根据韩国统计厅(https://kostat.go.kr/anse/)数据整理而成。

③ 七五热点 | 2023 年东南亚互联网经济报告出炉!2180 亿美元 GMV,越菲泰增速最快. (2023-11-02)[2024-07-12]. https://new.qq.com/rain/a/20231102A09PPZ00.

商品交易总额(GMV)约达到 820 亿美元,预计到 2025 年会突破千亿美元大关,遥遥领先其他国家。① 第三梯队为数字经济基础薄弱的老挝、柬埔寨等国家,还需在各大领域加快数字经济转型步伐。

3. 中东欧国家数字经济发展现状

中东欧国家的数字经济水平在共建"一带一路"国家中等偏上,总体来看,核心地区经济增长乐观,但各国经济发展水平仍参差不齐、差距较大。其中,俄罗斯、爱沙尼亚、捷克、波兰等领先国家在数字化转型方面表现相对较好。俄罗斯制订了明确的数字经济发展规划,积极推进 5G 网络的建设,同时致力于提升家庭宽带入网率和 5G 及更高移动通信技术的覆盖率。

4. 西亚及北非国家数字经济发展现状

西亚及北非国家的数字经济水平在共建"一带一路"国家处于中等位置。以埃及、以色列为代表的国家数字基础设施建设良好,数字技术发达。埃及政府致力于加强数字经济,吸引外国投资,打造国际通信和信息枢纽。2023—2024 财年,埃及政府为通信行业分配了约 834 亿埃镑的投资预算,较上一财年提高 49%,主要用于私营企业发展、政府数字化、本地制造和数字能力建设。以色列政府不断推出相关政策和决议,旨在进一步扩大政府的数字经济活动领域,为公众推出电子政务服务平台。

5. 南亚国家数字经济发展现状

南亚国家的数字经济水平在共建"一带一路"国家中处于中等位置。以印度为例,该国在数据中心投资方面实现了显著扩张,预计在 2024—2026 年将增加约 850 兆瓦的数据中心设备容量。在电子商务领域,电商巨头亚马逊印度站和沃尔玛旗下的 Flipkart 在 2024 年继续巩固其市场地位,占据了印度 GMV 的90% 以上。在人工智能领域,印度于 2023 年出台了《数字个人数据保护法》,并制定了人工智能的指导方针。2024 年 3 月,印度内阁批准了印度人工智能计划,并投资 1037 亿卢比(约合 12.5 亿美元)。②

6. 中亚国家数字经济发展现状

中亚国家的数字经济水平较低,在共建"一带一路"国家中普遍低于平均水平,但各国政府越来越重视数字经济发展和"一带一路"建设的经济效应。当

---

① ATM·insights | 一文读懂东南亚 2023 互联网经济. (2023-12-04)[2024-07-12]. https://atmcapital.com/blog/92.

② 数据中心投资激增,基础建设拖累发展,印度靠什么打造 AI 强国?(2024-06-21)[2024-07-12]. https://news.sina.com.cn/w/2024-06-21/doc-inazmvwp2327428.shtml.

前,哈萨克斯坦的电子商务渗透率仅为发达市场的三分之一左右,40％的人口居住在农村或山林地区,有线宽带建设成本较高,极度依赖移动通信技术。[①] 但各国也在加大数字化建设力度,哈萨克斯坦早在 2017 年 12 月就通过了"数字哈萨克斯坦"国家规划;乌兹别克斯坦于 2020 年批准实施《数字乌兹别克斯坦2030》国家战略构想;吉尔吉斯斯坦于 2018 年 12 月通过《2019—2023 年吉尔吉斯斯坦数字化转型构想》决议,旨在扩大电子政务系统的覆盖面,实现政府服务在线化;塔吉克斯坦政府于 2019 年通过《关于塔吉克斯坦 2018 年社会经济发展的结果和 2019 年任务》决议,要求相关部门制定数字经济构想并引入数字技术。[②]

三、浙江省与共建"一带一路"国家数字经济包容性发展的障碍与挑战

(一)技术差距与数字鸿沟

数字经济在全球范围内的发展并不均衡,少数发达国家和地区凭借其在数字化技术创新方面的领先优势构建了技术壁垒。根据 2023 年发布的《全球数字经济发展指数报告》中主要国家的 TIMG 指数(见表 1),中国仅位列第八。2021 年,中国的数字技术指数得分为 74.17,排名仅为第十五。[③] 对浙江省来说,其技术研发与创新能力与全球顶尖数字经济国家仍有一定差距。例如,在芯片、操作系统等关键技术领域,浙江省的企业多依赖进口或国际合作,缺乏自主可控的核心技术。此外,根据国际电信联盟《2023 年事实与数据》年度报告,与高收入经济体的价格相比,移动宽带在中低收入经济体的价格低 5.5 倍,在低收入经济体的价格低 20 多倍;在低收入经济体,固定宽带订阅的费用相当于平均月收入的三分之一。[④] 由于技术和资源的不平衡分布,一些合作伙伴可能无法充分享受数字经济带来的机遇,也难以有效地参与和融入全球数字经济体系。

---

① 新形势下中国—中亚数字合作如何突破?. (2024-07-09)[2024-12-31]. https://www.thepaper.cn/newsDetail_forward_28008671.
② 反向"取经"的东盟、中亚伙伴看中了国内"数字经济"的出海机会. (2024-05-29)[2024-12-31]. http://www.cciserv.com/content/2024-05/29/content_10686385.htm.
③ 《中国区域创新能力评价报告 2023》发布. (2023-11-27)[2024-05-19]. https://www.ncsti.gov.cn/kjdt/xwjj/202311/t20231127_142281.html.
④ Measuring digital development: Facts and figures 2023. [2024-05-20]. https://www.itu.int/dms_pub/itu-d/opb/ind/D-IND-ICT_MDD-2023-1-PDF-E.pdf.

表 1 TIMG 指数的主要国家排名

排名	国家	2021 年 TIMG 指数	2013 年 TIMG 指数	相比 2013 年排名变化
1	美国	95.28	86.41	0
2	新加坡	87.55	75.69	1
3	英国	87.08	78.85	−1
4	德国	85.63	75.24	0
5	荷兰	84.19	73.69	2
6	日本	83.22	72.31	4
7	法国	81.84	72.43	2
8	中国	81.42	63.43	14
9	瑞士	81.31	69.69	4
10	韩国	80.95	71.39	2

数据来源:全球数字经济发展指数报告(TIMG2023).[2024-12-31].http://ifb.cass.cn/newpc/sjk/202306/P020230601501807198861.pdf.

(二)法律法规与监管差异

数字经济具有跨境性和虚拟性的特点,由于缺乏明确的制度框架,各国在数字贸易中所采取的限制措施存在差异,在技术管理要求、市场准入和数据流动上容易产生贸易壁垒。国外数字经济立法内容涵盖有限,多关注平台治理,尤其是数字经济背景下竞争法等特定法律的构建,而且具体规则居多,基本规则少,体系化程度不足。[1] 不同国家在数字经济领域的法律法规和监管体系存在差异,这可能导致合作中产生法律冲突和监管难题。对浙江省来说,仅有在2024 年 6 月 1 日起施行的《杭州市数字贸易促进条例》这一全国首部数字贸易领域地方性法规,仍需在实践中继续摸索和规范。因此,浙江省在与共建"一带一路"国家合作时,需要充分考虑这些差异,加强沟通与协调,确保合作的顺利进行。

(三)数据安全与隐私保护

随着大数据和人工智能等数字技术的广泛应用,企业和政府可以收集到大

---

[1] 王延川.数字经济的立法模式选择与制度体系构造.西北大学学报(哲学社会科学版),2024,54(4):115-125.

量个人数据,引发了社会各界对个人数据滥用和未经授权使用等问题的广泛担忧。同时,网络攻击和数据泄露风险随之增大,其导致的隐私安全问题可能带来巨大的经济损失和社会问题。近年来发生了多起数据泄露事件发生,如 YX International 数据泄露事件、OneMoreLead 数据泄露事件、"泄露之母"事件。2024 年 1 月,浙江省公安厅公布"净网 2023"专项行动成绩单,同步公布全省网安部门侦破的典型案例,其中包含三起侵犯公民个人信息案。① 浙江省与共建"一带一路"国家在数字经济合作中,需要共同面对数据安全与隐私保护的挑战,加强合作与交流,共同制定和执行相关标准和规范。

(四)基础设施与互联互通

数字经济的发展需要完善的基础设施和互联互通支持,然而部分共建"一带一路"国家在这方面存在短板,制约了数字经济的包容性发展。例如,中缅印度洋新通道的地缘经济合作中不仅有地理环境的阻碍,更有中缅经济发展差异、复杂武装冲突干扰、大国干预掣肘和多元利益主体博弈的地缘风险的束缚。新冠疫情以来,受空运运力不足和海运市场混乱的影响,中欧班列运营时效性逐步下降,途中滞留问题日趋严重。② 为了深入实施扩大有效投资"千项万亿"工程,浙江省全力推进重大建设项目建设,出台《2024 年浙江省扩大有效投资政策》,着力强化要素保障,进一步推进省内重大项目推进。③ 然而,深化与共建"一带一路"国家在基础设施建设和互联互通领域的合作,共同推进数字经济发展,仍需加大努力。

四、浙江省与共建"一带一路"国家数字经济包容性发展的策略与建议

(一)加强政策沟通与协调

针对共建"一带一路"国家在数字治理和法律领域面临的挑战,浙江省需要加强政策对话与合作。首先,通过高层访问,为共建"一带一路"国家提供强大的政治助推力。高层之间的交流和沟通有助于增进政治互信,为深化合作创造

---

① 安全 419 盘点 | 2024 年第一季度数据泄露大事记及执法观察. (2024-04-17)[2024-07-12]. https://baijiahao.baidu.com/s?id=1796576703335126315&wfr=spider&for=pc.

② 崔艳萍. 影响中欧班列时效性的原因分析及改善对策. 东北亚经济研究,2024,8(3):17-27.

③ 浙江省发展和改革委员会关于印发 2024 年浙江省扩大有效投资政策的通知. (2024-02-18)[2024-05-19]. https://fzggw.zj.gov.cn/art/2024/2/18/art_1229629046_5265105.html.

良好条件。其次,浙江省应建立多层级政策对话机制,涵盖政府、产业界、学术界及非政府组织共同参与的多边政策对话平台,定期举办论坛、研讨会,加强信息共享与经验交流。再次,积极推动政策标准的互联互通,共同制定在数据保护、网络安全、电子商务、智能制造等领域的标准,联合共建"一带一路"国家共同制定或采用国际公认的标准与规则。最后,要关注政策实施效果,通过建立健全评估机制、加强数据支持、注重反馈调整、强化沟通与协调以及风险防控,确保政策灵活优化与合作机制高效运行。

(二)优化升级数字基础设施

在推动数字经济包容性发展的过程中,优化数字基础设施至关重要。首先,浙江省应协助共建"一带一路"国家平衡发展数字信息基础设施。例如,共同投资建设多样化的网络接入设施,包括扩大光纤网络、无线网络(如5G、Wi-Fi 6)的覆盖范围,特别是在偏远和欠发达地区,确保网络服务的普及和质量的提升。其次,数字医疗与健康服务的推广亦不可或缺。应推动国际医疗服务的数字化转型,打造"互联网医院",提供远程医疗咨询和药品配送服务,以满足共建"一带一路"国家用户的多元化需求。利用数字技术监测和收集各国用户健康数据,促进用户对健康状态的认知和响应。最后,数据驱动的社会福利政策也至关重要,浙江省应利用大数据精准识别弱势群体,帮助优化福利资源配置,提高社会保障的针对性和效率,进而增强社会公平和包容性,推动数字经济的稳健发展。

(三)推动数字经济技术创新与共享

推动数字经济技术创新与共享,是深化国际合作、促进可持续发展的关键路径。浙江省应强化技术研发与创新合作,积极与共建"一带一路"国家建立技术研发合作机制,共同设立联合研发中心或实验室,聚焦人工智能、大数据、区块链等前沿技术领域,开展联合攻关,共享科研成果。同时构建高效的技术转移与转化平台,促进浙江省内优秀科技成果在共建"一带一路"国家中的转化应用。通过技术许可、专利转让、合资合作等方式,加速技术成果商业化进程。此外,构建技术创新平台,形成产学研紧密合作的创新生态。依托高校、科研机构和企业,搭建跨国界的产学研合作平台,通过定期举办技术交流会、创新大赛等活动激发创新活力。针对不同国家和地区,浙江省应探索多元化合作模式,如股权投资、产业基金等,支持海外项目,推动数字技术与传统产业深度融合。政府在此过程中也要发挥关键作用,应出台财政支持、税收优惠等政策,为海外项目提供融资便利、风险补偿等支持措施。通过举办政策宣讲会、培训班等形式,加强政策宣传与解读工作。

(四)提升数字经济人才培养与交流

提升数字经济人才培养与交流,是适应发展需求、促进国际合作、推动产业创新、构建人才生态、提升国家竞争力的重要举措。浙江省可采取以下措施:一是设立专项培养计划,与共建"一带一路"国家的高校、科研机构及企业合作,设立联合培养项目,专注数据科学、人工智能、云计算、区块链等前沿领域,培养具备国际视野和跨文化交流能力的高素质数据应用人才;二是设计定制化课程体系,结合浙江省数字经济发展需求与共建"一带一路"国家的特点,涵盖数字经济理论、技术应用、政策法规及跨文化沟通等内容,确保培养的人才既精通技术又熟悉国际规则;三是建立人才引进与文化培训机制,简化签证、居留和工作许可等手续的办理流程,为引进的海外人才提供创新创业支持,包括资金扶持、税收优惠、创业指导等,并提供多语种语言和文化课程,帮助其适应跨文化环境;四是构建数字经济人才生态,建立数字经济人才资源库,实现人才资源的优化配置和共享,完善数字经济人才评价和激励机制,吸引更多优秀人才和创新资源向浙江省集聚。

(审校:贺轶洲)

浙江省与共建"一带一路"国家
低碳合作发展报告

王　珩　徐梦瑶

摘要： 习近平总书记指出，共建"一带一路"就是要建设一条开放发展之路，同时也必须是一条绿色发展之路。在过去十年中，共建"一带一路"国家在绿色基础设施、绿色能源和绿色金融方面取得了显著进展，"一带一路"倡议的开放性和包容性吸引了全球关注，特别是在低碳经济和清洁能源领域。浙江在绿色技术和金融方案上具有明显优势，能够为共建"一带一路"国家提供先进且成本效益高的解决方案，有助于填补这些国家在绿色低碳发展方面的需求缺口。浙江始终致力于与共建"一带一路"国家在绿色基建、绿色能源、绿色交通等领域开展务实合作，绿色贸易规模不断扩大，低碳产业项目落地，惠及当地经济与生态，标准联通更加广泛，对接平台初步建立，但也面临核心技术创新能力缺乏、绿色转型发展存在脆弱性和不确定性等风险挑战。未来，浙江省需完善顶层设计、强化政策执行、创新合作方式、加强能力建设，进一步深化与共建"一带一路"国家低碳合作，为"一带一路"绿色发展贡献浙江力量。

关键词："一带一路"；低碳合作；浙江省

作者简介： 王珩，法学博士，浙江师范大学非洲研究院非洲区域国别学院党委书记、副院长、教授。

徐梦瑶，浙江师范大学非洲研究院非洲区域国别学院 2023 级政治学硕士研究生。

习近平总书记指出："共建'一带一路'就是要建设一条开放发展之路，同时也必须是一条绿色发展之路。"①中方将促进绿色发展，持续深化绿色基建、绿色

---

① 习近平在 2019 年中国北京世界园艺博览会开幕式上的讲话（全文）.（2019-04-28）[2024-07-20]. https://www.gov.cn/xinwen/2019-04/28/content_5387249.htm.

能源、绿色交通等领域合作,加大对"一带一路"绿色发展国际联盟的支持,继续举办"一带一路"绿色创新大会,建设光伏产业对话交流机制和绿色低碳专家网络,落实"一带一路"绿色投资原则,到 2030 年为伙伴国开展 10 万人次培训。[①]绿色低碳是"一带一路"高质量发展的方向,共建"一带一路"国家是全球绿色低碳转型的重要区域,推进共建"一带一路"绿色发展,是积极应对气候变化、维护全球生态安全的重大举措,是推进共建"一带一路"高质量发展、构建人与自然生命共同体的重要载体。浙江省作为"一带一路"建设枢纽、"绿水青山就是金山银山"理念发源地、全国首个省级减污降碳协同创新区,在低碳合作领域展现出了广阔的发展前景。

一、浙江省参与"一带一路"低碳合作的背景及意义

加快培育发展技术含量高、资源消耗少、带动效应广的新能源、新能源汽车、节能环保等新兴产业,促进绿色低碳循环发展,已成为世界各国培育新经济增长点、加快经济转型升级和提升国际竞争力的战略选择,绿色低碳产业也发展成为国际新经济博弈的重点领域。[②] 共建"一带一路"作为我国对外开放和对外合作的管总规划,提出之际便被赋予了促进绿色低碳转型的重要使命。2016年习近平总书记首次提出要"打造绿色丝绸之路"[③],后又在三届"一带一路"国际合作高峰论坛上进一步阐述了共建"一带一路"绿色发展的具体目标。第一届"一带一路"国际合作高峰论坛呼吁各国"践行绿色发展的新理念,倡导绿色、低碳、循环、可持续的生产生活方式,加强生态环保合作,建设生态文明,共同实现 2030 年可持续发展目标"[④];第二届"一带一路"国际合作高峰论坛强调"坚持开放、绿色、廉洁理念,把绿色作为底色,推动绿色基础设施建设、绿色投资、绿色金融,保护好我们赖以生存的共同家园"[⑤];第三届"一带一路"国际合作高峰

---

① 习近平.建设开放包容、互联互通、共同发展的世界——在第三届"一带一路"国际合作高峰论坛开幕式上的主旨演讲.(2023-10-18)[2024-07-17]. https://www.gov.cn/gongbao/2023/issue_10786/202310/content_6912661.html.

② 加快推动绿色低碳产业壮大加速构建可持续发展新模式.(2017-03-16)[2024-07-12]. https://www.ndrc.gov.cn/fzggw/jgsj/gjss/sjdt/201703/t20170316_1154667.html.

③ 习近平在乌兹别克斯坦最高会议立法院发表重要演讲.(2016-06-23)[2024-07-20]. https://www.gov.cn/xinwen/2016-06/23/content_5084532.htm.

④ 习近平出席"一带一路"高峰论坛开幕式并发表主旨演讲(全文).(2017-05-14)[2024-07-18]. https://www.gov.cn/xinwen/2017-05/14/content_5193658.htm.

⑤ 习近平在第二届"一带一路"国际合作高峰论坛开幕式上的主旨演讲(全文).(2019-04-26)[2024-07-18]. https://www.gov.cn/xinwen/2019-04/26/content_5386544.htm.

论坛将"促进绿色发展"作为我国支持高质量共建"一带一路"的八项行动之一。中国先后于 2017 年 4 月和 2022 年 3 月发布《关于推进绿色"一带一路"建设的指导意见》《关于推进共建"一带一路"绿色发展的意见》两个专项文件,提出到 2030 年共建"一带一路"绿色发展格局基本形成的宏伟目标。在理念引领和各方共同努力下,"一带一路"倡议以绿色为底色,在绿色低碳发展方面搭建了"一带一路"绿色发展国际联盟、生态环保大数据服务平台、环境技术交流与转移中心等多个国际交流合作平台,实施绿色丝路使者计划、应对气候变化南南合作计划,推动国际合作开发《"一带一路"项目绿色发展指南》,得到了共建国家民间和官方的积极响应。中国已与多个国家共同发起"一带一路"绿色发展伙伴关系倡议,并建立"一带一路"能源合作伙伴关系,加速了有关政策对话、知识共享、技术交流与能力建设进程。①

2023 年 9 月,习近平总书记亲临浙江考察,提出浙江要在深化改革扩大开放上续写新篇、全力服务共建"一带一路"的重要要求。② 2023—2024 年,浙江省持续参与推进共建"一带一路"绿色发展,积极对接《"一带一路"绿色发展伙伴关系倡议》《"一带一路"绿色发展北京倡议》《浙江省应对气候变化"十四五"规划》等决策,主动推进与共建"一带一路"国家开展绿色低碳开放合作,为全球可持续发展注入强劲动能。

(一)全球可持续发展的必然要求

绿色发展是世界潮流,碳中和是国际社会的共识。《2030 年可持续发展议程》《联合国气候变化框架公约》《巴黎协定》《生物多样性公约》及其"昆明—蒙特利尔全球生物多样性框架"等重要协定和公约,均认识到全球特别是发展中国家正在力争实现可持续发展目标,加快绿色低碳转型,实现人与自然和谐共生,是全球面临的紧迫任务。共建"一带一路"国家是全球可持续发展的重要区域,正处于应对气候变化和实现"碳达峰""碳中和"的关键窗口期。浙江省与共建"一带一路"国家积极建立绿色低碳发展合作机制,前瞻布局绿色低碳领域未来产业,培育绿色化数字化服务化融合发展新业态,已经成为推动省内加快建立健全绿色低碳循环发展经济体系的有力动能。

---

① 绿色低碳"一带一路"关键路径构建. [2024-07-18]. http://www.cciced.net/zcyj/yjbg/zcyjbg/2022/202206/P020220617501913254861.pdf.

② 翁浩浩,余勤,夏丹. 以高质量共建"一带一路"为引领　全力打造高能级开放强省. 浙江日报,2023-11-22(1).

（二）推动我国高质量发展的现实要求

浙江省与共建"一带一路"国家开展低碳合作是适应国际经济转型发展趋势、顺应我国新时期经济社会发展全面绿色转型的现实需要。[①] 全球经济发展正深刻调整，环境问题日益严峻。与共建"一带一路"国家开展低碳合作为浙江省助力国家构筑竞争新优势提供了现实路径。作为人口规模巨大的发展中国家，我国面临统筹高质量发展和高水平安全等艰巨任务，传统高耗能高排放产业比重较大、能源和电力需求持续刚性增长、污染物和碳排放总量仍居高位等问题尚存。绿色发展是高质量发展的底色，与共建"一带一路"国家开展低碳合作，有助于推动浙江省与共建"一带一路"国家的各类资源要素快捷流动，突破低碳产业关键技术，完善新兴产业体系，助力构建省域经济社会绿色转型，为推动国家新阶段的高质量发展提供动能。

（三）打造浙江省"一带一路"重要枢纽的内在要求

进入"十四五"时期和新发展阶段，浙江省聚焦"一带一路"建设，进一步提升开放能级和水平，探索建设"绿色丝绸之路"，与共建"一带一路"国家在新能源、商贸、基础设施等方面的合作已经取得丰硕成果，参与共建"一带一路"也为浙江省带来诸多发展机遇。面对气候变化、生物多样性丧失等一系列全球性问题，共建"一带一路"国家发展绿色贸易、推动城市低碳转型需求迫切，浙江省积极将"一带一路"倡议与绿色低碳发展相结合，把绿色发展理念融入共建"一带一路"各领域，助力共建"一带一路"国家发展生态友好型产业和技术。低碳合作已成为浙江省与共建"一带一路"国家的重要合作内容之一，"一带一路"绿色低碳市场正成为外贸增长新亮点，"绿色丝绸之路"建设面临巨大机遇。浙江省作为"两山论"诞生地、中国美丽乡村建设的发源地、绿色发展的先行地，有着天然的绿色低碳发展优势，与共建"一带一路"国家开展绿色低碳贸易合作，是贯彻落实中央关于"双碳"重大战略决策和塑造国际竞争新优势的内在要求。

二、浙江省与共建"一带一路"国家低碳合作发展成效

浙江省与共建"一带一路"国家的低碳合作以高标准、可持续、惠民生为目标，将绿色低碳发展融入高质量共建"一带一路"各领域全过程，在绿色贸易、低

---

① 在经济发展中促进绿色转型　在绿色转型中实现更大发展. 人民日报,2024-05-07(12).

碳项目落地、标准对接、平台搭建等领域积累了丰富的经验和丰硕的成果。

(一)低碳商品出口增加,绿色贸易规模呈扩大趋势

浙江对共建"一带一路"国家贸易规模持续扩大。2023年,浙江与共建"一带一路"国家的贸易进出口总额达2.55万亿元,同比增长8.2%,占全省进出口总值的52.1%,对全省进出口增长贡献率达89.5%。①浙江新能源汽车、锂电池、光伏产品等"新三样"产品出口1401.8亿元,同比增长11.0%,其中,太阳能电池出口868.9亿元,同比增长3.1%,占全国份额的28.4%。②2024年1—5月,浙江对共建"一带一路"国家出口7796.9亿元,同比增长7.9%,占全省出口总值的比重达到50.5%。③光伏产品等"新三样"产品是近年来浙江外贸出口的"活跃板块",浙江光伏产品出口量在全国名列前茅,光伏产品成为浙江企业开拓"一带一路"市场的"拳头产品"。

(二)浙企"走出去",低碳产业项目合作惠及当地

2023年,浙江在共建"一带一路"国家经备案的境外企业共有1008家(其中并购39家,增资100家),备案额为108.88亿美元,同比增长38.70%,占全省比重为64.89%。④在能源建设领域,浙江企业积极助力共建"一带一路"国家新能源供电,开展技术交流与合作,诞生了一批清洁、高效、优质的绿色能源项目。世界上最大的光伏产业园之一——本班光伏产业园是埃及首个由浙江民企正泰新能源等中企承建并参与融资的光伏发电项目。埃及电力和可再生能源部2024年4月发表声明说,本班光伏产业园将帮助埃及增加可再生能源的使用,预计每年可减排200万吨二氧化碳。该项目代表了浙江新能源发电技术的全球领先地位。浙江企业积极践行绿色发展理念,与共建"一带一路"国家开展环保水泥、环保面料、绿色港口等各领域低碳合作,如红狮集团投资约30亿美元,在老挝、尼泊尔、印尼、缅甸等国家建设大型水泥项目,均采用低碳、安全、

① 去年浙江外贸对全国增长贡献居首.(2024-01-20)[2024-07-12]. https://www.zj.gov.cn/art/2024/1/20/art_1554467_60194330.html.
② "一带一路"十周年 浙江对外开放取得新突破.(2023-10-16)[2024-07-12]. https://baijiahao.baidu.com/s?id=1779922944855099192&wfr=spider&for=pc.
③ 5月份浙江经济运行稳进向好.(2024-07-11)[2024-07-20]. https://jxt.zj.gov.cn/art/2024/7/11/art_1660147_58932813.html.
④ 2023年全省对外投资统计快报.(2024-01-11)[2024-07-18]. http://www.zcom.gov.cn/art/2024/1/11/art_1385140_58943902.html.

环保的技术制造水泥,工艺和装备处于国际一流水平;①浙江新能源汽车品牌哪吒汽车在曼谷开建工厂,同时进军马来西亚、约旦等市场;老牌纺织企业彩蝶实业投资 1.5 亿元在埃及建设厂房,该项目将用于年产 1 万吨高档功能性绿色环保纺织面料。浙江省海港集团与迪拜环球港务集团共同发展绿色低碳港口,建立信息共享机制,在建设环保码头、利用岸电、使用清洁燃料为船舶加注等方面交流经验,着力加强杰贝阿里港和宁波舟山港之间的多方位合作。

(三)浙江标准国际化,丝路沿线"软联通"加速推进

浙江是首个开展国家标准化综合改革试点的省份,是标准化战略的发源地和实践地。近年来,浙江省积极落实标准制度型开放要求,锚定高水平建设"一带一路"重要枢纽,通过政策规划和标准国际化,促进与共建"一带一路"国家规则标准信息协同融通,以标准联通丝路沿线,促进贸易畅通。2023 年,浙江省聚焦"415X"重点领域和重点产业,拓展"一带一路"标准化合作"朋友圈",旨在构建更加广泛的标准联通共建"一带一路"工作机制。《浙江省标准联通共建"一带一路"行动计划(2023—2025 年)》明确,要围绕海洋生态环境保护、海洋碳汇(蓝碳)、海洋垃圾处理等全球性挑战问题,加强与共建"一带一路"国家的标准化合作交流,开展国际标准化活动,积极参与国际标准研制等。② 围绕绿色低碳重点产业,浙江省加快国际标准化步伐。2023 年 10 月 17 日,第三届"一带一路"企业家大会召开,浙江运达风电与印度蒙德拉风电技术公司签署风电机组设备技术合作协议,标志着浙江风电技术和标准首次代表中国输出到全球市场,有效助力推进共建"一带一路"国家能源结构转型和绿色低碳发展。③ 正泰集团积极同国际电工委员会、国际半导体产业协会等组织参与制定国际标准。在标准引领下,浙江企业已与 80% 以上共建"一带一路"国家建立合作关系,在新加坡、泰国、越南、柬埔寨和埃及等国家设立区域工厂。从地中海到非洲东海岸,浙江企业开发、投资、建设了 690 多座地面光伏电站,为共建"一带一路"国家绿色低碳转型持续助力。④

---

① 陈志恒. 看!兰溪水泥行业正在"大象转身". 兰江导报,2023-09-20(2);"更宽、更远、更繁荣"——浙江省推进"一带一路"建设大会在金华举行.(2023-11-22)[2024-07-12]. http://www.chinadevelopment.com.cn/sh/2023/1122/1870198.shtml.

② 浙江省标准化研究院. 标准联通"一带一路",助力地瓜"藤蔓"出海.(2024-01-19)[2024-07-15]. http://zj.news.cn/20240119/dea606ae92d9424c85ef97c748508214/c.html.

③ 吴越. 我在"一带一路"绿色供电:"浙江制造"印上埃及钱币,助力全球碳中和.(2023-10-28)[2024-07-12]. https://news.hangzhou.com.cn/zjnews/content/2023/10/28/content_8634836.htm.

④ 曹吉根. 浙江加强与"一带一路"共建国家标准合作. 中国质量报,2023-12-06(4).

（四）对接平台初步建立，助推低碳产融合作和国际交流

浙江省扩大对外绿色低碳交流与合作，2023年举办的杭州亚运会秉持"绿色、智能、节俭、文明"的办赛理念，将绿色、低碳和可持续理念融入亚运会筹办的全过程、各环节。宁波创建了中国—中东欧国家经贸合作示范区，搭建了"走出去"服务联盟等平台，推动汽配、新能源等优势产业嵌入中东欧国家的产业链①，持续加强与中东欧国家共同推进碳达峰、碳中和相关研究，深化在应对全球气候变化、绿色经济、清洁能源等领域的合作与交流。② 浙江省以"义新欧"为主品牌，推动班列增点扩线，"义新欧"中欧班列成为中国企业产品"出海"开拓海外市场的"黄金要道"，累计开行近9000列，通航共建"一带一路"国家城市达到47个③。2023年5月31日，"义新欧"中欧班列"CMEC新能源号"满载国机工程集团乌兹别克斯坦光伏电站项目相关物资从义乌西站首发，进一步拓展了中亚新能源市场。浙江高水平建设国际合作园区，柬埔寨浙江国际经济特区、百隆（越南）纺织园区、乌兹别克斯坦农林科技产业园等境外经贸合作区建设不断拓展，坚持以绿色低碳发展为导向，统筹发展与保护。在政府、高校、智库、社会组织等民间力量通力合作下，浙江还举办了"一带一路"青年绿色低碳创新发展国际论坛④、"2023'一带一路'论坛——中国、中亚、俄罗斯产业集群合作国际研讨会"⑤、"一带一路"城市国际论坛、中国纺织业"一带一路"大会、"一带一路"智库论坛、中非智库论坛、东亚气候论坛⑥、绿色金融能力建设活动⑦等涉及"一带一路"发展的重大研讨会和国际论坛，涵盖各行业产业绿色转型合作、绿色低碳青年交流等多领域议题，凝聚可持续发展共识，有效助推"一带一路"绿色低

① 国务院新闻办就中国与中东欧国家经贸合作及第三届中国—中东欧国家博览会暨国际消费品博览会举行发布会. (2023-05-06)[2024-07-12]. https://www.gov.cn/lianbo/2023/05/06/content_5754305.htm.

② 关于高水平建设宁波中国—中东欧国家经贸合作示范区总体方案. [2024-07-12]. http://www.e-ceec.org.cn/cn/showArea/plan.

③ 十年成果丰硕，浙江深入推进"一带一路"建设. (2023-11-23)[2024-07-12]. https://zjydyl.zj.gov.cn/art/2023/11/23/art_1229691721_41532.html.

④ 王题题. 近200名海内外高校青年齐聚安吉余村 共商绿色低碳发展. (2023-11-25)[2024-07-12]. https://www.chinanews.com.cn/sh/2023/11-25/10117960.shtml.

⑤ 2023"一带一路"论坛:中国、中亚、俄罗斯产业集群合作研讨会成功举办. (2023-10-27)[2024-07-12]. http://www.crpe.zju.edu.cn/2023/1027/c54964a2818132/page.htm.

⑥ 绿色浙江与多方共同举办第九届东亚气候论坛,推动东亚脱碳化. (2023-11-06)[2024-07-12]. https://www.163.com/dy/article/IIT7HL130511AVHF.html.

⑦ 湖州绿色金融迈向国际化快车道. (2024-06-29)[2024-07-12]. https://www.thepaper.cn/news Detail_forward_27907576.

碳转型与经济社会高质量发展融合。

三、浙江省与共建"一带一路"国家低碳合作面临的挑战

面对新一轮科技革命和国际动荡局势,共建"一带一路"绿色发展面临的风险挑战依然突出,浙江省与共建"一带一路"国家低碳合作的水平有待进一步提升。

(一)共建"一带一路"国家在转型过程中表现出显著的脆弱性

《巴黎协定》和《联合国气候变化框架公约》都强调了公正转型的概念,重申低碳发展不仅仅是一个经济问题,还涉及不同社区和系统的脆弱性,如果管理不善和考虑不周,只会加剧当前的结构脆弱性,使低碳发展的准备工作无法进行。大多数非洲国家依然依赖碳密集型自然资源,尤其是碳氢化合物(石油、煤炭、天然气)发展经济,由于缺乏多样性,更易因全球市场价格波动影响而变得脆弱。随着世界低碳发展趋势,可再生能源使用增加,非洲国家面临资产搁浅的风险。[1] 以尼日利亚为例,尼日利亚目前是世界第 17 大天然气生产国,政府已宣布 2020—2030 年为"天然气十年",并将能源发展锁定在碳密集型基础设施而非可再生能源上。[2] 莫桑比克也正处于天然气扩张的十字路口,隐含着技术、经济、金融和社会等领域的风险和不确定性[3],如若大力推动能源低碳转型,将导致严峻的资产搁浅问题,引发社会动荡。

(二)共建"一带一路"国家绿色低碳转型发展仍存在不确定性

能源转型政策不确定性风险依然存在。部分发展中国家因碳减排目标对其经济的短期冲击较大,在支持能源转型升级政策上可能出现反复。例如,面临国内发电能力不足、新能源开发受阻等压力,2024 年 5 月南非国家电力公司

---

[1] Denton, F. & Nkem, J. Fragility and resilience in green development in Africa: Intersections and trade-offs. (2022-05-17)[2024-07-20]. https://www. ineteconomics. org/uploads/papers/Africa-paper-series-5. pdf.

[2] Natural gas in Africa: Why fossil fuels cannot sustainably meet the continent's growing energy demand. (2022-05-30)[2024-07-21]. https://climateactiontracker. org/publications/natural-gas-in-africa-why-fossil-fuels-cannot-sustainably-meet-the-continents-growing-energy-demand/.

[3] Mulugetta, Y., Sokona, Y. & Trotter, P. A. Africa needs context-relevant evidence to shape its clean energy future. *Nature Energy*, 2022, 7(11): 1015-1022.

计划将一些燃煤电厂的关闭时间推迟到 2030 年。[①] 能源政策的不确定性增加了能源企业海外投资的政策风险,碳定价制度仍有分歧。由于政治体系、能源体系和经济结构的差异,东南亚的碳相关机制仍相当分散,与欧盟排放交易体系不同,东南亚在碳定价方面各有不同,复杂的制度大幅拉高了参与市场的门槛,除了增加企业投入的成本外,也降低了市场效率。[②] 同时,诸如俄乌冲突、中东动荡等地缘政治因素加剧了中东欧地区能源市场的不确定性,提高了企业投资中东欧地区新能源市场的风险。[③]

(三)绿色产业核心技术发展与发达国家存在差距

近年来,我国在绿色低碳科技方面取得了前所未有的成就,但与发达国家相比,我国资源环境领域新材料、新技术、新装备整体处于"跟跑"阶段,绿色产业核心关键技术成果供给明显不足,大型装备和智能设备核心零部件受制于人。以低碳电力技术为例,电力行业的电池存储、电网数字化、碳捕捉和封存等技术目前仍处于开发示范阶段,技术复杂度高,投资成本较高,在现阶段尚难以实现大规模商业化应用,未来存在很大的不确定性,在更多的国家迅速推广还需较长时间。[④] 在新一轮科技革命之下,发展中国家与发达国家技术发展差距正在增大。联合国贸易和发展会议发布的《技术和创新报告 2023》指出,绿色前沿技术在 2000—2021 年有着巨大的增长,但主要集中在发达国家,美国拥有全球近 70%的专利。前沿技术准备度排名指数显示,拉丁美洲、加勒比地区和撒哈拉以南非洲国家前沿技术准备度偏低,面临错失当前技术机会的风险。[⑤]

四、深化浙江省与共建"一带一路"国家低碳合作的对策建议

为推进共建"一带一路"绿色发展,浙江省需完善顶层设计、强化政策执行、

① Roelf,W. South Africa in talks with climate backers over delaying coal plant closures. (2024-05-24) [2024-07-15]. https://nextbillion.net/news/south-africa-in-talks-with-climate-backers-over-delaying-coal-plant-closures/.
② 胡湘渝. 东南亚碳定价制度为何分歧? Carbon Forward Asia 研讨会深度解析. (2024-03-21)[2024-07-15]. https://www.reccessary.com/zh-cn/research/2024-carbon-forward-asia-in-depth-analysis.
③ 赵雅玲,夏佳琦,邵培朵. 能源绿色转型对我国能源企业海外投资的影响与对策研究. 产业创新研究,2024(10):7-11.
④ 中国绿色低碳科技发展已进入新阶段. (2024-01-31)[2024-07-15]. https://jjsb.cet.com.cn/show_532894.html.
⑤ Technology and Innovation Report 2023. [2024-07-15]. https://unctad.org/system/files/official-document/tir2023overview_en.pdf.

创新合作方式、加强能力建设,进一步深化与共建"一带一路"国家低碳合作,让绿色切实成为共建"一带一路"的底色,为构建人与自然生命共同体和人类命运共同体贡献浙江力量。

(一)完善顶层设计,全方位带动低碳合作

在《关于推进共建"一带一路"绿色发展的意见》指导下,对接《2030 年可持续发展议程》《联合国气候变化框架公约》《巴黎协定》等国际公约、协定,举办浙江省与共建"一带一路"国家友城绿色发展论坛、低碳转型主题论坛等,结对设立合作委员会,协调沟通政策,制定合作战略。总结中国绿色发展经验和浙江绿色降碳经验,充分考虑对应城市相关需求,出台绿色发展援助政策及实施方案,制订总体合作规划和谈判进程,指导合作资金和技术流向,提高绿色发展能力,并进行周期性审查评估,确保政策执行。依托"一带一路"智库论坛、"一带一路"城市国际论坛、"一带一路"青年绿色低碳创新发展国际论坛等平台,以及浙江省内和境外经贸合作示范区,形成官方与民间相辅相成的合作格局,为浙江省参与共建"一带一路"国家低碳合作提供机制支持。依托"一带一路"绿色发展国际联盟、"一带一路"生态环保大数据服务平台、"一带一路"绿色投资原则等多边合作平台建设,促进浙江省与共建"一带一路"国家和友城在绿色低碳的能源项目、生态保护与治理、投融资环境气候管理、绿色标准互识互认等关键领域的政策对话,积极发挥浙江省优势产业如数字经济对于低碳产业的重要促进作用,探索低碳技术的合作与信息共享机制。

(二)加强政策执行,高能效发展重点领域

聚焦绿色基建、绿色能源、绿色交通等推进共建"一带一路"绿色发展的重点领域广泛开展合作与交流。依托"一带一路"绿色发展联盟,加强浙江省同共建"一带一路"国家在绿色低碳发展能源领域的政策对话和技术交流,对接相关国家能源转型战略,搭建新能源产业对接渠道,扩大清洁能源比重,推动双方实现能源可持续发展。建立绿色低碳投融资标准等政策体系,用好国际金融机构贷款,撬动民间绿色投资。探索建立基于碳排放权交易的技术创新机制,将碳捕捉、新能源发电、氢能生产等非化石能源领域的减排技术纳入碳排放权交易体系,促进非化石能源领域低碳转型。了解"一带一路"友城城市交通减排的紧迫需求,分享浙江省绿色交通建设优秀案例,共同探索交通新型技术应用,构建数字化的采集体系、网络化的传输体系和智能化的应用体系,进一步推动如

5G、人工智能技术、物联网等技术与交通行业的深度融合,如数字化出行助手、数字化物流管理、智慧化行业管理等多个方面,加快交通运输信息化向数字化、网络化、智能化发展。

(三)创新合作方式,发挥各主体参与优势

落实《加快培育浙江民营跨国公司"丝路领航"行动计划》《浙江省标准联通共建"一带一路"行动计划(2023—2025年)》,鼓励浙江优势产业创新国际合作方式,引导节能降碳、环境保护、资源循环利用、能源绿色低碳转型、生态保护修复和利用、基础设施绿色升级、绿色服务等绿色低碳转型产业类企业输出品牌、标准,加强产业国际创新合作,推动建成一批绿色能源最佳实践项目。支持企业牵头组建创新联合体和知识产权联盟,承担国家重大科技项目,大幅提升绿色低碳科技成果转移转化效率。鼓励金融机构落实《"一带一路"绿色投资原则》,完善绿色金融产品服务体系,探索建立适用于"一带一路"、符合国际规范的绿色金融标准,积极支持"一带一路"绿色金融标准体系建设,为"一带一路"绿色可持续发展贡献浙江力量。强化绿色发展的人才支撑,继续落实《浙江省碳达峰碳中和专业人才培养实施方案》,将培育产业创新人才与绿色发展领域人才协同推进,从共建"一带一路"国家绿色低碳发展的需求出发,共建"一带一路"绿色低碳发展人才基地,优化学科设置,创新人才培养模式,明确以"产业创新＋绿色发展"为导向的针对性人才培养目标,推动产学研一体化、产教融合,与头部绿色技术创新企业加强合作,健全收入分配机制,夯实浙江省助力"一带一路"绿色低碳发展的人才基础。鼓励浙江省高校结对共建"一带一路"国家高校,定期开展技术交流、学术互访、实地调研,定期发布绿色低碳专题的"一带一路"国别研究报告。

(四)加强能力建设,提升可持续发展能力

促进低碳成果惠民生。依托浙江省境外产业项目及园区,加快建设绿色低碳型合作区,聚焦低污染、低能耗的高技术示范项目,以及可再生能源、节能环保、传统能源及产业生态改造等领域进行合作,提升合作区绿色发展水平,促进浙江与共建"一带一路"国家与城市绿色低碳发展合作成果惠及区域民生福祉。加强数据共享。建设"一带一路"生态环保大数据服务平台,加强浙江省与重点对接国别在基础数据、法规标准、环境政策、技术产业、案例研究等方面的信息共享,为生态环保服务和决策提供支持,打造更紧密的绿色、低碳、可持续发展伙伴关系。创新传播手段,提升公众环保意识。浙江省应与各级友城开展绿色低碳转型相关宣传推广与交流讨论,确保双方低碳转型理念相同。发挥青年主力军作用,鼓励科学家、企业、智库和人民群众积极参与社会低碳转型,通过媒体、研讨会等公共外交形式提升群众对绿色低碳的认知,构建良好舆论氛围。在全球碳中和共识的大背景下,结合"一带一路"应对气候变化南南合作计划、绿色丝路使者计划等,充分发挥企业等微观主体的积极作用,鼓励在共建"一带一路"国家开展项目建设的浙企雇用当地工人,对其进行再培训以提高技能,与当地企业合作,共同研发、测试和使用节能减排产品,促进节能减排技术转让。建设绿色丝绸之路新型智库,构建共建"一带一路"绿色发展智力支撑体系。

五、结　语

推动经济社会发展绿色化、低碳化是实现高质量发展的关键环节,共建"一带一路"绿色低碳发展是全球可持续发展的动力引擎。浙江省提出,到 2030 年,"绿水青山就是金山银山"转化通道进一步拓宽,美丽中国先行示范区建设取得显著成效。到 2035 年,浙江省生态环境质量、资源集约利用、美丽经济发展全面处于国内领先和国际先进水平,碳排放达峰后稳中有降,"诗画浙江"美丽大花园全面建成,率先走出一条人与自然和谐共生的省域现代化之路。① 相信随着共建"一带一路"全面高质量推进,浙江省将以向新、向实、向深拓展合作的积极态度,为共建"一带一路"注入绿色新动能,助力全球绿色低碳可持续发展。

（审校：周　倩）

---

① 浙江省人民政府关于加快建立健全绿色低碳循环发展经济体系的实施意见. (2021-12-07)[2024-07-20]. https://www.zj.gov.cn/art/2021/12/7/art_1229019364_2378478.html.

浙江省与共建"一带一路"国家
贸易合作发展报告

杨丽华　　仇丽萍

摘要：浙江省是中国经济发展水平、对外开放程度最高的省份之一。在共建"一带一路"蓬勃发展的第一个十年间，浙江省充分展示了其在践行"一带一路"倡议中的积极态度和重要建设者角色。作为21世纪海上丝绸之路上的重要站点，浙江省与共建"一带一路"国家的贸易合作关系呈现进出口规模持续扩大但结构差异显著的特征，并在纺织等劳动密集型产业形成强竞争力，与沿线国家资源禀赋形成深度互补关系。未来，双方可以通过完善顶层设计激活贸易潜力，创新贸易模式拓展合作领域，推动贸易合作向更高水平发展。同时，浙江省应准确把握其和共建"一带一路"国家的贸易合作关系，特别是贸易规模与贸易结构情况、贸易竞争力与互补性识别情况等，对增进浙江省同共建国家的贸易合作水平、打造"一带一路"重要枢纽和高能级开放强省、促进"一带一路"框架下贸易自由化便利化都具有重要的指导意义。

关键词："一带一路"；浙江省；贸易合作；贸易潜力

作者简介：杨丽华，经济学博士，宁波大学商学院教授、宁波大学中东欧经贸合作研究院贸易合作研究中心主任。

仇丽萍，管理学博士，宁波大学中东欧经贸合作研究院贸易合作研究中心助理研究员。

2024年浙江省政府工作报告指出，要"聚焦聚力高水平对外开放"；"以深入实施'地瓜经济'提能升级'一号开放工程'为牵引，大力推进世界一流强港和交通强省建设，进一步提升开放能级和水平"；"全方位参与共建'一带一路'，优化境外经贸合作布局,扩大中间品贸易,进一步增强产业链供应链韧性和安全性"。① 本文分别对浙江省与共建"一带一路"国家贸易的现状和贸易潜力进行分析,厘清浙江省深化对外贸易发展与共建"一带一路"的内在联系与最佳结合点,或有助于推动浙江成为"一带一路"重要枢纽和高能级开放强省,推动我国高质量共建"一带一路"走深走实。

一、浙江省与共建"一带一路"国家贸易现状

(一)贸易规模稳中有增

2023—2024 年,浙江省与共建"一带一路"国家经贸往来不断深化。根据国研网国际贸易研究及决策支持系统中的数据(见表 1),浙江省对共建"一带一路"国家进出口总额从 2021 年的 2106.165 亿美元增长至 2023 年的 2587.713 亿美元,年均增幅为 11.432%。从浙江省向共建"一带一路"国家出口来看,出口额从 2021 年的 1445.088 亿美元增长至 2023 年的 1804.520 亿美元,年均增幅为 12.436%;从浙江省自共建"一带一路"国家进口来看,进口额从 2021 年的 661.077 亿美元增长至 2023 年的 783.193 亿美元,年均增幅 9.236%,其中 2022—2023 年度为负增长。浙江省向共建国家的出口规模远远大于进口规模,且始终保持顺差。

浙江省是共建"一带一路"国家在中国最大的贸易合作伙伴之一,也是中国贸易额增速最快的地区之一。如表 1 所示,2021—2023 年浙江省与共建"一带一路"国家贸易规模占全国与共建"一带一路"国家贸易规模的比重不断提升,2023 年浙江省与共建"一带一路"国家贸易占全国与共建"一带一路"国家贸易比重达到 13.240%,可见浙江省与共建国家的经贸关系不断紧密。海关总署与浙江海关公布的数据显示,2024 年第一季度,浙江省对共建"一带一路"国家进出口总额占全国与共建"一带一路"国家进出口总额的 13.056%,继续表现出良好的发展势头。②

① 2024 年浙江省政府工作报告(全文). (2024-01-29)[2024-08-01]. https://zrzyt.zj.gov.cn/art/2024/1/29/art_1289955_59025949.html.

② 一季度增速创 6 个季度以来新高——外贸开局有力起势良好. (2024-04-13)[2024-08-01]. http://gdfs.customs.gov.cn/customs/xwfb34/mtjj35/5813903/index.html;一季度浙江外贸创历史新高. (2024-04-18)[2024-08-01]. https://zjnews.zjol.com.cn/zjnews/202404/t20240418_26783576.shtm.

表1 2021—2023年浙江省与共建"一带一路"国家贸易规模　单位:亿美元

年份	出口额	进口额	进出口总额	顺(逆)差	占全省比重	占全国比重	占全国与共建国家贸易比重
2021	1445.088	661.077	2106.165	1913.718	32.871%	3.513%	12.201%
2022	1703.915	792.643	2496.557	2288.645	35.498%	3.994%	12.495%
2023	1804.520	783.193	2587.713	3478.829	37.483%	4.418%	13.240%

数据来源:笔者根据"国研网—国际贸易研究及决策支持系统"(https://trade.drcnet.com.cn/)整理而成。

2023年,浙江省与共建"一带一路"国家贸易规模达到2587.713亿美元,较2022年增长3.651%。2023年,浙江省与共建"一带一路"国家进口贸易额达到783.193亿美元,较2022年下滑1.192%;出口贸易额达到1804.520亿美元,较2022年提升5.904%。

分区域①来看(见图1、图2),东南亚11国和西亚16国是浙江省主要的"一带一路"合作地区,占浙江省与共建"一带一路"国家贸易规模的67.961%;独联体7国和中亚5国是2023年增幅最大的两个地区,分别达到40.926%和33.367%。具体国别上,俄罗斯、印度尼西亚、印度、阿联酋和越南是浙江省最大的"一带一路"贸易合作伙伴。西亚、东南亚是浙江省最大的进口地区,占整个进口规模的81.910%;东南亚、西亚和南亚是浙江省最大的出口地区,占整个出口规模的79.257%。

2024年第一季度,中国及浙江省继续保持与共建"一带一路"国家经贸合作的良好态势。海关总署发布数据显示,2024年第一季度,中国对共建"一带一路"国家进出口4.82万亿元,同比增长5.5%,高于整体0.5个百分点,占进出口总值的47.4%,同比提升0.2个百分点。② 从进口看,中国自共建"一带一路"

① 本文参考中国研究数据服务平台"一带一路"研究数据库区域分类标准,结合国研网国际贸易研究及决策支持系统数据,将共建"一带一路"64个国家所在区域分为7个地区,分别为:东南亚(越南、老挝、柬埔寨、泰国、缅甸、马来西亚、新加坡、印度尼西亚、文莱、菲律宾、东帝汶,共11国);东亚蒙古国;南亚(印度、巴基斯坦、阿富汗、孟加拉国、斯里兰卡、尼泊尔、不丹、马尔代夫,共8国);中亚(土库曼斯坦、吉尔吉斯斯坦、乌兹别克斯坦、塔吉克斯坦、哈萨克斯坦,共5国);西亚(伊朗、伊拉克、土耳其、叙利亚、约旦、黎巴嫩、以色列、沙特阿拉伯、也门、阿曼、阿联酋、卡塔尔、科威特、巴林、希腊、塞浦路斯,共16国);中东欧(波兰、捷克、斯洛伐克、匈牙利、斯洛文尼亚、克罗地亚、罗马尼亚、保加利亚、塞尔维亚、黑山、北马其顿、波黑、尔巴尼亚、爱沙尼亚、立陶宛、拉脱维亚,共16国);独联体(俄罗斯、乌克兰、白俄罗斯、格鲁吉亚、阿塞拜疆、亚美尼亚、摩尔多瓦,共7国)。

② 一季度货物贸易进出口总值同比增长5%,增速创6个季度以来新高 外贸开局有力、起势良好(权威发布).(2024-04-15)[2024-08-01]. http://www.customs.gov.cn//customs/xwfb34/mtjj35/5813927/index.html.

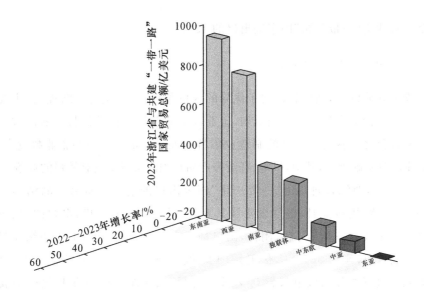

图 1　2023 年浙江省与共建"一带一路"国家分地区贸易总额

数据来源：笔者根据"国研网—国际贸易研究及决策支持系统"（https://trade.drcnet.com.cn/）整理而成。

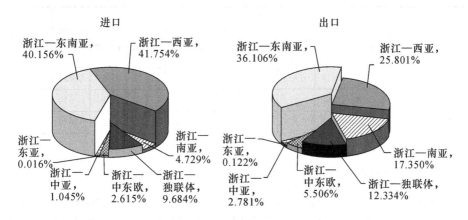

图 2　2023 年浙江省与共建"一带一路"国家分地区进出口占比分布

数据来源：笔者根据"国研网—国际贸易研究及决策支持系统"（https://trade.drcnet.com.cn/）整理而成。

国家进口 2.14 万亿元，同比增长 3.6%；从出口看，中国对共建"一带一路"国家出口 2.68 万亿元，同比增长 7.0%。杭州海关公布的数据显示，浙江省同期对共建"一带一路"国家进出口总值为 6293.00 亿元，同比增长 8.2%，高于整体 0.4 个百分点，占全省进出口总值的 52.2%，拉动全省外贸增速 4.3 个百分点，占全国对共建"一带一路"国家进出口的13.1%。[①]

(二)贸易结构互补交融

改革开放以来,浙江省得益于优异的区位条件,经济实力不断提高,主要经济社会发展指标多年位居全国前列,工业经济效益始终保持优势。浙江省经济发展的特色之一就是外向型的制造业集群式发展。浙江省中小企业数量众多,制造业产业基础雄厚,其中,机电、轻纺等产品在国际市场上具有较强的竞争力。

2023年,浙江省向共建"一带一路"国家出口的前三大贸易产品结构分别是:T16机器、机械器具、电气设备及其零件,录音机及放声机、电视图像、声音的录制和重放设备及其零件、附件,出口额为510.067亿美元;T11纺织原料及纺织制品,出口额为322.445亿美元;T15贱金属及其制品,出口额为222.806亿美元。这三类分属机电仪器与交通工具行业、纺织鞋帽行业和化矿金属行业,占2023年总出口额的58.482%(见表2)。

表2　2023年浙江省与共建"一带一路"主要出口国家的贸易产品结构

单位:亿美元

代码[②]	主要出口国										总出口额
	印度	俄罗斯	越南	印度尼西亚	阿联酋	泰国	马来西亚	菲律宾	土耳其	沙特阿拉伯	
T01	0.001	0.286	1.354	0.423	0.027	0.557	0.187	0.158	0.019	0.031	3.915
T02	0.070	0.381	1.292	0.270	0.076	0.917	0.233	0.093	0.039	0.014	4.239
T03	0.004	0.020	0.006	0.008	0.010	0.013	0.001	0.001	0.007	0.010	0.101

---

① 一季度浙江外贸创历史新高. (2024-04-18)[2024-08-01]. https://zjnews. zjol. com. cn/zjnews/202404/t20240418_26783576. shtm.

② 根据海关进出口商品名称与编码(HSCODE),共有以下22类:T01活动物,动物产品;T02植物产品;T03动、植物油、脂及其分解产品,精制的食用油脂,动、植物蜡;T04食品,饮料、酒及醋,烟草、烟草及烟草代用品的制品;T05矿产品;T06化学工业及其相关工业的产品;T07塑料及其制品,橡胶及其制品;T08生皮、皮革、毛皮及其制品,鞍具及挽具,旅行用品、手提包及类似容器,动物肠线(蚕胶丝除外)制品;T09木及木制品,木炭,软木及软木制品,稻草、秸秆、针茅或其他编结材料制品,篮筐及柳条编结品;T10木浆及其他纤维状纤维素浆,回收(废碎)纸或纸板,纸、纸板及其制品;T11纺织原料及纺织制品;T12鞋、帽、伞、杖、鞭及其零件,已加工的羽毛及其制品,人造花,人发制品;T13石料、石膏、水泥、石棉、云母及类似材料的制品,陶瓷产品,玻璃及其制品;T14天然或养殖珍珠、宝石或半宝石、贵金属、包贵金属及其制品,仿首饰,硬币;T15贱金属及其制品;T16机器、机械器具、电气设备及其零件,录音机及放声机、电视图像、声音的录制和重放设备及其零件、附件;T17车辆、航空器、船舶及有关运输设备;T18光学、照相、电影、计量、检验、医疗或外科用仪器及设备,精密仪器及设备,钟表,乐器,上述物品的零件、附件;T19武器、弹药及其零件、附件;T20杂项制品;T21艺术品、收藏品及古物;T22特殊交易品及未分类商品。

代码	主要出口国										总出口额
	印度	俄罗斯	越南	印度尼西亚	阿联酋	泰国	马来西亚	菲律宾	土耳其	沙特阿拉伯	
T04	0.023	0.381	0.525	0.467	0.283	1.038	0.556	0.605	0.123	0.144	6.313
T05	0.264	0.161	0.494	2.128	0.123	0.380	6.728	0.384	0.026	0.200	42.260
T06	31.482	8.030	8.367	6.535	4.773	6.760	5.221	3.061	5.407	1.863	106.385
T07	17.936	12.423	13.282	9.467	8.808	10.870	8.861	8.253	6.257	6.846	140.639
T08	2.460	2.393	1.774	1.083	1.792	1.477	1.879	1.854	0.149	1.763	24.093
T09	0.311	0.267	0.809	0.197	0.352	1.297	0.507	0.238	0.201	0.280	6.677
T10	2.606	3.006	2.164	1.394	2.711	2.206	1.958	2.034	1.506	2.576	32.298
T11	28.764	22.557	31.756	22.374	21.754	10.972	12.974	9.004	12.211	12.536	322.445
T12	4.369	10.416	1.517	2.027	3.287	1.442	1.825	2.851	0.837	2.663	50.696
T13	7.273	2.302	4.068	2.971	4.180	2.343	2.071	2.248	1.640	2.842	46.581
T14	1.042	0.159	0.107	0.145	0.168	0.325	0.191	0.112	0.208	0.444	4.266
T15	16.928	18.279	20.849	20.444	13.779	19.127	10.831	16.657	10.903	10.812	222.806
T16	70.031	68.357	38.958	41.643	28.662	29.132	20.248	13.203	26.795	15.543	510.067
T17	3.777	16.673	1.324	4.471	9.553	4.477	4.578	3.323	6.197	4.714	95.653
T18	4.694	5.341	4.109	2.362	1.357	2.328	1.875	1.478	1.442	1.053	37.276
T19	0.005	0.002	0.000	0.003	0.006	0.000	0.000	0.000	0.000	0.005	0.049
T20	12.508	12.283	6.828	7.613	7.641	9.806	8.151	10.595	3.229	8.805	131.015
T21	0.000	0.003	0.000	0.000	0.002	0.000	0.000	0.000	0.000	0.000	0.013
T22	0.144	4.806	0.037	0.466	0.050	0.650	1.656	2.514	0.007	0.029	16.733

数据来源：笔者根据"国研网—国际贸易研究及决策支持系统"（https：//trade.drcnet.com.cn/）整理而成。

从出口国别来看，印度、俄罗斯、越南、印度尼西亚和阿联酋是2023年浙江省的主要出口贸易伙伴国（见表2、图3）。其中，第一大贸易产品是T16机器、机械器具、电气设备及其零件，录音机及放声机、电视图像、声音的录制和重放设备及其零件、附件，主要出口对象是印度、俄罗斯和印度尼西亚；第二大贸易产品是T11纺织原料及纺织制品，主要出口对象是越南、印度和孟加拉国等国家；第三大贸易产品是T15贱金属及其制品，主要出口对象为越南、印度尼西亚和泰国等。

2023年，浙江省从共建"一带一路"国家进口的前五大贸易产品结构分别是T05矿产品；T15贱金属及其制品；T07塑料及其制品，橡胶及其制品；T16机

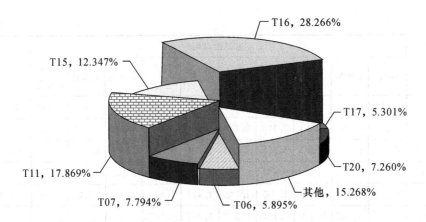

图 3　2023 年浙江省向共建"一带一路"国家出口商品结构

数据来源:笔者根据"国研网—国际贸易研究及决策支持系统"(https://trade.drcnet.com.cn/)整理而成,其他为占比低于 5% 的行业聚合。

器、机械器具、电气设备及其零件,录音机及放声机、电视图像、声音的录制和重放设备及其零件、附件;T06 化学工业及其相关工业的产品。化矿金属行业是浙江省从共建"一带一路"国家进口的主要产业,其中的"矿产品"和"贱金属及其制品"占比高达 2023 年总进口额的 66.614%(见表 3、图 4)。

表 3　2023 年浙江省与共建"一带一路"主要进口国家的贸易产品结构

单位:亿美元

代码	主要出口国										总进口额
	沙特阿拉伯	印度尼西亚	阿联酋	俄罗斯	越南	马来西亚	泰国	伊拉克	新加坡	印度	
T01	0.121	2.309	0.007	0.785	0.590	0.684	0.240	0.000	0.052	2.313	8.515
T02	0.009	0.831	0.012	0.070	4.635	0.077	9.164	0.000	0.009	0.381	18.216
T03	0.000	4.272	0.148	2.011	0.001	0.795	0.007	0.000	0.000	0.088	8.831
T04	0.000	0.705	0.186	0.085	1.049	0.693	2.496	0.000	0.150	0.073	6.787
T05	96.328	14.072	75.724	42.459	0.180	18.009	1.455	43.655	4.602	10.113	368.725
T06	12.582	6.792	0.752	1.779	1.385	5.274	3.394	0.000	3.812	2.905	49.866
T07	8.015	1.778	7.393	0.881	9.487	3.508	14.080	0.000	5.689	0.880	59.834
T08	0.000	0.061	0.000	0.010	0.179	0.003	1.444	0.000	0.244	3.428
T09	0.000	0.662	0.000	1.594	0.497	0.082	0.442	0.000	0.001	4.695
T10	0.000	4.868	0.010	2.620	0.526	0.920	0.785	0.000	0.001	0.161	10.225
T11	0.004	0.518	0.000	0.006	7.599	0.407	0.309	0.000	0.006	1.213	13.818
T12	0.000	0.170	0.000	0.000	0.409	0.000	0.006	0.000	0.000	0.019	0.654

代码	主要出口国										总进口额
	沙特阿拉伯	印度尼西亚	阿联酋	俄罗斯	越南	马来西亚	泰国	伊拉克	新加坡	印度	
T13	0.000	0.002	0.003	0.001	0.010	0.109	0.056	0.000	0.003	0.075	0.342
T14	0.000	0.004	0.013	0.255	0.002	0.002	0.067	0.000	0.007	0.004	0.369
T15	2.361	70.502	4.628	18.924	1.205	13.598	10.191	0.000	1.610	5.290	152.986
T16	0.439	0.583	0.108	0.225	26.197	8.198	6.436	0.000	8.047	0.935	56.393
T17	0.000	0.004	0.001	0.026	0.137	0.024	0.102	0.000	0.000	0.113	11.078
T18	0.000	0.096	0.001	0.028	0.568	1.379	0.386	0.000	2.667	0.038	7.120
T19	0.000	0.000	0.000	0.000	0.000	0.000	0.000	0.000	0.000	0.000	0.000
T20	0.000	0.052	0.000	0.000	0.349	0.166	0.221	0.000	0.001	0.030	1.267
T21	0.000	0.000	0.000	0.000	0.000	0.000	0.000	0.000	0.000	0.000	0.000
T22	0.001	0.003	0.001	0.000	0.006	0.007	0.003	0.000	0.004	0.004	0.043

数据来源:笔者根据"国研网—国际贸易研究及决策支持系统"(https://trade.drcnet.com.cn/)整理而成。

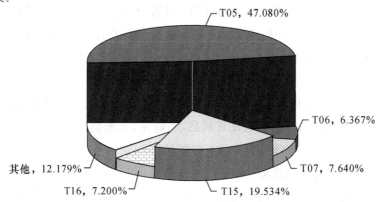

图4　2023年浙江省自共建"一带一路"国家进口商品结构

数据来源:笔者根据"国研网—国际贸易研究及决策支持系统"(https://trade.drcnet.com.cn/)整理而成,其他为占比低于5%的行业集合。

从进口国别来看,沙特阿拉伯、印度尼西亚、阿联酋、俄罗斯和越南是2023年浙江省的主要进口贸易伙伴国。其中,浙江省主要从沙特阿拉伯、阿联酋、伊拉克和俄罗斯等矿产资源丰富的共建"一带一路"国家进口 T05 矿产品;T15 贱金属及其制品则主要进口于印度尼西亚、俄罗斯、马来西亚和泰国。

2023—2024 年,浙江省与共建"一带一路"国家经贸往来不断深化,并在2024 年第一季度继续表现出良好的发展势头。出口层面,机电仪器与交通工具行业、纺织鞋帽行业和化矿金属行业是浙江省向共建国家出口的主要产业,印度、俄罗斯、越南、印度尼西亚和阿联酋是 2023 年浙江省的主要出口贸易伙伴国;进口层面,化矿金属行业是浙江省从共建国家进口的主要产业,沙特阿拉伯、印度尼西亚、阿联酋、俄罗斯和越南是 2023 年浙江省的主要进口贸易伙伴国。

二、浙江省与共建"一带一路"国家贸易潜力

(一)贸易竞争力识别

2021—2023 年,浙江省出口产品的平均 RCA 指数[①]大于 1 的产品种类主要包括:T07 塑料及其制品,橡胶及其制品;T08 生皮、皮革、毛皮及其制品,鞍具及挽具,旅行用品、手提包及类似容器,动物肠线(蚕胶丝除外)制品;T10 木浆及其他纤维状纤维素浆,回收(废碎)纸或纸板,纸、纸板及其制品;T11 纺织原料及纺织制品;T12 鞋、帽、伞、杖、鞭及其零件,已加工的羽毛及其制品,人造花,人发制品;T13 石料、石膏、水泥、石棉、云母及类似材料的制品,陶瓷产品,玻璃及其制品;T15 贱金属及其制品;T16 机器、机械器具、电气设备及其零件,录音机及放声机、电视图像、声音的录制和重放设备及其零件、附件和 T20 杂项制品(见表 4)。这表明,浙江省这五类出口产品具有较强的国际竞争优势。其中,T11 纺织原料及纺织制品是浙江省最具出口竞争优势的产品,2021—2023年平均 RCA 指数达到 4.52,其次是 T20 杂项制品的 4.30 和 T12 鞋、帽、伞、杖、鞭及其零件,已加工的羽毛及其制品,人造花,人发制品的 3.42。浙江省这三类出口产品在国际市场竞争中具有极强的国际竞争力,体现了浙江省纺织产业和轻工业产业发展的优势。

T02 植物产品;T03 动、植物油、脂及其分解产品,精制的食用油脂,动、植物蜡;T14 天然或养殖珍珠、宝石或半宝石、贵金属、包贵金属及其制品,仿首饰,硬币;T21 艺术品、收藏品及古物"的 RCA 指数小于 0.1,表明浙江省这四类产品在出口时处于竞争劣势。一方面,浙江省为人口密集地区,土地资源相对有限,难以满足大规模畜牧与种植产业发展;另一方面,浙江省地质条件不适宜矿产品相关行业发展,难以形成国际竞争优势。

2023 年,部分共建"一带一路"国家的出口产品 RCA 指数平均值大于 1 的产品种类主要包括:T01 活动物,动物产品;T02 植物产品;T03 动、植物油、脂

---

① RCA 指数指显示性比较优势指数(revealed comparative advantage index)。

表 4 2021—2023 年浙江省出口产品 RCA 指数

年份	T01	T02	T03	T04	T05	T06	T07	T08	T09	T10	T11	T12	T13	T14	T15	T16	T17	T18	T19	T20	T21	T22
2021	0.17	0.09	0.02	0.16	0.13	0.65	1.53	2.42	0.79	1.01	4.49	3.39	1.79	0.07	1.45	1.00	0.61	0.68	0.22	4.79	0.03	0.29
2022	0.16	0.09	0.03	0.15	0.17	0.68	1.69	2.89	0.84	1.11	4.53	3.29	1.82	0.07	1.52	1.02	0.59	0.69	0.18	4.37	0.02	0.42
2023	0.13	0.10	0.06	0.14	0.20	0.49	1.75	3.46	0.78	1.14	4.54	3.59	1.73	0.09	1.55	1.09	0.48	0.61	0.10	3.76	0.02	0.73
平均值	0.15	0.09	0.03	0.15	0.17	0.61	1.66	2.92	0.80	1.09	4.52	3.42	1.78	0.07	1.51	1.04	0.56	0.66	0.17	4.30	0.02	0.48

数据来源：笔者根据"国研网—国际贸易研究及决策支持系统"（https://trade.drcnet.com.cn/）和"联合国商品贸易统计数据库"（https://comtradeplus.un.org/）整理而成。

表 5 2023年浙江省与部分共建"一带一路"国家出口产品 RCA 指数

	T01	T02	T03	T04	T05	T06	T07	T08	T09	T10	T11	T12	T13	T14	T15	T16	T17	T18	T19	T20	T21	T22
东南亚																						
菲律宾	0.26	1.02	3.07	0.91	0.38	0.15	0.52	1.72	0.87	0.22	0.35	0.21	0.33	0.59	0.85	2.54	0.22	1.02	0.59	0.35	0.02	0.00
马来西亚	0.25	0.14	9.40	0.67	1.56	0.49	1.11	0.10	1.03	0.59	0.26	0.12	0.81	0.30	0.89	1.81	0.10	1.24	0.00	0.54	0.01	0.11
缅甸	2.11	7.35	0.03	0.36	2.19	0.00	0.44	2.57	0.64	0.05	8.14	4.00	0.02	0.11	0.29	0.09	0.31	0.11	0.00	0.36	0.00	0.00
文莱	0.07	0.00	0.01	0.01	6.96	1.87	0.01	0.00	0.01	0.01	0.01	0.00	0.01	0.01	0.11	0.02	0.04	0.05	0.00	0.00	1.03	0.02
独联体																						
阿塞拜疆	0.04	0.71	0.11	0.14	8.25	0.07	0.33	0.05	0.02	0.01	0.16	0.00	0.08	0.15	0.15	0.02	0.05	0.02	0.00	0.01	0.00	0.00
格鲁吉亚	1.39	1.41	0.62	4.35	1.06	0.66	0.34	0.11	0.96	0.50	1.02	0.24	0.24	0.47	0.71	0.17	3.17	0.38	0.00	0.15	0.05	0.24
摩尔多瓦	0.32	7.76	10.68	3.27	1.06	0.20	0.47	0.90	0.78	0.56	2.34	0.85	2.56	0.03	0.29	0.71	0.15	0.30	0.00	1.58	0.00	0.06
乌克兰	1.75	10.48	27.17	2.47	0.60	0.23	0.21	0.41	5.77	0.47	0.26	0.22	0.73	0.01	1.56	0.29	0.08	0.08	0.06	0.94	0.02	0.13
亚美尼亚	0.55	0.56	0.03	2.89	0.95	0.13	0.19	0.50	0.16	0.04	1.15	0.59	0.40	11.48	0.78	0.61	0.55	0.47	0.00	0.21	0.02	0.03
南亚																						
马尔代夫	32.81	0.00	0.00	7.10	0.01	0.00	0.02	0.00	0.00	0.01	0.00	0.00	0.00	0.00	0.44	0.00	0.00	0.02	0.00	0.00	0.04	0.00
斯里兰卡	1.18	5.41	1.04	1.56	0.31	0.18	1.98	0.42	0.33	0.89	11.53	0.47	0.58	1.07	0.22	0.22	0.18	0.23	0.00	0.56	0.02	0.00
西亚																						
塞浦路斯	3.55	0.46	0.35	0.80	3.03	1.18	0.15	0.37	0.04	0.17	0.15	0.31	0.03	0.13	0.29	0.14	2.49	0.42	1.23	0.22	0.04	0.83
土耳其	0.62	1.60	2.03	1.28	0.76	0.49	1.35	0.63	0.99	0.84	3.46	0.65	1.75	1.60	1.65	0.63	1.20	0.21	5.13	0.94	0.04	0.08

续表

	T01	T02	T03	T04	T05	T06	T07	T08	T09	T10	T11	T12	T13	T14	T15	T16	T17	T18	T19	T20	T21	T22
希腊	2.24	1.42	5.02	2.26	3.03	0.89	0.76	0.84	0.49	1.12	0.94	0.67	0.76	0.05	1.47	0.34	0.10	0.42	0.30	0.74	0.38	0.99
以色列	0.03	0.80	0.13	0.48	0.65	1.62	1.17	0.09	0.04	0.37	0.43	0.15	0.34	3.68	0.55	1.09	0.34	3.41	18.52	0.27	1.08	0.01
中东欧																						
爱沙尼亚	1.59	0.68	4.79	1.42	0.81	0.47	0.75	0.41	14.60	1.52	0.64	0.46	1.41	0.24	1.20	0.92	0.85	0.83	0.26	2.51	0.35	0.02
保加利亚	0.88	2.56	3.42	1.66	0.96	0.79	0.97	0.33	1.23	0.74	1.29	0.61	2.25	0.19	2.11	0.76	0.37	0.66	0.00	1.08	0.05	2.14
北马其顿	0.22	0.79	0.30	1.68	0.68	2.93	0.57	0.18	0.22	0.35	1.64	0.46	1.03	0.02	1.27	0.80	0.53	0.09	0.00	1.84	0.03	0.05
波黑	0.63	0.38	1.39	0.81	0.99	0.70	1.15	1.12	8.24	1.83	1.39	6.18	1.27	0.06	2.66	0.65	0.31	0.13	14.75	3.11	0.01	0.00
波兰	1.97	0.90	0.75	2.24	0.30	0.62	1.63	0.80	1.77	1.81	1.10	1.29	1.71	0.16	1.41	1.04	1.03	0.60	3.29	1.72	0.00	0.08
捷克	0.45	0.33	0.44	0.87	0.19	0.48	1.19	0.37	1.47	1.02	0.64	0.66	1.41	0.09	1.13	1.49	1.82	2.68	2.83	1.82	0.06	0.10
克罗地亚	1.46	1.26	0.80	2.52	1.21	0.86	0.84	1.52	6.80	1.65	1.47	2.00	2.35	0.10	1.31	0.70	0.61	0.35	4.08	1.13	0.03	0.09
拉脱维亚	0.00	1.89	0.93	2.90	0.72	0.86	1.38	0.50	21.12	1.31	0.83	0.74	2.11	0.24	1.02	0.64	0.51	0.73	0.20	1.14	0.03	0.43
立陶宛	1.96	1.90	0.54	2.52	1.30	1.00	1.40	0.48	4.97	1.01	1.10	0.50	1.00	0.10	0.77	0.52	0.67	0.86	0.33	2.96	0.03	0.18
罗马尼亚	0.61	2.31	0.83	1.16	0.49	0.32	1.48	0.86	2.71	0.61	1.09	1.61	0.59	0.00	1.28	1.11	1.41	0.89	0.00	1.27	0.00	0.98
塞尔维亚	0.33	1.85	1.73	2.42	1.01	0.57	2.01	1.32	1.61	1.83	1.04	1.50	1.03	0.02	1.55	0.99	0.45	0.33	2.44	1.27	0.03	0.49
斯洛伐克	0.37	0.48	0.27	0.64	0.35	0.24	1.22	0.47	1.38	1.05	0.50	1.17	0.81	0.04	1.28	1.08	3.12	0.28	3.81	0.90	0.00	0.06
斯洛文尼亚	0.46	0.21	0.18	0.58	0.52	3.57	1.21	0.38	2.51	1.33	0.47	0.51	1.10	0.03	1.24	0.70	0.77	0.51	0.74	0.86	0.02	0.02
匈牙利	0.84	0.71	1.24	1.22	2.29	0.86	1.31	0.59	0.88	0.75	0.40	0.66	1.07	0.03	0.62	1.59	1.51	0.75	0.03	0.88	0.03	0.05
平均值	4.19	2.25	2.90	2.05	1.58	0.61	0.78	0.57	1.54	0.56	2.23	0.69	0.69	0.93	0.78	0.61	0.62	0.53	1.76	0.66	0.15	0.19

数据来源：笔者根据"联合国商品贸易总统计数据库"(https://comtradeplus.un.org/)整理而成。部分共建"一带一路"国家 2023 年数据尚未更新。

及其分解产品,精制的食用油脂,动、植物蜡;T04 食品,饮料、酒及醋,烟草、烟草及烟草代用品的制品;T05 矿产品;T09 木及木制品,木炭,软木及软木制品,稻草、秸秆、针茅或其他编结材料制品,篮筐及柳条编结品;T11 纺织原料及纺织制品;T19 武器、弹药及其零件、附件(见表 5)。

从整体看,浙江省与共建"一带一路"国家在 T11 纺织原料及纺织制品上均具备国际竞争力,在 T06 化学工业及其相关工业的产品;T14 天然或养殖珍珠、宝石或半宝石、贵金属、包贵金属及其制品,仿首饰,硬币;T17 车辆、航空器、船舶及有关运输设备;T18 光学、照相、电影、计量、检验、医疗或外科用仪器及设备、精密仪器及设备,钟表,乐器,上述物品的零件、附件;T21 艺术品、收藏品及古物;T22 特殊交易品及未分类商品上国际竞争力不足。

分区域看,共建"一带一路"的东南亚国家在 T02 植物产品;T03 动、植物油、脂及其分解产品,精制的食用油脂,动、植物蜡;T05 矿产品;T08 生皮、皮革、毛皮及其制品,鞍具及挽具,旅行用品、手提包及类似容器,动物肠线(蚕胶丝除外)制品;T11 纺织原料及纺织制品;T12 鞋、帽、伞、杖、鞭及其零件,已加工的羽毛及其制品,人造花,人发制品;T16 机器、机械器具、电气设备及其零件,录音机及放声机、电视图像、声音的录制和重放设备及其零件、附件等纺织业产品上具有国际贸易领域的独特优势。

共建"一带一路"的独联体国家在动植物产品、木材和矿石加工等产业具有独有的国际贸易优势。具有比较优势的产品有:T02 植物产品;T03 动、植物油、脂及其分解产品,精制的食用油脂,动、植物蜡;T04 食品,饮料、酒及醋,烟草、烟草及烟草代用品的制品;T05 矿产品;T09 木及木制品,木炭,软木及软木制品,稻草、秸秆、针茅或其他编结材料制品,篮筐及柳条编结品;T14 天然或养殖珍珠、宝石或半宝石、贵金属、包贵金属及其制品,仿首饰,硬币。

共建"一带一路"的南亚国家相对贸易竞争优势产业较少,主要集中在:T01 活动物,动物产品;T02 植物产品;T04 食品,饮料、酒及醋,烟草、烟草及烟草代用品的制品;T07 塑料及其制品,橡胶及其制品;T11 纺织原料及纺织制品。

西亚地区的以色列在 T17 车辆、航空器、船舶及有关运输设备;T18 光学、照相、电影、计量、检验、医疗或外科用仪器及设备、精密仪器及设备,钟表,乐器,上述物品的零件、附件;T19 武器、弹药及其零件、附件等高技术产业上具备强大的国际竞争优势。

共建"一带一路"的中东欧国家平均出口产品 RCA 指数大于 1 的产品包括:T01 活动物,动物产品;T02 植物产品;T03 动、植物油、脂及其分解产品,精制的食用油脂,动、植物蜡;T04 食品,饮料、酒及醋,烟草、烟草及烟草代用品的制品;T05 矿产品;T09 木及木制品,木炭,软木及软木制品,稻草、秸秆、针茅或其他编结材料制品,篮筐及柳条编结品;T11 纺织原料及纺织制品;T19 武器、弹药及其零件、附件。

（二）贸易互补性识别

总体上看,浙江省与共建"一带一路"国家在 T11 纺织原料及纺织制品上普遍具有极强的贸易互补性(2023 年平均贸易互补性指数为 6.08),而在 T21 艺术品、收藏品及古物上贸易互补性最差,平均贸易互补性指数接近于 0,在此类产品上贸易结构契合度较小(见表6)。

具体来看,浙江省与共建"一带一路"的东南亚国家的平均贸易互补性指数大于 1 的出口产品种类主要包括:T07 塑料及其制品、橡胶及其制品;T08 生皮、皮革、毛皮及其制品,鞍具及挽具,旅行用品、手提包及类似容器,动物肠线(蚕胶丝除外)制品;T11 纺织原料及纺织制品;T12 鞋、帽、伞、杖、鞭及其零件,已加工的羽毛及其制品,人造花,人发制品;T13 石料、石膏、水泥、石棉、云母及类似材料的制品,陶瓷产品,玻璃及其制品;T15 贱金属及其制品;T20 杂项制品。在 T11 纺织原料及纺织制品上与共建"一带一路"的东南亚国家,特别是缅甸,具有极强的贸易互补性。

浙江省与共建"一带一路"的独联体国家的平均贸易互补性指数大于 1 的出口产品种类主要包括:T07 塑料及其制品,橡胶及其制品;T08 生皮、皮革、毛皮及其制品,鞍具及挽具,旅行用品、手提包及类似容器,动物肠线(蚕胶丝除外)制品;T09 木及木制品,木炭,软木及软木制品,稻草、秸秆、针茅或其他编结材料制品,篮筐及柳条编结品;T10 木浆及其他纤维状纤维素浆,回收(废碎)纸或纸板,纸、纸板及其制品;T11 纺织原料及纺织制品;T13 石料、石膏、水泥、石棉、云母及类似材料的制品,陶瓷产品,玻璃及其制品;T15 贱金属及其制品;T20 杂项制品。浙江省与摩尔多瓦在 T11 纺织原料及纺织制品上的贸易互补性最强。

浙江省与共建"一带一路"的南亚国家的平均贸易互补性指数大于 1 的出口产品种类主要包括:T07 塑料及其制品,橡胶及其制品;T08 生皮、皮革、毛皮及其制品,鞍具及挽具,旅行用品、手提包及类似容器,动物肠线(蚕胶丝除外)制品;T09 木及木制品,木炭,软木及软木制品,稻草、秸秆、针茅或其他编结材料制品,篮筐及柳条编结品;T10 木浆及其他纤维状纤维素浆,回收(废碎)纸或

表 6 2023 年浙江省与部分共建"一带一路"国家贸易互补性指数

国家	T01	T02	T03	T04	T05	T06	T07	T08	T09	T10	T11	T12	T13	T14	T15	T16	T17	T18	T19	T20	T21	T22
东南亚																						
菲律宾	0.18	0.13	0.09	0.24	0.35	0.33	1.59	2.64	0.55	1.09	2.07	2.36	1.80	0.00	1.52	1.23	0.39	0.39	0.09	2.42	0.00	0.00
马来西亚	0.09	0.08	0.09	0.12	0.36	0.35	1.87	1.81	0.41	0.90	1.72	1.24	0.96	0.05	1.77	1.59	0.19	0.46	0.02	1.20	0.00	0.07
缅甸	0.05	0.06	0.38	0.23	0.59	0.44	1.67	1.87	0.18	1.49	14.69	1.63	2.04	0.00	1.64	0.46	0.20	0.13	0.00	1.64	0.00	0.00
文莱	0.11	0.07	0.03	0.15	1.14	0.28	0.60	0.91	0.12	0.41	1.09	0.82	0.58	0.01	0.78	0.35	0.16	0.21	0.07	1.27	0.00	0.04
均值	0.11	0.08	0.15	0.18	0.61	0.35	1.43	1.81	0.31	0.97	4.89	1.51	1.35	0.01	1.43	0.91	0.23	0.30	0.03	1.63	0.00	0.03
独联体																						
阿塞拜疆	0.15	0.15	0.10	0.25	0.21	0.41	1.72	1.76	2.45	1.44	5.16	3.75	2.73	0.01	1.84	0.86	0.52	0.30	0.00	2.91	0.00	1.29
格鲁吉亚	0.17	0.09	0.05	0.26	0.25	0.41	1.61	1.54	1.47	1.07	4.67	3.49	3.46	0.00	1.51	0.59	1.01	0.23	0.00	3.92	0.00	0.22
摩尔多瓦	0.21	0.15	0.04	0.24	0.41	0.46	2.11	4.75	1.92	1.30	6.84	3.43	3.28	0.01	1.03	0.74	0.32	0.28	0.00	3.37	0.00	0.10
乌克兰	0.13	0.10	0.04	0.20	0.30	0.53	2.46	2.70	0.35	1.08	4.60	3.35	1.69	0.00	1.18	0.76	0.50	0.38	0.07	2.01	0.00	2.61
亚美尼亚	0.12	0.09	0.05	0.20	0.16	0.24	1.22	2.33	0.79	1.05	6.57	4.16	2.24	0.51	1.12	0.88	0.53	0.37	0.00	2.62	0.00	0.02
均值	0.16	0.12	0.06	0.23	0.27	0.41	1.83	2.61	1.40	1.19	5.57	3.63	2.68	0.11	1.34	0.77	0.57	0.31	0.01	2.97	0.00	0.85
南亚																						
马尔代夫	0.38	0.19	0.06	0.26	0.47	0.25	1.28	1.59	2.31	0.97	3.09	2.32	3.00	0.00	1.63	0.75	0.26	0.33	0.01	4.93	0.00	0.00
斯里兰卡	0.13	0.20	0.10	0.22	0.46	0.48	2.08	0.91	0.32	2.35	18.49	0.64	0.99	0.05	1.41	0.52	0.05	0.23	0.03	1.27	0.00	0.00
均值	0.25	0.19	0.08	0.24	0.46	0.37	1.68	1.25	1.31	1.66	10.79	1.48	1.99	0.03	1.52	0.64	0.15	0.28	0.02	3.10	0.00	0.00

续表

国家	T01	T02	T03	T04	T05	T06	T07	T08	T09	T10	T11	T12	T13	T14	T15	T16	T17	T18	T19	T20	T21	T22
西亚																						
塞浦路斯	0.16	0.09	0.03	0.31	0.40	0.40	1.14	2.07	0.82	1.08	3.96	3.76	2.43	0.01	1.01	0.46	0.90	0.32	0.06	3.48	0.01	0.43
土耳其	0.03	0.10	0.09	0.08	0.35	0.37	2.32	1.81	0.34	1.07	4.13	1.85	1.19	0.25	2.73	0.82	0.42	0.32	0.05	0.81	0.00	0.00
希腊	0.26	0.09	0.06	0.19	0.50	0.53	1.60	3.38	0.80	1.62	4.76	5.04	1.54	0.01	1.60	0.58	0.25	0.35	0.01	2.94	0.01	1.14
以色列	0.15	0.09	0.04	0.17	0.22	0.45	1.72	1.84	0.90	0.97	4.26	3.88	2.36	0.15	1.46	1.02	0.45	0.67	0.05	3.13	0.01	0.63
均值	0.15	0.09	0.05	0.19	0.37	0.44	1.69	2.27	0.72	1.19	4.27	3.63	1.88	0.10	1.70	0.72	0.51	0.42	0.04	2.59	0.01	0.55
中东欧																						
爱沙尼亚	0.14	0.08	0.16	0.26	0.20	0.41	2.00	2.10	3.27	1.42	4.34	3.36	2.36	0.02	1.95	0.96	0.51	0.39	0.55	3.35	0.00	0.24
保加利亚	0.15	0.10	0.10	0.22	0.28	0.47	2.21	1.97	0.81	1.23	5.40	3.46	1.86	0.02	2.33	0.95	0.36	0.31	0.00	3.15	0.00	0.40
北马其顿	0.15	0.06	0.06	0.21	0.24	0.46	2.03	5.39	1.03	1.11	6.69	1.92	7.60	0.27	2.15	0.81	0.19	0.21	0.00	2.98	0.00	0.06
波黑	0.20	0.11	0.06	0.35	0.25	0.38	2.66	7.37	1.73	1.73	7.14	6.36	3.09	0.01	3.04	0.67	0.31	0.23	0.08	3.16	0.00	0.00
波兰	0.16	0.08	0.06	0.17	0.18	0.46	2.85	3.19	0.61	1.89	6.20	6.08	1.59	0.02	2.22	1.00	0.45	0.38	0.63	2.70	0.00	0.67
捷克	0.09	0.05	0.02	0.13	0.12	0.39	2.56	1.83	0.65	1.28	3.83	3.35	1.52	0.01	2.18	1.62	0.44	0.42	0.31	4.25	0.00	0.03
克罗地亚	0.24	0.09	0.05	0.28	0.30	0.47	2.00	5.08	1.48	1.55	7.00	6.40	2.68	0.01	1.99	0.71	0.40	0.34	0.05	4.06	0.00	0.00
拉脱维亚	0.00	0.07	0.08	0.41	0.20	0.51	2.62	2.37	2.66	1.49	4.41	4.27	3.33	0.02	1.67	0.83	0.54	0.42	0.25	3.12	0.00	0.06
立陶宛	0.21	0.10	0.05	0.25	0.36	0.51	2.13	1.88	1.99	1.23	4.55	3.15	2.10	0.01	1.39	0.74	0.48	0.39	0.17	2.88	0.00	0.00
罗马尼亚	0.16	0.10	0.02	0.19	0.16	0.48	2.72	4.34	0.81	1.15	5.68	4.76	2.13	0.00	2.25	1.13	0.44	0.40	0.00	3.37	0.00	0.40

续表

国家	T01	T02	T03	T04	T05	T06	T07	T08	T09	T10	T11	T12	T13	T14	T15	T16	T17	T18	T19	T20	T21	T22
塞尔维亚	0.09	0.08	0.03	0.18	0.27	0.46	2.78	5.61	1.05	1.80	4.68	2.01	2.14	0.01	2.12	0.79	0.23	0.25	0.01	2.24	0.00	4.23
斯洛伐克	0.10	0.05	0.04	0.13	0.17	0.27	2.37	2.00	0.71	0.95	3.02	4.64	1.74	0.00	2.00	1.37	0.78	0.30	0.40	3.71	0.00	0.04
斯洛文尼亚	0.08	0.05	0.02	0.13	0.17	1.66	1.88	1.87	1.20	1.29	2.65	2.78	1.74	0.01	2.05	0.63	0.35	0.30	0.04	2.24	0.00	0.00
匈牙利	0.09	0.06	0.04	0.14	0.18	0.55	2.49	2.02	0.71	1.26	2.66	2.75	1.60	0.00	1.91	1.51	0.42	0.38	0.01	2.78	0.00	0.07
均值	0.13	0.08	0.06	0.22	0.22	0.53	2.38	3.36	1.34	1.38	4.87	3.95	2.53	0.03	2.09	0.98	0.42	0.34	0.18	3.14	0.00	0.44

数据来源：笔者根据"国研网—国际贸易网—国际贸易研究及决策支持系统"（https://trade.drcnet.com.cn/）和"联合国商品贸易统计数据库"（https://comtradeplus.un.org/）整理而成，部分共建"一带一路"国家2023年数据尚未更新，暂未纳入本次计算。

纸板,纸、纸板及其制品;T11 纺织原料及纺织制品;T13 石料、石膏、水泥、石棉、云母及类似材料的制品,陶瓷产品,玻璃及其制品;T15 贱金属及其制品;T20 杂项制品。在 T11 纺织原料及纺织制品上与共建"一带一路"的南亚国家,特别是斯里兰卡,贸易互补性最强。

浙江省与共建"一带一路"的西亚国家的平均贸易互补性指数大于 1 的出口产品种类主要包括:T07 塑料及其制品,橡胶及其制品;T08 生皮、皮革、毛皮及其制品,鞍具及挽具,旅行用品、手提包及类似容器,动物肠线(蚕胶丝除外)制品;T10 木浆及其他纤维状纤维素浆,回收(废碎)纸或纸板,纸、纸板及其制品;T11 纺织原料及纺织制品;T12 鞋、帽、伞、杖、鞭及其零件,已加工的羽毛及其制品,人造花,人发制品;T13 石料、石膏、水泥、石棉、云母及类似材料的制品,陶瓷产品,玻璃及其制品;T15 贱金属及其制品;T20 杂项制品。其中,浙江省与希腊在 T12 鞋、帽、伞、杖、鞭及其零件,已加工的羽毛及其制品,人造花,人发制品的贸易互补性最强。

浙江省与共建"一带一路"的中东欧国家的平均贸易互补性指数大于 1 的出口产品种类主要包括:T07 塑料及其制品,橡胶及其制品;T08 生皮、皮革、毛皮及其制品,鞍具及挽具,旅行用品、手提包及类似容器,动物肠线(蚕胶丝除外)制品;T09 木及木制品,木炭,软木及软木制品,稻草、秸秆、针茅或其他编结材料制品,篮筐及柳条编结品;T10 木浆及其他纤维状纤维素浆,回收(废碎)纸或纸板,纸、纸板及其制品;T11 纺织原料及纺织制品;T12 鞋、帽、伞、杖、鞭及其零件,已加工的羽毛及其制品,人造花,人发制品;T13 石料、石膏、水泥、石棉、云母及类似材料的制品,陶瓷产品,玻璃及其制品;T15 贱金属及其制品;T20 杂项制品。其中,浙江省与北马其顿在 T13 石料、石膏、水泥、石棉、云母及类似材料的制品,陶瓷产品,玻璃及其制品上的贸易互补性指数在共建"一带一路"的中东欧国家中最大。

对浙江省与共建"一带一路"国家的贸易潜力进行测算可以发现:贸易竞争力上,浙江省在纺织产业和轻工业产业发展具有优势;受人口、自然资源禀赋等限制,浙江省在畜牧与种植业、矿产品等相关行业难以形成国际竞争优势;浙江省与共建"一带一路"国家在纺织产业上均具备国际竞争力。贸易互补性上,浙江省与共建"一带一路"国家,特别是缅甸、摩尔多瓦、斯里兰卡等国在纺织产业上普遍具有极强的贸易互补性,可具体结合浙江省与共建国家贸易互补性指数,识别双方具体的贸易合作领域。

三、浙江省与共建"一带一路"国家贸易合作发展建议

(一)完善顶层设计,激活贸易潜力

浙江省与大多数共建"一带一路"国家建立了稳定的贸易联系。基于贸易规模发展的历史趋势和贸易合作潜力的深入剖析,浙江省可进一步完善战略规划,采取切实可行的潜力激发措施,从而进一步增强与共建"一带一路"国家的贸易联系紧密度,有效释放并提升双方贸易合作的巨大潜力。

一方面,依托中国(浙江)自贸试验区先行先试优势,持续推进与共建"一带一路"国家营商环境的优化工作。通过加强制度质量建设,充分利用浙江省在优势产业方面的制度优势,优化相关产品的贸易环境,以进一步缩小与共建国家之间的制度差距。拟定相关贸易政策支持互补性产业的合作与贸易往来,从而提升浙江省与共建"一带一路"国家建立互惠贸易关系的意愿,并激发双方贸易合作的巨大潜力。

另一方面,紧密联动浙江省内"一带一路"合作开放工程,完善与共建"一带一路"国家贸易合作的信息共享机制。通过定期举办以"浙江—共建'一带一路'国家贸易合作发展"为主题的展览会、论坛、专题研讨会等,邀请浙江与共建国家的专家和企业代表,共同探讨深化贸易合作的最佳实践,吸引更多潜在的合作伙伴和投资者参与并建立合作关系。积极联动中国—中东欧国家经贸合作示范区、世界电子贸易平台(eWTP)、义甬舟开放大通道、"义新欧"中欧班列等浙江省"一带一路"合作开放工程,将浙江打造为"一带一路"核心枢纽。在此基础上,建立省内信息共享机制,确保贸易信息的及时传递,使企业能够更便捷地获取市场动态、政策变化等重要资讯,从而推动贸易便利化进程的不断深化。

(二)创新贸易模式,拓展合作领域

浙江省是我国东部沿海地区的经济大省,凭借独特的地理位置和丰富的资源禀赋,长期以来为我国的经济发展贡献着重要的力量。在深入推进"一带一路"倡议的大背景下,浙江省应积极探索多元化的贸易合作方式,拓展与共建"一带一路"国家的贸易合作领域。支持发展跨境电商等新型贸易形式的发展,并深化与共建国家在产业合作等领域的交流与协作,从而为推动浙江省与共建"一带一路"国家实现经济协同发展、打造互利共赢的新格局提供源源不断的动力。

　　浙江省依托跨境电商先发优势,创新与共建"一带一路"国家贸易合作模式。积极培育并扶持一批专注于"一带一路"的跨境电商主体,引导本地数字企业向专门服务于共建国家的跨境电商综合服务平台转型,提升与共建"一带一路"国家数字贸易合作的深度和广度。加强跨境贸易的物流支撑,明确支持企业在共建国家建立海外仓及推广物流平台。例如,借助地理区位优势与资源成本优势,考虑以中东欧地区为共建"一带一路"欧洲国家的"桥头堡",鼓励跨境电商企业、物流企业等多元主体共同参与海外仓的联合建设,从而完善跨境电商物流服务体系,提高物流效率。推行针对共建"一带一路"国家的跨境电商海关监管模式试点创新,利用物联网、大数据和人工智能等技术,建立智能海关,简化企业办理手续,提高通关效率,为跨境电商企业提供更加便捷、高效的贸易环境。

　　在产业合作方面,浙江省应依托制造业基础深入挖掘与共建"一带一路"国家之间的产业互补性。通过强化技术研发与创新力度,提升产品质量与附加值,从而打造出具备市场竞争力的优势产品。例如,充分利用浙江纺织业的显著优势,融合传统工艺和现代文化元素,设计符合共建国家消费者审美和使用习惯的布艺、丝绸产品等,充分展现浙江独特的地域特色,并满足目标市场的需求,扩大浙江省相关优势产业的市场份额。此外,浙江省还可以与共建国家共同开展产业园区建设等合作项目,旨在携手打造具有国际影响力的产业集群与产业园区,从而推动双方经济的共同发展,实现互利共赢的良好局面。

（审校：卢秋怡）

浙江省与共建"一带一路"国家教育合作发展报告

倪　好　吴易唯

摘要：近年来,浙江省致力于画好"一带一路"同心圆,在语言互联互通、科技人文交流、人才培养等各方面精准发力,与共建"一带一路"国家教育交流合作取得了积极成果。浙江省积极推动基础教育"走出去",加快"职教出海"步伐,深化国际科技创新平台建设,拓展海外学生实践平台,以浙江发展经验为依托开展援外培训,增进与共建"一带一路"国家的民心相通和文明互鉴。浙江教育发力"一带一路"建设,仍面临诸多现实挑战,如国际顶尖高校资源引进不足、缺乏对国际组织的吸引力和影响力、职业教育国际化联动机制不完善、教育标准国际认可度不高等。为在下一个"金色十年"开启高质量共建"一带一路"教育合作新征程,浙江省应吸引国外顶尖高校在省内办学,推动职业教育国际化高质量发展,促进浙江教育标准与国际深度融合。

关键词："一带一路";教育交流与合作;浙江省;"职教出海";民心相通

作者简介：倪好,浙江大学区域协调发展研究中心副研究员,浙江大学中东欧研究中心主任,浙江大学中国西部发展研究院副院长,兼任浙江大学国家制度研究院特聘研究员,民盟中央启真智库特聘研究员,浙江省新型智库研究会理事,中国高等教育学会"一带一路"研究分会理事。

吴易唯,浙江大学区域协调发展研究中心研究助理,浙江大学外国语学院研究生。

"一带一路"倡议提出以来,在习近平总书记的亲自谋划、亲自倡议、亲自部署、亲自推动下,"一带一路"倡议从愿景变为现实,实现高质量发展。2023年9月,习近平总书记又一次亲临浙江考察,做出浙江要在深化改革扩大开放上续写新篇、全力服务共建"一带一路"的重要要求。① 浙江省深入贯彻习近平总书记重要指示精神,以政策沟通、设施联通、贸易畅通、资金融通、民心相通为主线,全方位参与共建"一带一路"。

教育是国家富强、民族繁荣、人民幸福之本,当前世界局势风云诡谲,教育交流与合作是顺应世界融合发展的必然选择。共建"一带一路"国家唇齿相依,合力推进"一带一路"倡议,教育交流源远流长,教育合作前景广阔。浙江省高等教育国际化工作走在前列,浙江省高校在服务"一带一路"倡议方面起步早,取得了较好的成绩。截至 2024 年 1 月,全省 30 所高校在 33 个国家设立了 39 所丝路学院,在丝路学院培育的基础上,3 个项目被认定为国家首批鲁班工坊,入选数量居全国第二位。② 迈入"黄金十年"以来,浙江省在语言互联互通、科技人文交流、人才培养等各方面精准发力,大力推动共建"一带一路"教育行动更高质量发展,增进与共建"一带一路"国家的民心相通和文明互鉴。

一、浙江省与共建"一带一路"国家教育合作发展的现状

(一) 以基础为基点,率先推动基础教育"走出去"

习近平总书记在中共中央政治局第五次集体学习时强调:"建设教育强国,基点在基础教育。"③同时,他极为重视教育对外开放在加快建设教育强国进程中的重要作用,强调要完善教育对外开放战略策略。因此,基础教育阶段的对外开放与合作至关重要。

浙江省积极推动基础教育"走出去",走向共建"一带一路"国家。迪拜中国学校就是浙江省基础教育"走出去"的典型案例,是教育部第一批海外中国国际学校试点单位之一,也是成功创办的第一所海外基础教育中国国际学校。④ 作为中东地区第一所正式使用中文教学的公立小学,迪拜中国学校从小培养学生的语言能力,并深化他们对中国文化的认知,是中国基础教育"走出去"的一张金名片。该学校传承了杭州第二中学卓越的办学传统和先进的教学理念,不断

① 以高质量共建"一带一路"为引领全力打造高能级开放强省. (2023-11-22)[2024-03-27]. https://www.zj.gov.cn/art/2023/11/22/art_1545482_60182900.html.

② 共创"一带一路"上的"技术驿站" 四方在吉筹建"鲁班工坊". (2023-08-13)[2024-03-27]. https://zjydyl.zj.gov.cn/art/2023/8/13/art_1229691760_40530.html.

③ 习近平在中共中央政治局第五次集体学习时强调加快建设教育强国 为中华民族伟大复兴提供有利支撑. 人民日报,2023-05-30(1).

④ 杨宇. 中国基础教育走出去的"金名片"——访迪拜中国学校. (2023-11-14)[2024-03-25]. https://www.yidaiyilu.gov.cn/p/0OFFO6IC.html.

研发具有中国特色和国际优势的课程,以中国全日制课程为主,涵盖国内全部学科和相关标准,以阿联酋本地课程和国际课程为辅,开展差异化教学。在2023年3月迪拜知识与人力发展局对新办学校进行的首轮等级评估中,迪拜中国学校在47个评估项目中取得23项优秀,是唯一获得最高等级"GOOD"的学校。中国基础教育"走出去"取得了显著的成绩和认可,为国际化教育领域提供了有益经验和示范。

(二)传承丝路精神,加快"职教出海"步伐

职业教育服务于"一带一路"倡议,是推进中国外交战略实施的重要路径,是新时代教育对外开放的重要组成部分。浙江省的职业教育一直走在全国前列,积极服务于共建"一带一路",进一步传播中华文化,深化中外交流与合作,提升国际声誉和影响力。浙江省职业教育力量协同"走出去"浙企力量,在柬埔寨、马来西亚、坦桑尼亚、塔吉克斯坦、坦桑尼亚等共建"一带一路"国家已经建立起一批海内外培训基地和海外实践教学基地,培养当地迫切需要的技能人才,积极推进"一带一路"职教联盟建设,加速教育领域高水平对外开放。

2018年以来,习近平主席在多个重要外交场合提及"鲁班工坊"。2023年10月,在第三届"一带一路"国际合作高峰论坛开幕式上,习近平主席在主旨演讲中再次提到"鲁班工坊"。鲁班工坊是将职业教育带往共建"一带一路"国家的重要渠道。2022年8月,金华职业技术学院和卢旺达理工学院合作共建的卢旺达鲁班工坊获批全国首批鲁班工坊运营项目。[①] 2023年9月,金华职业技术学院派出新冠疫情后首批赴卢旺达工作团,帮助完成工坊的实训室建设和教师培训等工作,促进了中国与卢旺达的人文交往和民心相通。2023年8月,浙江水利水电学院在中国教育国际交流协会和浙江省教育厅的指导和支持下,和吉尔吉斯斯坦国立技术大学、浙江交通职业技术学院一起,共同推进鲁班工坊建设,为吉尔吉斯斯坦经济社会发展、中吉高质量共建"一带一路"提供强有力的专业技术人才支撑,为两国教育领域合作注入新动能、增添新活力。

为深入服务"一带一路"倡议,浙江省于2016年提出了建设"'一带一路'丝路学院"的设想,办学内容和办学形式丰富多样,涵盖人才培养、技能培训、国别研究、政策咨询、文化交流等。2024年1月,由浙江省教育厅、浙江省发展和改革委员会、浙江省商务厅和浙江省人民政府外事办公室联合印发的《"一带一路

---

① 周林怡,胡静漪. 鲁班工坊,花开"一带一路".（2023-11-28）[2024-03-20]. https://mepaper.zjol. com. cn/szb/zjrb_hd_news. html? theDate＝2023-11-28&link_text＝content_3702429. htm? div＝-1.

'丝路学院'"高质量发展行动方案(2024 年—2027 年)》提出,到 2027 年,在共建"一带一路"国家建立 50 所丝路学院,输出一批专业标准、课程标准,为共建国家培养一批了解中国企业标准、具备专业技能的高素质本土化人才,与相关国家开展更大范围、更高层次人文交流。① 浙江工业职业技术学院紧抓"一带一路"倡议与"中非合作论坛"发展机遇,与尼日利亚埃邦伊州立大学、浙江交工国际工程有限公司共建"中国—尼日利亚丝路学院",截至 2023 年 10 月,近 70 名学生完成培训并获得结业证书。② 学院从语言学习的供给侧入手,举办"中文＋职业技能"培训,促进技术技能培训协同中文"走出去",缓解境外中资企业发展中的人力资本难题。目前,学院已在马来西亚、乌兹别克斯坦等国家高校中开展"中文＋职业技能"培训,涵盖生物技术、机电一体化等领域,帮助共建"一带一路"国家培训近两千人。此外,浙江省职业院校还致力于建立一套包括专业标准、课程标准、培训标准、设备标准等在内的国际化职业教育标准,比如浙江工业职业技术学院整合政校行企资源,总结职业教育教学培训经验,立足非洲国家职业教育发展需要,输出中国职业教育标准。浙江省职业院校积极主动服务国家发展战略大局,走稳境外办学之路,进一步提升浙江职业教育在共建"一带一路"国家的办学影响力。

(三)构建科技共同体,深化国际科创平台建设

浙江省面向共建"一带一路"国家创新合作需求,共建科技创新平台,共推产业创新合作,共育高端创新人才,携手深化科技创新合作,释放出推动共建"一带一路"高质量发展的强劲动能。

近年来,浙江省科技厅聚焦全球创新链合作、中外共同关注的民生科技、全球重大发展议题等领域培育建设了一批省级国际联合实验室,支持省内高校院所、企业与海外创新主体共同打造高水平科学研究和前沿关键技术联合研发的双向科研平台,加强优势产业和民生领域先进适用技术的全球示范推广,建设互信、融合、包容的创新共同体。浙江大学举办"海上丝绸之路高端国际论坛""中葡海洋论坛""海洋法国际学术研讨会"等学术活动,围绕海洋科学与技术、海上经济技术合作、可持续开发利用海洋资源,加强与共建"一带一路"国家的

① 浙江推进"丝路学院"高质量发展到 2027 年建 50 所.(2024-01-11)[2024-03-27].https://www.chinanews.com.cn/gn/2024/01-11/10144490.shtml.
② 浙江工业职业技术学院:服务"一带一路"倡议助推中国职教"走出去".(2023-11-01)[2024-03-20].https://www.tech.net.cn/news/show-101483.html.

科技交流,先后共建"中国—印度尼西亚海洋科学与技术中心""中国—印度尼西亚生物技术联合实验室""浙江—马来西亚传统药物联合研究中心"等科研平台,参与政府重大项目,共同应对生态能源、人口健康、文化遗产保护等领域的重大挑战和机遇。2023年,浙江大学国际健康医学研究院申报的"浙江—丹麦再生与衰老医学联合实验室"获批省级国际联合实验室,以浙江大学国际健康医学研究院再生与衰老医学中心为依托,与丹麦哥本哈根大学合作共建,面向国际科学前沿和国家重大需求,围绕生命健康和新材料两大科创高地,研发衰老相关疾病的干预治疗策略。其作为双向科研平台,致力于开展高水平科学研究、前沿关键技术联合研发、先进适用技术示范推广和转移转化,有助于推动人才科技在国际领域的交流合作。①

浙江省高校积极为共建"一带一路"国家培养科技专业人才。浙江大学积极打造"一带一路"教育科研共同体,加强与共建"一带一路"国家高校和科研机构的合作,努力构建"一带一路"教育科研共同体。据统计,2023年到浙江大学攻读学位的共建"一带一路"国家的学生有2836人,占学位生总数的60.2%,覆盖90%的共建"一带一路"国家。13个学科门类均招收国际留学生,其中工科、医科、农科的国际留学生分别占总人数的21%、17%和4%。浙江大学设立临床医学、海洋学等一批人才培养项目,为共建"一带一路"国家培养各类专业人才。浙江大学"一带一路"国际医学院承接学校MBBS项目,两年(2023年和2024年)内招收来自泰国、加拿大、巴西、哈萨克斯坦、意大利、埃及等全球42个国家的183名国际本科生,生源数量和质量均居全国前列。②"一带一路"国际医学院深化与各国在医学、文化等领域的交流,培养高级医卫专业人才和一批促进国际文化交流的友谊使者,不仅填补了当地高等教育的空白,还为"一带一路"的发展提供了新思路,打造了新范式。

(四)深入当地,建设国际化思政教育实践平台

开展海外社会实践是浙江省在新形势下推动中华文化"走出去"和中外文明交流互鉴的实践探索。浙江省高校积极组织社会实践团队,前往共建"一带一路"国家开展在地国际化思政课,服务当地建设发展,架起中外文化交流、增进人民友谊的桥梁,大力打造新时代文化高地和"一带一路"重要枢纽。浙江大

---

① 义乌获批首个省级国际联合实验室. (2024-01-23)[2024-03-20]. https://zjydyl.zj.gov.cn/art/2024/1/23/art_1229691760_42218.html.
② 笔者根据浙江大学外事处数据整理而成。

学党委研究生工作部、研究生院于 2018 年启动实施"致远"研究生海外社会实践行动计划,涵盖 15 个共建"一带一路"国家,围绕国家"一带一路"倡议部署和学校"双一流"建设目标,在这些国家开拓建立研究生社会实践基地,并开展为期 4—6 周的海外社会实践。2023 年 8 月,浙江大学电气工程学院实践团来到阿拉伯半岛阿曼益贝利,近距离感受能源"绿洲"的中国智慧,围绕"一带一路"新能源建设主题,与当地高校和科研机构开展合作。浙江大学传媒与国际文化学院社会实践团来到阿联酋,参访了中国驻阿联酋大使馆、中国驻迪拜领事馆、中央广播电视总台中东总站、阿联酋大学、中建中东公司等超过 20 家单位,深入了解当地的文化背景、社会发展概况,立足阿联酋及中阿关系实际,从青年人的视角出发对中阿这十年的经贸合作、文化互鉴等方面展开调研实践活动,推动两国文明交流互鉴。[1] 2024 年,浙江大学党委研究生工作部选拔优秀研究生分别赴阿联酋、巴西、南非、埃及等金砖国家开展交流活动。通过这些社会实践机会,引导学生主动服务国家战略需求,积极践行人类命运共同体理念,努力成为全球化合作共赢的建设者。

(五)共享治理经验,以浙江发展经验为依托开展援外培训

继续教育与国家经济发展紧密相连,在"一带一路"建设中发挥着重要的作用。浙江省继续教育工作紧跟"一带一路"新形势和发展方向的变化,根据战略和现实需求深化课程教学改革,积极举办中央部委委托的重点项目,以浙江发展经验为依托,为共建"一带一路"国家人才提供高端培训。

2023 年 8 月,浙江大学国际发展与治理研究中心举办了首期中国—东盟数字经济研修班,来自文莱、柬埔寨、印度尼西亚、老挝、马来西亚、缅甸等六个东盟成员国的厅局级和处级官员、产业界人士和专家学者共 54 人参加研修班。[2] 开办该研修班的目的是落实国家领导人在第 25 次中国—东盟(10+1)领导人会议上的相关承诺,顺应东盟国家的普遍需求,加强央地合作、政产研学合作和中国—东盟交流合作,促进双方共同发展,在本区域切实践行人类命运共同体理念。该研修班是依托浙江省在数字经济发展方面的优势,全流程参与中央有关决策、服务大国外交的成功案例。浙江大学中国农村发展研究院自 2004 年

① 浙大学子奔赴"一带一路"沿线国家开展海外社会实践.(2023-08-24)[2024-03-20]. http://world. people.com.cn/n1/2023/0824/c1002-40063296.html.
② 中国—东盟数字经济研修班在浙江大学开幕.(2023-08-14)[2024-03-20]. https://h.xinhuaxmt. com/vh512/share/11637160?d=134b29e&channel=weixin.

起承办商务部援外培训项目,主要研修内容涵盖中国经济改革与发展、中国反贫困实践个案分析、农业可持续发展与农村发展的结构转换、浙江省的经济发展与反贫困经验等,采用课堂教学和实地考察相结合的方式进行,增加发展中国家对中国改革开放以来取得成就和反贫困经验的感性了解。自启动以来,已有 100 多个发展中国家的 700 多名司处级官员参加了历次研修活动,在国内外取得了良好的反响。① 2023 年 11 月,浙江工商大学继续教育学院承办了 3 期商务部国际商务官员研修班,研修主题主要围绕发展中国家吸引国际投资、经济技术合作促进、经济外交等三方面展开,研修内容围绕"一带一路"国家专门设计课程及考察点,共有来自巴拿马、秘鲁、老挝、尼泊尔等 15 个国家的 101 名学员顺利完成培训学业。② 这些援外培训项目向共建"一带一路"国家推介了"浙江经验"和浙江发展模式,对浙江的对外合作起到了良好的催化作用。

二、浙江省与共建"一带一路"国家教育合作发展面临的挑战

(一)国际顶尖高校资源引进难度大

浙江省中外合作办学起步早,从宁波诺丁汉大学、温州肯恩大学到浙江大学爱丁堡大学联合学院、浙江大学伊利诺伊大学厄巴纳香槟校区联合学院、温州医科大学阿尔伯塔学院等,中外合作办学机构蓬勃发展。根据教育部和浙江省教育厅数据,截至 2024 年 1 月,浙江省共有中外合作办学机构 26 所,中外合作办学项目 161 个,数量居全国前列③,但是专科及非学历高等教育占比较高,引进的国际顶尖高校资源极少。虽然近年来,浙江省多次在有关报告、意见中提出要支持省内各地市、高校引进国内外高水平大学来浙江办学,并提出推进国际名校引育工程建设,但目前引进世界排名前 100 位的国(境)外高校仍然具有难度。一方面是因为优惠政策模糊,具体化的政策规范欠缺,海外顶尖大学来浙江办学的意愿低,另一方面是因为海外名校在国内办学涉及资源可持续问题以及外方政治、意识形态方面的限制。

---

① 2023 年"发展中国家反贫困问题高级研修班"开班仪式在浙江大学紫金港校区顺利举行. (2023-05-29)[2024-03-20]. http://www. card. zju. cn/2023/0529/c24473a2764496/page. htm.

② 响应"一带一路"倡议,我院再次承接商务部官员研修班. (2023-12-05)[2024-03-20]. https://jxjy.zjgsu. edu. cn/2023/1205/c2615a153782/page. htm.

③ 首届浙江省中外合作办学年会暨浙江省中外合作办学联盟成立仪式在杭举办. (2024-01-23)[2024-03-20]. http://jyt. zj. gov. cn/art/2024/1/23/art_1543973_58941686. html.

(二)对国际组织的吸引力和影响力有待提高

国际组织是全球治理和多边合作的主要平台,是现代国际关系的重要组成部分,其进驻的情况是衡量一个城市国际化发展程度的重要标尺。首先,浙江省对国际组织的吸引力不足,在浙江省直接落地和设立代表处的国际组织为数不多,目前仅有世界互联网大会乌镇峰会、联合国全球地理信息知识与创新中心、国际小水电联合会、国际丝绸联盟等。其次,浙江省对于国际组织的管理较为分散,没有和北京及上海一样建立国际组织总部集聚区,也没有出台完善的境外国际组织管理办法,无法向国际学术组织提供具有吸引力的优惠政策。最后,浙江省在国际组织中的影响力也不够广泛,例如,有384个国内科技社团加入了国际组织,但浙江省科学家在国际组织具有决策权职位的仅有23位。

(三)职业教育国际化联动机制不完善

浙江省的职业教育国际化呈现蓬勃发展的良好势头,但在管理模式、联动机制、队伍建设等方面还存在一些薄弱环节。职业教育协同企业"走出去"的过程中存在利益冲突,企业更关注短期利益回报,而学校更关注教学成效。"走出去"对职业教育的师资力量有较高的要求,目前浙江省职业院校国际化师资建设与"走出去"发展还存在差距,缺乏具有国际职业资格证书的专任教师。此外,职业教育"走出去"缺乏更加完备的政策制度建设,尤其是配套的激励和保障机制,办学成本主要由学校和合作企业承担,影响了职业教育"走出去"的办学规模扩大和可持续发展。

(四)教育标准的国际认可度亟待提升

为了深化教育国际交流与合作,提升中国教育国际影响力,就需要推动中国教育标准"走出去"。浙江省积极推动基础教育、职业教育、高等教育等"走出去",但更多强调的是"人"和"物"等有形载体"走出去",在教育标准等无形载体方面还有较大的提升空间。浙江在幼儿教育领域形成了"安吉游戏",在职业教育领域形成了"丝路学院",在高等教育改革中形成了"西湖大学模式"等教育名片,以及在教材、教案、人才培养方案、职业技能标准等方面都有一些创新举措,但浙江省的教育标准还未在国际上实现广泛应用,面临着标准国际认可度不高、参与国际教育标准制定的力度不够、成果输出存在多语种文本影响受众范围等问题。

三、浙江省与共建"一带一路"国家教育合作发展的对策建议

(一)吸引国外顶尖高校在浙江省内办学

首先,科学制定引进规划,制定出台吸引国外高校在浙江省内设立分校或合作办学的相关政策和法规,着力吸引私立名校及共建"一带一路"友好国家的一流教育资源。在关键技术领域,不局限于海外名校,可选择性引入专业领先名校。同时,以"规定""条例""立法"等表达完善优惠政策的具体化描述,逐步提升海外名校国内办分校意愿,拓展合作办学广度和深度。一方面,扩大财政支持,以赞助性经费吸引海外名校在浙江省办分校;另一方面,完善细化《中华人民共和国中外合作办学条例》,出台具体化优惠政策及相关规定。其次,保障全方位、可持续的优质教育资源供给,强化制度保障和主动培养,稳定教师队伍,并强化外方经费投入规定,拓宽经费渠道。最后,加强顶层设计,系统性开展"教育外交",政府及教育行政部门牵头开展专题交流会、恳谈会、校长论坛等,邀请世界一流大学领导人、外交参赞等参加,鼓励浙江高校在海外名校合作办学中讲好中国教育故事,促进民心相通,扩大浙江教育的国际影响力,完善合作共赢机制。

(二)加强吸引和发挥国际组织作用

国际组织选择驻地会将经济实力、政治地位、法治环境、交通便利、语言文化、自然生态等多重因素纳入考量,所以浙江省应当将这些要素作为主要发力方向。[①] 首先,加强政策保障,出台境外国际组织管理办法,制定有利于国际学术组织在浙江省开展活动的政策,提供诸如税收、人才引进、科研经费支持等方面的优惠政策,放宽国际组织会员国籍、人数等审核要求,降低其在浙江省活动的成本。其次,筹划浙江省国际组织集聚区和总部,作为国际组织聚集发展的核心区域,并配套发展相关的服务体系,比如语言交流、医疗服务、教育供给等。最后,扩大国际组织"朋友圈",申请成为国家重大主场外交及大型国际化活动主办地,支持浙江企业参与国际组织运营,积极开展国际组织人才培养,并向国际组织推送专业人才。

---

① 彭晓钊. 关于深圳吸引和发挥国际组织作用的思考和建议. (2022-05-05)[2024-04-19]. https://www.thepaper.cn/newsDetail_forward_17937360.

（三）推动职业教育国际化高质量发展

首先，职业院校应当优化国际合作形式，加强多元主体的紧密合作，强化与地方政府、当地政府、本地院校、海外院校、行业企业（特别是头部企业）、大型"走出去"企业的深度合作，实现校企互利共赢。其次，职业院校应当推进建设一支具有国际视野、国际教育教学能力的师资队伍，通过国际访学、团队研修、项目实践等多种形式，进一步提升多元化教学语言水平和教学组织能力，全面提高师资队伍的国际化水平，更好地培养国际化的职业技术高层次人才。最后，职业院校应当做好职业教育国际化的顶层设计和制度保障，出台相关的专项规划，明确发展方向、重点任务、推进策略、保障机制等，进行总体设计和统筹指导。

（四）推动浙江教育标准与国际深度融合

制定并拥有一套科学规范、包容开放、便于实施的标准，是提高中外需求融合度，促进我国更好参与全球教育治理的必由之路。浙江省教育标准"走出去"，具体可经由模式输出、课程输出、教材输出、师资输出、评价标准输出等对应人才培养目标的标准输出得以实现，完善教育标准输出评价体系，聚焦标准的建设质量评价和标准输出的认可度评价，重视"走出去"企业和受援国相关机构的满意度评价。组织相关专家建立标准建设工作小组，积极加入国际教育标准研制机构，参与国际教育领域标准研制等活动，扩大浙江省教育标准的影响力。此外，做好标准的多语种编译工作，加大共建"一带一路"国家官方语言使用较高的阿拉伯语和俄语的翻译力度，扩大标准的受众范围。[①]

（审校：陈越柳）

---

① 聚焦标准输出，推动职业教育走出去.（2021-12-14）[2024-04-15]. http://www.jyb.cn/rmtzgjyb/ 202112/t20211214_670339.html.

浙江省与共建"一带一路"国家
服务贸易合作发展报告①

隋月红　许光建　徐泽群

　　摘要:本文研究了浙江省与共建"一带一路"国家服务贸易的发展特征,明确了服务贸易合作的重点区域与业务领域。研究发现,浙江省在"一带一路"区位的服务贸易增速较快、取得了"结构性顺差"的好成绩,且数字化特征明显。技术与知识密集型服务贸易是未来的量级增长领域,将内陆运输服务与"海上数字丝绸之路"相结合、大力发展海外工程服务、宣传浙江文化与高质量的离岸外包是重要的业务领域。最后,本文提出深化浙江数字经济优势、开拓服务贸易地理空间、重视标准研究、抢占国际数字经贸规则标准话语权等对策建议。

　　关键词:服务贸易;"一带一路";合作;浙江省;重点领域

　　作者简介:隋月红,中国计量大学"一带一路"区域标准化研究中心副教授。许光建,中国计量大学"一带一路"区域标准化研究中心讲师。徐泽群,中国计量大学"一带一路"区域标准化研究中心讲师。

　　服务贸易以无形性为主要特征,相比货物贸易,可揭示更高层次的国际合作与发展水平。推动共建"一带一路"国家服务贸易的发展,对于加深国家经贸关系、惠及广大发展中国家具有重要现实意义。目前,我国与六大区块的经济合作主要集中在基础设施建设和制造业领域,服务业联系较少,但发展迅速。总体来看,我国主要在东南亚和南亚地区提供信息技术、知识产权等服务外包,以协助当地制造业发展;在中亚、中东和非洲等地区发展运输服务以推动油气、矿产和农产品贸易;在中东欧、东南亚地区开展旅游服务;在中东、中东欧地区发展建筑服务业。浙江作为重要的外向型经济大省,在推动优势服务业"走出

---

①　本文中涉及浙江省与共建"一带一路"国家服务贸易数据统计截至 2023 年上半年,后续数据尚未发布。

去"、参与共建"一带一路"国家服务贸易竞争中呈现出了独特的空间特征。本文致力于探索浙江在践行"一带一路"倡议第一个十年中的服务贸易重点合作领域,以期对下一个十年的高质量发展提供相应的对策建议。

一、浙江省与共建"一带一路"国家服务贸易的发展情况

浙江省与共建"一带一路"国家的服务贸易联系日趋紧密,主要集中在商业服务,金融服务,电信、计算机和信息服务,运输服务,建筑服务等五个领域,涵盖东南亚、南亚、中亚、中东、非洲、中东欧等六个区域。

2022 年,浙江省对共建"一带一路"国家服务贸易进出口额达 30.68 亿美元,同比增长 82.70%,进口 4.80 亿美元,出口 25.88 亿美元,出口占比为 81.43%。2023 年 1—6 月,浙江省对共建"一带一路"国家服务贸易进出口总额 10.83 亿美元,进口 1535.19 万美元,出口 10.68 亿美元。① 浙江省与共建"一带一路"国家服务贸易呈现出增速快、顺差大的显著特征,实现了服务贸易长期逆差中的"结构性顺差"(见图 1)。

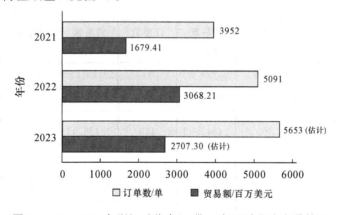

图 1 2021—2023 年浙江对共建"一带一路"国家服务贸易情况

(一)浙江省与共建"一带一路"国家服务贸易的行业结构

浙江省与共建"一带一路"国家服务贸易的行业结构中,数字化特点明显。2022 年,浙江省与共建"一带一路"国家服务贸易的前三位行业数字化程度较高,分别是其他商业服务,金融服务,电信、计算机和信息服务,共计超过 70%。相反,传统优势服务贸易行业——运输和建筑服务排在第四和第五位,共计约

---

① 笔者根据"浙江省商务厅"(http://www.zcom.gov.cn/)的数据整理而成。其他浙江与共建"一带一路"国家服务贸易数据除另行说明,均来自浙江省商务厅。

23%。从外贸订单上看,其他商业服务占了绝大多数,金融服务,电信、计算机和信息服务的订单数量不多,但是贸易金额大(见图2、表1)。

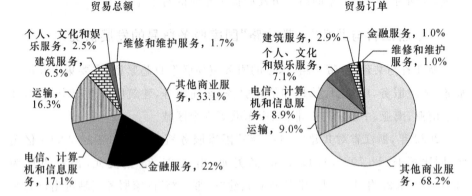

图 2　2021—2023 年上半年浙江与共建"一带一路"国家服务贸易分行业情况

表 1　2021—2023 年上半年浙江与共建"一带一路"国家服务贸易分行业情况

服务贸易行业	2021 年		2022 年		2023 年上半年	
	订单数(个)	贸易额(万美元)	订单数(个)	贸易额(万美元)	订单数(个)	贸易额(万美元)
其他商业服务	2706	65399.99	3473	101361.50	1672	27583.28
金融服务	41	34317.06	52	67540.98	27	14232.11
电信、计算机和信息服务	363	24541.92	453	52426.41	125	9909.39
运输	137	6496.12	460	49872.64	164	37923.12
建筑服务	112	18434.73	150	20017.31	63	10971.49
个人、文化和娱乐服务	338	6775.68	363	7572.34	139	1671.40
维护和维修服务	61	5593.88	50	5222.48	19	4918.94
保险养老金服务	7	0.04	20	19.51	3	9.54
加工服务	47	4823.05	38	2256.35	24	737.57
知识产权使用费	137	1532.57	24	211.41	7	171.90
旅行	—	—	6	83.02	17	159.05

(二)浙江省与共建"一带一路"国家服务贸易的地理结构

2021—2023 年上半年,浙江省与共建"一带一路"国家国际服务贸易的大多数订单来自东南亚和中东两地区,占总贸易额近 80%,联系最紧密的 10 个国家分别是阿联酋、新加坡、越南、马来西亚、印度、泰国、波兰、印度尼西亚、土耳其和菲律宾,贸易订单比重近 60%;从贸易额来看,新加坡、马来西亚、越南、印度尼西亚、印度、阿联酋和泰国分列前七位。浙江省与东欧、南欧和中亚国家的服务贸易仍有较大开拓空间(见图 3、图 4)。

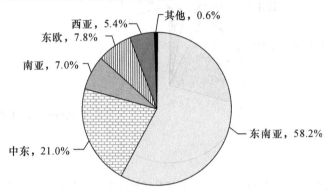

图 3　2021—2023 年上半年浙江与共建"一带一路"国家的服务贸易份额

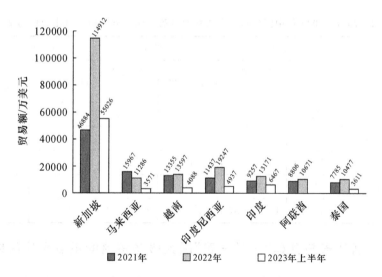

图 4　2021—2023 年上半年浙江与共建"一带一路"国家的服务贸易额

(三)中国(浙江)自由贸易试验区与共建"一带一路"国家服务贸易的发展情况

中国(浙江)自由贸易试验区成为推动共建"一带一路"国家服务贸易发展的重要引擎。2021—2023 年上半年,在统计的 88 个县区市、经济开发区中,国际服务贸易总额排名依次为杭州(钱塘区、滨江区、萧山区,11.075亿美元)、舟山(定海区、岱山县、普陀区、海洋产业集聚区,1.954亿美元)、宁波(北仑区、宁波市保税区、宁波市梅山保税港区,1.564亿美元)、金义(金东区、义乌市,7882万美元),约占整体服务贸易总额的26%(见图5、表2)。

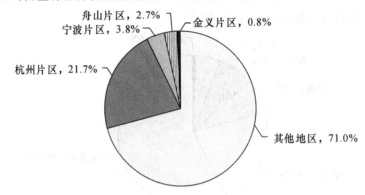

图5 2022年中国(浙江)自由贸易试验区片区对共建"一带一路"
国家国际服务贸易份额

表2 2021—2023年中国(浙江)自由贸易试验区国际服务贸易进出口贸易情况

片区	2021年		2022年		2023年上半年	
	订单数(单)	贸易额(万美元)	订单数(单)	贸易额(万美元)	订单数(单)	贸易额(万美元)
杭州片区	583	26201.80	928	66492.19	340	18060.75
舟山片区	72	6029.67	61	8269.41	16	5238.59
金义片区	78	3218.71	87	2441.22	24	2222.07
宁波片区	61	2358.95	46	11767.71	42	1512.55
其他地区	3158	130131.87	3969	217850.47	1792	81258.04

二、浙江省与共建"一带一路"国家服务贸易的重点合作区域

为了确定浙江省与共建"一带一路"国家服务贸易的重点合作区域,一要筛选"一带一路"共建国家中的服务贸易大国;二要剖析各国十二大类服务贸易行业的竞争力;三要结合浙江层面的数据,构建服务贸易综合指数,从而获取浙江践行"一带一路"倡议的重点区域。

(一)重点区域及行业特征的遴选

首先,选取共建"一带一路"国家服务贸易进出口额前二十国为样本,并按

要素密集度,将国家划分为劳动密集型国家、资本密集型国家、技术与知识密集型国家。其中,劳动密集型行业包括旅行、建筑;资本密集型行业包括加工服务、维护和维修服务、运输;技术与知识密集型行业包括保险和养老金服务,金融服务,知识产权使用费,电信、计算机和信息服务,其他商业服务,个人、文化和娱乐服务,其他政府服务。图 6 显示,技术与知识密集型国家占据约五成,结合浙江省与共建"一带一路"国家服务贸易的前三位行业均属于技术与知识密集型类别,这表明未来服务贸易具有巨大的增长空间。

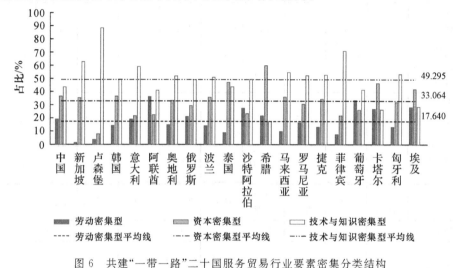

图 6 共建"一带一路"二十国服务贸易行业要素密集分类结构

(二)重点区域的服务进出口行业遴选

利用 TC 指数[①]计算各国服务贸易行业竞争力指数。该指数值处于-1 到 1 之间,指数越偏向 1,越有出口优势;指数越偏向-1,说明越有出口劣势(见表 3)。

表 3 共建"一带一路"二十国服务贸易行业竞争力指数

服务分类	中国	新加坡	卢森堡	韩国	意大利	阿联酋	奥地利	俄罗斯	波兰	泰国
加工服务	0.93	-0.91	-0.97	-0.50	0.33	—	-0.15	-0.03	0.85	—
维护和维修服务	0.36	0.83	-0.65	-0.49	-0.01	—	-0.08	-0.07	0.33	—
运输	-0.08	-0.04	-0.04	0.22	-0.35	0.33	-0.01	0.09	0.29	-0.80
旅行	-0.81	-0.03	0.15	-0.22	0.26	0.23	0.13	-0.48	0.23	0.28

———————————

① 即贸易竞争力指数,TC 指数=(出口-进口)/(出口+进口)。

续表

服务分类	中国	新加坡	卢森堡	韩国	意大利	阿联酋	奥地利	俄罗斯	波兰	泰国
建筑服务	0.49	0.26	0.08	0.37	0.70	0.02	0.13	−0.08	0.49	−0.44
保险和养老金服务	−0.50	−0.02	0.32	−0.19	−0.45	−0.21	−0.29	−0.36	−0.32	−0.87
金融服务	−0.02	0.56	0.17	0.24	−0.23	—	0.06	−0.27	0.03	−0.24
知识产权使用费	−0.59	−0.21	−0.52	−0.16	−0.04	0.14	0.01	−0.66	−0.47	−0.90
电信、计算机和信息服务	0.32	−0.18	−0.20	0.13	−0.18	0.28	0.03	0.04	0.26	−0.57
其他商业服务	0.28	0.003	0.26	−0.19	−0.03	—	0.05	−0.19	0.22	0.03
个人、文化和娱乐服务	−0.27	0.05	0.05	0.35	−0.06	0.54	−0.41	−0.42	0.21	0.01
其他政府服务	−0.34	0.17	0.87	−0.31	0.11	−0.15	0.60	−0.12	−0.94	0.11

服务分类	沙特阿拉伯	希腊	马来西亚	罗马尼亚	捷克	菲律宾	葡萄牙	卡塔尔	匈牙利	埃及
加工服务	—	0.70	0.84	0.89	0.75	—	0.94	—	0.86	—
维护和维修服务	—	−0.36	−0.15	0.18	0.21	−0.08	0.06	—	0.04	—
运输	−0.73	0.11	−0.51	0.39	0.05	−0.53	0.08	−0.08	0.08	−0.10
旅行	−0.52	0.81	−0.95	−0.22	−0.02	−0.69	0.47	−0.40	−0.02	0.46
建筑服务	—	0.40	−0.06	0.77	0.51	0.30	0.58	—	0.10	0.46
保险和养老金服务	−0.89	−0.51	−0.68	−0.63	−0.45	−0.90	−0.50	−0.50	−2.09	−0.73
金融服务	−0.38	0.06	−0.01	−0.13	−0.06	−0.28	−0.23	—	−0.30	0.82
知识产权使用费	—	−0.69	−0.80	−0.84	−0.33	−0.90	−0.69	—	0.18	—
电信、计算机和信息服务	0.10	0.18	−0.12	0.39	0.30	0.50	0.36	−0.42	0.21	0.16
其他商业服务	−0.98	0.13	−0.07	0.10	0.04	0.56	0.07	−1.00	0.09	−0.59
个人、文化和娱乐服务	—	0.12	−0.07	0.53	−0.08	−0.10	−0.04	−0.83	0.32	0.55

续表

服务分类	沙特阿拉伯	希腊	马来西亚	罗马尼亚	捷克	菲律宾	葡萄牙	卡塔尔	匈牙利	埃及
其他政府服务	−0.90	−0.27	−0.59	−0.34	−0.47	−0.90	0.28	−0.34	0.12	−0.31

数据来源:笔者根据"联合国贸易与发展会议数据"(https://unctadstat.unctad.org/datacentre)整理而成。

综合来看,面向"一带一路"服务出口的潜力行业依次为加工服务、旅行服务、维护和维修服务与其他商业服务。加工服务出口主要面向发展程度和劳动力成本均较高的新加坡、卢森堡等。其他商业服务出口主要面向波兰、沙特阿拉伯、菲律宾等。加工服务进口潜力国家为发展程度处于中等水平的葡萄牙、罗马尼亚、匈牙利、波兰、马来西亚、捷克、希腊等。建筑服务进口潜力国家以欧洲的罗马尼亚、意大利、葡萄牙、捷克为主。旅行服务进口潜力国家为旅游业发展程度较高的希腊、葡萄牙、埃及等。金融服务进口潜力国家为新加坡、埃及等。在电信、计算机和信息服务行业,以及个人、文化和娱乐服务行业这两个受到数字技术推动的新兴行业,菲律宾、罗马尼亚、葡萄牙、埃及、阿联酋、罗马尼亚为浙江的进口潜力国家,而泰国、卡塔尔为出口潜力国家。

(三)浙江省与共建"一带一路"国家服务贸易合作的重点国别

结合国别与行业层面的遴选结果与分析,根据浙江数据的可获情况,构建相应的服务贸易合作综合指数[①],为此,参考张晓静、邱晓伟和刘凡对外商直接投资合作指数的构建方法[②],将服务贸易合作综合指数构建为式(1),结果见表4。

$$\underbrace{\frac{Ln(EX_{zji})}{Ln(\sum EX_{zji})}}_{\text{浙江向 BRI 的出口集中度}} \times \underbrace{\frac{Ln(Ti)}{Ln(\sum Ti)}}_{\text{BRI 份额}} \times \underbrace{\frac{FDI_{ti}/FDI_t}{GDP_i/GDP_w} \quad \frac{FDI_{ti}/FDI_i}{GDP_t/GDP_w}}_{\text{双边外商直接投资合作指数}} \qquad (1)^{③}$$

---

① 2024 Global Trade Outlook and Statistics. (2024-04-01) [2024-12-31]. https://www.wto.org/english/res_e/booksp_e/trade_outlook24_e.pdf.

② 张晓静,邱晓伟,刘凡. "一带一路"框架下香港与东盟的经贸合作潜力分析. 广西大学学报(哲学社会科学版),2017,39(5):70-76.

③ EXzji 表示浙江(zj)向共建"一带一路"国家(i)的服务贸易出口额;Ti 表示共建"一带一路"国家(i)服务贸易进出口额;FDIti 表示投资国(t)对东道国(i)的投资额;FDIt 和 FDIi 分别表示投资国(t)的对外直接投资额和东道国(i)吸引外商直接投资;GDPw 表示世界的 GDP。其中,共建"一带一路"国家(i)服务贸易进出口额数据来自联合国贸易与发展会议数据库,对外直接投资数据来自商务部发布的《中国外商投资报告 2022》和《2022 年度中国对外直接投资统计公报》,参见:中国外商投资报告 2022. (2023-01-04) [2024-01-01]. https://images.mofcom.gov.cn/wzs/202301/20230104194934606.pdf;2022 年度中国对外直接投资统计公报. (2023-10-27) [2024-01-01]. https://images.mofcom.gov.cn/hzs/202310/20231027112320497.pdf.

表 4 浙江与"一带一路"重点区域服务贸易合作综合指数

国家	浙江向 BRI 服务贸易出口集中度	BRI 服务贸易份额	FDI 合作指数	服务贸易综合指数
新加坡	0.780	0.880	3.777	259.237
越南	0.637	0.766	2.526	123.357
哈萨克斯坦	0.616	0.642	3.054	120.802
印度尼西亚	0.660	0.720	2.266	107.802
马来西亚	0.625	0.7371	1.169	53.822
泰国	0.620	0.771	0.886	42.314
阿联酋	0.621	0.817	0.277	14.047
土耳其	0.584	0.770	0.016	0.720
菲律宾	0.557	0.735	0.015	0.614

三、浙江省与共建"一带一路"国家服务贸易的重点业务领域

为了深化浙江省与共建"一带一路"国家服务贸易相关业务,本文通过搜集、整理与相关调研,在遴选 16 个浙江省代表企业①及其实践的基础上,进一步归纳浙江省与共建"一带一路"国家服务贸易的四大重点业务领域,分别为"义新欧"中欧班列、"海上数字丝绸之路"、国际文化贸易与离岸服务外包。

(一)"义新欧"中欧班列:从商品贸易到服务贸易

"义新欧"中欧班列是浙江连接海陆、贯穿东西、辐射周边的战略枢纽,自2014 年开通以来,"义新欧"中欧班列为稳定国际供应链提供了有力支撑。截至2023 年年底,"义新欧"中欧班列由义乌、金华双平台运营,从最初的 1 条线路增加至 22 条线路,到达境外站点 101 个,辐射"一带一路"50 多个共建国家、160多个城市,是我国市场化程度最高、重载率最高、运行线路最多、跨越国家最多、开行里程最长、回程率较高的"义新欧"中欧班列。截至 2023 年年底,累计开行

---

① 分别为:义乌市天盟实业投资有限公司、浙江海港国际联运有限公司、宁波科友信息科技有限公司、杭州哆啦咔科技有限公司、杭州乒乓智能技术有限公司、连连数字科技股份有限公司、浙江海蛛网络科技有限公司、大宗易行科技有限公司、温州为侨服务医疗基地、浙江中医药大学相关研究中心项目、浙江省医药保健品进出口公司、杭州奥泰生物技术股份有限公司、浙江华策影视股份有限公司、浙江金华邮电工程有限公司、浙江中南卡通股份有限公司、新华三集团。

9132 列,发运超 70 万标箱货物,货运金额超 1300 亿元。[①]

1. 商品贸易市场的双向优化

"义新欧"中欧班列服务网络遍布亚欧全境,包括欧洲、中亚、西亚、东南亚地区,不仅将太平洋西岸、大西洋东岸的货物经波罗的海、里海、黑海区域送达彼此,还建起了东北亚与东南亚的陆上货运走廊,极大地将亚欧大陆内部运输系统的互联互通。服务网络覆盖 17 个共建"一带一路"国家,分别为哈萨克斯坦、乌兹别克斯坦、吉尔吉斯斯坦、土库曼斯坦、塔吉克斯坦、西班牙、伊朗、俄罗斯、阿富汗、白俄罗斯、拉脱维亚、捷克、立陶宛、越南、乌克兰、老挝和土耳其。[②]

"义新欧"中欧班列激活了内陆运输系统,运输服务的改善强化了义乌作为全球最大的日用批发市场的国际地位,促进了商品向内陆市场的扩大。随着海外需求扩大与制造业升级,出口商品从小商品扩展至光伏部件、汽车整车及配件、高端机械设备、智能手机等高附加值产品。同时,返程也保持了较大的进口量。例如,除了自共建"一带一路"国家进口的日用品、电子消费品,为契合金华块状经济对大宗原材料的旺盛需求,拉动电解铜、铝、棉纱和塑料粒子等生产原料的进口,浙江形成了相关大宗商品交易市场,并获得了新的成本优势。2021年 5 月,浙江德瑞供应链管理有限公司负责人邵岗锋采购的 240 吨"平水铜"在金义综保区的平均单价为 76505 元/吨,较上海采购每吨节省 130 元。按企业年需求量 5 万吨计算,年均可节约成本约 650 万元。本地大宗商品市场的便利性不仅实现了企业按需采购,更增强了其商业布局灵活性和市场竞争力。

2. 物流枢纽设施的升级改造

"义新欧"中欧班列有力拉动了共建"一带一路"国家的本地市场需求,推动了基础设施的现代化升级。波兰和白俄罗斯改造升级了马拉舍维奇—布列斯特口岸的换装能力,新开辟了布鲁兹吉—库兹尼察口岸、斯维斯洛奇—谢米扬努夫卡口岸。[③] 德国成功接入超级枢纽汉诺威新场站,可运达法国、意大利、瑞典等重要枢纽城市。"义新欧"中欧班列中方运营商或出口商赴东道国建设场站、海外仓等基础设施,如捷克站物流园、波兰华沙海外分市场;在西班牙、德

---

① 《"义新欧":"一带一路"与中欧交往的金丝带》研究报告. (2023-03-09)[2024-06-04]. http://yimds. cn/researcher/t101646. html.

② "义新欧"中欧班列"台州号"来了! 助力更多浙江制造走向世界. (2022-09-07)[2024-06-04]. https://zjnews. zjol. com. cn/yc/qmt/202209/t20220907_24766124. shtml;《"义新欧":"一带一路" 与中欧交往的金丝带》研究报告. (2023-03-09)[2024-06-04]. http://yimds. cn/researcher/ t101646. html.

③ 陈俊杰. 通达欧洲 23 国 180 城　中欧班列成国际物流"金字招牌". (2022-08-19)[2024-12-31]. https://info. chineseshipping. com. cn/cninfo/News/202208/t20220819_1368603. shtml.

国、波兰、法国等建成 16 个海外仓;布局首个境外物流枢纽中心——德国杜伊斯堡物流枢纽中心;积极推动中国一老挝经济走廊建设等。① 同时,"义新欧"中欧班列还进行了数字化运营升级,建立数字服务在线系统,实现班列申报无纸化、通关便利化、作业智能化、决策数字化。

3. 国际服务贸易的多元扩张

除了运输服务的提升,"义新欧"中欧班列还推动了大型工程、基础设施、商业与金融等多方向的业务拓展。乌兹别克斯坦作为中亚地区最大的能源地缘中心,金华一塔什干专列为其大型海外燃气电站和光储工程项目提供了高效的服务支持。为解决货运主体资金周转时间长、融资渠道单一等问题,"义新欧"中欧班列通过与金融机构合作,最终形成以班列运行平台签发的铁路多式联运提单为凭据,铁路运输运营方、银行、保险公司三方发力的服务模式,向银行获取信用贷款,有效解决进口贸易中小微企业融资难问题。

4. 物流基础设施仍待改善

"义新欧"中欧班列发运能力接近饱和,境内外口岸、运输能力不足等问题日益突出。国内段西线通道的阿拉山口和霍尔果斯口岸,其开行列数已远超设计承载能力,国外段的波兰马拉舍维奇、白俄罗斯布列斯特、哈萨克斯坦多斯托克、德国杜伊斯堡等,均出现较为严重的拥堵,造成部分货物发运延迟。此外,各国铁路基础设施情况参差不齐,部分国家的铁路站点存在基础设施老化、列车底板缺乏等问题,需要投入大量资金进行有效更新和维护。

5. 规则协调困难与地缘政治风险

国际运输管理体制、监管规则与地缘政治风险是当前"义新欧"中欧班列跨国协调存在的主要困难。首先,国内段与国外段的铁轨轨距差异、沿线国际铁路运输管理体制不同,没有跨洲际铁路的统一的运行时刻表,严重影响了"义新欧"中欧班列的运行效率。其次,沿途各国海关监管规则不同,执法尺度不一,导致沿途各国在贸易保护、税收、检验检疫等政策上存在不同标准和要求。最后,信息共享、监管互认、执法互助方面的合作层次不够深入,跨国协调工作成本较高,影响了班列运输效能。特别是受国际地缘政治不稳定因素影响,运营成本与运输风险增加,线路受阻,边界关闭等,造成业内的恐慌情绪蔓延,影响亚欧产业链的重新布局。

---

① 《"义新欧":"一带一路"与中欧交往的金丝带》研究报告. (2023-03-09)[2024-06-04]. http://yimds. cn/researcher/t101646. html.

(二)"海上数字丝绸之路":从跨境物流到数字化市场

浙江省与共建"一带一路"国家的绝大多数服务贸易订单来自东南亚和中东地区,通过跨境电商平台、云计算、智能物流和普惠金融等,促进了共建国家商业基础设施、跨境综合服务体系的建立,"海上数字丝绸之路"应运而生。

1. 数字贸易生态系统的建立

跨境电商的发展,深化了浙江传统制造企业和电商企业合作,完成了全球运能、货代、报关和仓储等全球整合,数字市场延伸至电子商务、网约车、旅游、金融科技、移动支付和游戏等多场景。在国际物流网络的铺设方面,以菜鸟网络为例,该公司通过大数据、智能技术搭建全球性物流网络,国内网点深入 2900多个区县,全球智慧物流网络覆盖全球 224 个国家和地区,在"一带一路"重要节点城市布局先进的跨境物流仓储设施。菜鸟网络在俄罗斯、印度、东南亚等地布局 17 个海外仓,与俄罗斯、土耳其、乌克兰、匈牙利、爱沙尼亚等东欧国家,马来西亚、泰国、越南等东盟国家开通邮路,与中东、印度等数十家物流合作商开设跨境物流专线。① 笔者调研发现,杭州哆啦咔科技有限公司凭借自主研发的全交易链路数字技术体系,同六成共建"一带一路"国家开展跨境综合电商业务。

2. 跨境金融服务的成熟化

跨境商品的销售助推了面向中小企业的数字化跨境支付与融资服务。杭州乒乓智能技术有限公司与超百家国际金融机构、全球股份制商业银行等深度合作,成长为全球第一梯队的跨境支付服务商,聚焦本地化定制化服务,为客户提供全球多场景多币种收款服务,牌照和许可覆盖约 30 个共建"一带一路"国家,合规布局占全球近 90％经济规模市场。更广泛的本地清算网络使支付时效更快、成本更低,数字化的交付模式推动了仓单、提单质押融等资商业模式的发展与升级。在助力人民币国际化方面,人民币收汇占比 20％。② 浙江蚂蚁金服在共建"一带一路"国家的业务为发展本地电子钱包,在印度、巴基斯坦、孟加拉国、泰国、菲律宾、马来西亚、印尼、韩国等国家与当地合作伙伴共同打造"本地支付宝",帮助这些国家建立本地普惠金融基础设施,为当地电子钱包缩短 5—8

① 菜鸟网络科技有限公司:智慧地址规则管理系统. (2018-07-25)[2024-12-31]. http://www.chinawuliu.com.cn/xsyj/201807/25/333193.shtml.
② 杭州、金义片区:跨境支付服务网络助力多业态跨境贸易发展. (2023-07-18)[2024-12-31]. https://tidenews.com.cn/news.html?id=2577322.

年的研发时间,并助力本地企业迅速开拓市场。① 连连国际为布局当地市场的企业提供全面的全球收单服务,涵盖国际信用卡及本地支付方式,同时提供广告费支付、VAT 支付、航旅、物流、留学等解决方案,还通过与持牌金融机构合作,为出海企业提供信用融资、外汇管理等一系列金融服务。

跨境平台与交易深化至细分市场。国际大宗贸易数字化服务平台 TradeGo 作为 DEPA 对接试点,探索创新基于数字化资产大宗商品融资场景和业务模式,成功落地了数字提单确权的数字仓单质押融资业务实践,无纸化覆盖国际贸易交单业务全流程。以从马来西亚进口橡胶进行仓单质押融资的业务为例,船东通过平台生成数字提单,经全链条 10 个参与方流转、背书,完成全流程数字单据流转,最终在中国卸货港船代进行换单操作,整体单据流程效率提高至 90%,数字仓库和银行提供数字提单信息,便于金融机构对数字仓单进行确权,衍生了融资服务。②

3. 跨境商业服务的深化

云计算与人工智能技术驱动了跨境商业服务的扩大,阿里云在部分共建"一带一路"国家建设数据中心,以在线公共服务的方式,提供安全、可靠的计算和数据处理能力,为企业提供"云驻外机构",大幅节省了成本和时间。阿里云在新加坡为一卡通钱包 EZ-Link 提供人工智能大数据技术,服务于公共交通、支付等数据的全局分析;在迪拜与 Meraas 集团达成合作,为迪拜的交通、通讯、城市基础设施、电力、经济服务和城市规划等六大领域提供服务。随着云技术在新加坡、迪拜等地成功出海,浙江服务贸易企业在共建"一带一路"国家开拓了市场份额,为更多中小企业和消费者提供了服务。

4. 浙江省同新加坡的竞争与合作

新加坡以独特的国际制度优势对浙江省数字贸易竞争优势形成了虹吸效应,吸引龙头企业入驻并设立总部。例如,阿里云在新加坡设立区域总部,海康威视在新加坡设立了运营中心;中国最大的自动化系统供应商浙江中控在新加坡设立了国际总部。如何与新加坡保持竞争合作关系成为浙江省数字经济发展与贸易国际化的重要课题。

5. 语言文化差异下的合规风险

尽管采取本地化策略有助于服务贸易业务的推广,但从投资与贸易的扩大

---

① 中国移动支付出海 蚂蚁金服帮巴基斯坦打造当地"支付宝". (2018-03-14)[2024-12-31]. http://industry.people.com.cn/n1/2018/0314/c413883-29867307.html.

② TradeGo 平台:助力贸易全流程数字化转型升级. (2024-06-06)[2024-11-23]. https://xkzj.mofcom.gov.cn/myszhszmy/jyjl/art/2024/art_a01decc17ea44141b2ba584032799df3.html.

来看,不同国家的政策与规则、语言和文化之间的差异,为服务贸易的发展带来了多重贸易壁垒与制度性障碍。产业深度融合加速,制造服务化、服务数字化外包化等新业态没有相应的国际规则支持,存在较大的合规风险。

(三)国际文化贸易:数字版权保护与创新

浙江立足区域文化优势,着力打造"丝路之绸""丝路之茶""丝路之瓷"等交流品牌,切实推进民心相通,促进文明交流互鉴。

1. 浙江影视作品国际影响力显著提升

浙江广播影视服务"走出去"在共建"一带一路"国家获得显著成绩。2005年,浙江金华邮电工程有限公司在吉尔吉斯斯坦创办德隆电视台,实现每天24小时转播我国卫星电视频道,传播中国好声音。2017年5月,全球最大的影视内容交易品牌——法国戛纳电视节(MIP)首次进入亚洲市场,在杭州举办了首届"MIPCHINA 杭州·国际影视内容高峰论坛"。2021年,中国(浙江)影视产业国际合作区搭建的"十诺影视"云交易平台正式上线,提供影视产品采购、客房数据分析、国际节展联动、行业资讯等服务,平台用户超4000家,上线9000多小时优质内容。《下姜村的绿水青山梦》《锦绣江南》等9部浙产优秀纪录片、动画片开展译配,在匈牙利、意大利、南非、俄罗斯等国家的主流媒体展播[①]。

2. 版权保护与数字产品创新

版权保护大力支持各类数字文创作品的发展,推动数字文化产业上下游合作,与信贷、金融等部门进行对接,促进数字文化产业及贸易的多元化、可持续发展。浙江中南卡通股份有限公司联合杭州趣链科技有限公司推出了版权数字文化版权保护平台,平台基于浙江知识产权服务中心、杭州互联网公证处等权威机构构建的开放司法联盟链,提供一站式全流程版权保护服务。杭州华策影视科技有限公司通过数字化手段,建立了一站式数字智能管理开发系统,实现了影视内容生产、版权管理和数字资产开发的全链路数字化升级,为数字文化内容"出海"提供解决方案,为数字文化贸易提供了便利和安全的平台。

3. 贸易壁垒多样化

共建"一带一路"国家数据基础设施建设水平不高,限制了数字文化贸易的范围。政治稳定性欠佳,法治建设相对滞后等因素造成投资环境十分复杂。对外文化投资企业缺乏有效渠道充分了解对象国的法律法规、各类经济政策和市

---

① 陆遥. 浙江 让浙江故事走向世界. 青海日报, 2023-03-06(10).

场环境,造成企业前期沟通成本高、风险大,增加了传播中国文化的难度。

4. 文化传播成本高、融资难

知识产权侵权是影响行业健康发展的主要障碍,企业知识产权保护相关支出占比较高,成效有限,盗版损失较大。跨文化传播的"文化折扣"形成了天然的出海壁垒,导致现阶段数字文化内容的翻译、配音及后期等成本较高。专注内容生产的文化企业多属于轻资产型企业,想取得海外运营的银行贷款存在困难。

(四)离岸服务外包:产业结构高端化

2023—2024 年,浙江省向共建"一带一路"国家的出口总值呈高速增长态势,浙江服务贸易的结构正在不断优化。[①]

1. 知识流程外包占主导地位

服务外包主要包括信息技术服务外包(ITO)、业务流程外包(BPO)和知识流程外包(KPO)三种。ITO 强调技术领域的外包,主要包括 IT 软件开发、硬件维护、基础技术平台整合等。BPO 强调业务流程管理,重点解决业务流程和运营效益问题,如业务流程分拆后的数据信息采集、集成、分析委托外包服务,人力资源管理服务和供应链管理服务等。KPO 更注重高端研发活动外包,主要涉及远程医疗服务、医药研发等。2023—2024 年,浙江省与共建"一带一路"国家的离岸服务外包业务中,KPO 合同数量占比超过 2/3,尤其是工业设计服务一项占比 62.47%,其他服务外包合同分别是软件研发服务(10.44%)、医药和生物研发服务(7.61%)、供应链管理服务(5.21%)。

2. 东南亚、南亚和俄罗斯市场高度集中

从服务外包的出口地域来看,浙江省出口超 3 亿美元的国家分别是新加坡(14.30 亿美元)、俄罗斯(6.71 亿美元)、印度尼西亚(5.04 亿美元)、马来西亚(4.56 亿美元)、越南(4.29 亿美元)、泰国(3.82 亿美元),主要集中在东南亚、南亚和俄罗斯,这些地区与浙江省的产业结构高度互补。相比之下,占据"一带一路"更大版图的非洲、阿拉伯国家占比不高。

3. 省内区域发展不均衡

2022 年,杭州实现服务外包合同执行额 167.47 亿美元,离岸服务外包合同执行额 89.04 亿美元。宁波承接的服务外包执行总额和离岸执行额分别为

---

① 笔者根据浙江省商务厅(http://www.zcom.gov.cn/)提供的浙江省与共建"一带一路"国家服务贸易数据计算得来。

100.39 亿美元和 60.79 亿美元。杭州和宁波的离岸服务外包合计占全省73%。其中,杭州服务外包产业高端化特征明显,承接 ITO 和 KPO 合同执行额合计占比达 96%,软件研发服务、工业设计服务、医药(中医药)和生物技术研发服务等具有更高知识含量、技术水平和附加值的业务占比较高,达 71%。宁波的离岸服务外包则与该市的制造业基础相关,工业设计服务为全市服务外包离岸业务重点领域,占比超过 40%,其次为软件研发服务和供应链管理服务,约占 35%。

四、浙江省与共建"一带一路"国家服务贸易合作的对策建议

(一)深化浙江数字经济优势,提升服务贸易质量

发挥浙江省与共建"一带一路"国家的产业互补优势,推动服务贸易向数字化、智能化方向发展,大力发展数字贸易。加强数字经济服务贸易人才培养和技术创新,提升服务贸易能力。打造数字经济服务贸易创新示范区,通过政策扶持和资源整合,加强国际合作,积极开展数字经济服务贸易的国际交流与合作,与国内外优秀企业、高校和研究机构建立合作关系,共同推动数字经济服务贸易的发展。

(二)实施差异化合作策略,开拓服务贸易地理空间

深入发展共建"一带一路"国家服务贸易格局,从渠道、制度、金融、风险防控等方面为国内服务贸易企业开拓"一带一路"市场提供强有力的支持保障与系统化配套服务,战略性引导服务贸易企业"走出去"。深度挖掘共建"一带一路"国家服务需求,推动浙江装备服务、工程服务、物流服务等传统服务领域的国际化进程。大力宣传和推广文化创意服务、医疗服务、金融服务等新兴服务外包领域,带动浙江标准、浙江文化、浙江品牌"走出去"。实施差异化合作策略,改善国别分布,在稳固东南亚、南亚、中东和俄罗斯等传统市场的基础上,积极培育非洲、拉丁美洲等新市场及新增长点。

(三)建立常态化风险应对机制,建设更多的境外服务站

重视国际政治与经济的博弈动态,设立专门的风险应对办公室,引导浙江企业在"走出去"时做好各项风险的事前防范。借助商会、协会开展投资调研、产品推介、技术宣讲、政府沟通等工作,降低浙江企业在共建"一带一路"国家的

进入风险与经营风险。借鉴"一带一路"捷克站经验,推进东南亚、中东、西亚、非洲等系列境外国别服务站建设,打造对接浙江国际经济合作优势的高能级节点网络,以分散浙江企业可能遇到的政治风险与区域风险。

(四)深化标准研究,抢占国际数字经贸规则标准话语权

借助全球数字贸易博览会,保持与国家、国际高层的多维度对话与沟通,深化浙江与 DEPA 规则对接,推进制度型开放新高地建设,加强数字贸易统计体系、数字系统信任体系及数据流动创新研究,并推动相关标准研制,降低合规化成本与风险,为国家推进 DEPA 谈判积累实践经验。谋划浙江—新加坡双向经贸合作,聚焦跨境数据安全有序流动、跨境金融开放和人民币国际化。

(审校:贺轶洲)

附录
APPENDIX

浙江省区域国别与国际传播
研究智库联盟成员名单

智库联盟牵头单位

浙江师范大学非洲研究院

智库联盟成员单位（共33家，排名不分先后）

中国计量大学"一带一路"区域标准化研究中心

浙江金融职业学院捷克研究中心

浙江万里学院中东欧研究中心

宁波大学中东欧经贸合作研究院

浙江省商务研究院区域国别中心

浙江师范大学边疆研究院

浙江外国语学院阿拉伯研究中心

浙江工商大学日本研究中心

浙江越秀外国语学院东北亚研究中心

浙大宁波理工学院波兰研究中心

浙江树人学院白俄罗斯研究中心

浙江大学非传统安全与和平发展研究中心

浙江工业大学全球发展与环境研究中心

浙江财经大学中亚研究院

浙江越秀外国语学院非洲大湖区研究中心

浙江大学联合国教科文组织研究中心

浙江大学亚洲文明研究院

浙江传媒学院英国研究中心

浙江外国语学院环地中海研究院

杭州师范大学环波罗的海国家研究中心

浙江科技大学德语国家研究中心

浙江大学中东欧研究中心

浙江大学东北亚研究中心

温州大学意大利研究中心

浙江外国语学院国别和区域研究中心

浙江师范大学华侨华人与中华文化海外传播研究中心

浙江传媒学院浙江省社会治理与传播创新研究院

浙江师范大学丝路文化与国际汉学研究院

义乌工商职业技术学院"一带一路"与国际传播研究中心

浙江传媒学院媒体传播优化协同创新中心

浙江师范大学非洲经济与中非经贸研究中心

温州商学院"一带一路"温商研究中心

浙江外国语学院宋韵文化与国际传播研究中心